本书编委会

主　　　任：任小铁

副　主　任：丘瑞清　吴克昌

编委会成员：任小铁　丘瑞清　吴克昌　王郅强

张学君　郭幸妮　范佩文　闫俊强

李贺楼　张晓君

主　　　编：王郅强

副　主　编：李贺楼　张晓君

编写组成员：王郅强　李贺楼　张晓君　张　惠

黄文义　郭艳平　管键晖　罗亚萍

彭　睿　明　锐　朱昌文　杨玥辉

现代质量治理体系的构建研究

XIANDAI ZHILIANG ZHILI TIXI DE
GOUJIAN YANJIU

王郅强 ◎ 主编

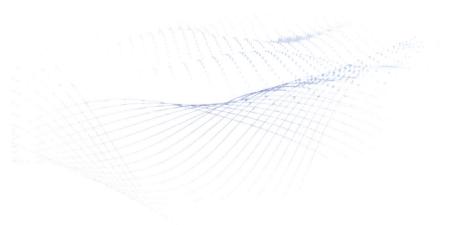

人民出版社

前　言

我国现代质量治理的探索、构建是适应经济社会发展需要而推进的，其由来源远流长。具体讲，新中国成立后至改革开放之前的质量治理工作主要是服务于工业，尤其是重工业的发展，具有高度的计划性以及政企不分特征；在改革开放之后至 20 世纪末，质量治理工作的发展突出表现在制度建设及相应地对监管体制、机制的建设与完善以及对域外先进监管经验、技术等的借鉴、引进，在这个时期，质量治理工作的主要目标便是服务于社会主义市场经济的发展；进入 21 世纪后，在适应社会发展需要的过程中，特别是在加入 WTO 的背景下，我国质检体系逐步形成并快速发展，建立起了较为完备的法制体系、组织体系以及计量标准和认证认可支撑体系[①]。党的十九大报告指出，中国特色社会主义进入新时代，中国社会的主要矛盾已经转化为人民日益增长的美好生活需要和不平衡不充分的发展之间的矛盾。作为这一主要矛盾的重要表现，在经济社会发展中对发展速度给予高度重视而对发展质量重视不足导致的诸多高速、粗放式发展及其对人民生产生活及经济社会整体上的可持续发展能力的不利影响越来越被关注和重视。报告还指出，"我国经济已由高速增长阶段转向高质量发展阶段，正处在转变发展方式、优化经济结构、转换增长动力的攻关期，建设现代化经济体系是跨越关口的迫切要求和我国发展的战略目标。必须坚持质量第一、效益优先……不断增强我国经济创新力和竞争力"。十九大报告作出的上述重要判断和战略

[①]　程虹、李元平：《中国质检体制机制的历史沿革及内在规律》，《中国质量报》2016 年 5 月 12 日。

部署表明了质量以及质量治理对于实现中国经济社会更平衡、更充分的发展以及由此实现的对人民日益增长的美好生活需要的更好的满足所具有的重大意义。

近年来，党和国家对质量的强调和部署充分反映了对质量治理工作的认识不断深化。2014年5月9日至10日，习近平总书记在河南考察期间强调，"推动中国制造向中国创造转变、中国速度向中国质量转变、中国产品向中国品牌转变。"2014年9月15日，在北京召开的以"质量、创新、发展"为主题的首届中国质量（北京）大会上，李克强总理明确指出，"质量是国家综合实力的集中反映，是打造中国经济升级版的关键，关乎亿万群众的福祉。中国经济要保持中高速增长、向中高端水平迈进，必须推动各方把促进发展的立足点转到提高经济质量效益上来，把注意力放在提高产品和服务质量上，牢固确立质量即是生命、质量决定发展效益和价值的理念，把经济社会发展推向质量时代"。2017年9月15日，以"质量：改善供给、引领未来"为主题的第二届中国质量（上海）大会在上海召开，习近平主席向大会致贺信，李克强总理作出重要批示。习近平主席在贺信中指出，"质量体现着人类的劳动创造和智慧结晶，体现着人们对美好生活的向往"；李克强总理在重要批示中再次强调质量发展是强国之基、立国之本和转型之要。党的十九大报告对质量的强调并明确提出的"质量第一"和"质量强国"发展理念正是对党和国家领导的上述重要判断和部署的深化与发展，反映了对中国经济社会发展新阶段及其面临的新形势、新任务的深刻认识，表明了在国家战略层面对质量和质量治理的高度重视。

广东省是改革开放的前沿阵地，发展水平和速度长期位于全国前列，这在客观上决定了广东会相对更多地面临包括质量问题在内的经济社会发展过程中的各种现实问题的挑战，相应地需要更多地自主摸索、总结对包括质量问题在内的这些问题的应对和解决。正是在不断面临和应对解决包括质量问题在内的各种问题的过程中，广东创新性地形成了诸多治理经验，也面临着很多需要进一步应对和解决的新老问题。这些创新性经验对于国内其他地区发展现代质量治理具有重要的借鉴意义，这些需进一步应对和解决的新老问题对于国内其他地区发展现代质量治理同样有着重要的启示作用。正是为此，2017 年广东省质量技术监督局（2018 年机构改革后为"广东省市场监督管理局"，后面为了阐述方便继续沿袭"广东省质量技术监督局"的称谓）与华南理工大学公共管理学院课题组合作开展了对现代治理体系及其构建的研究，并在此基础上合作编写了本书。本书的编写期望通过对我国在应对和解决质量问题方面的经验的总结、升华，以及对当下质量治理工作现状及其中存在的需进一步改进和完善之处的诊断，基于广东经验探究现代质量治理体系应如何构建，以为国内其他地区的质量治理的发展以及构建中国现代质量治理体系工作的稳步推进提供参考、借鉴和启示。

全书共九章，各章主要内容如下：

第一章是本书的导论。导论中基于对质量和质量治理的时代背景的梳理与分析提出了本书的主要研究问题，界定了本书的基本概念，综述分析了相关理论和研究成果，介绍了本书的研究思路，陈述了本书的研究意义。

第二章和第三章是综述性的理论分析。这两章从观念、体制、人力资源和监管方式等方面深入考察分析了质量和当下质量监管工作面临的各种现实挑战，并基于此提出了对改进和完善当下质量监管、发展现代质量治理的目标定位，即"构建全社会质量共治机制"；进而结合对治理理论的产生背景及其主要内容，重点梳理、分析了合理治理结构的目标及其决定因素，结合对政府管制和社会管制相关理论的回顾分析，从理论上探讨了全社会质量治理体系的构建问题。

第四章到第八章在治理视角下分别从现代质量监管的主体及其责任和现代质量监管机制、技术、法治等保障因素方面具体探讨了现代质量监管和治理体系的构建问题。在这五章中，首先考察了政府，以企业和消费者为主的市场主体，以消费者、社会组织、第三方质量检验技术机构和新闻媒体为主的多元社会主体等现代质量监管实践中主要的三类主体各自在质量监管实践中承担的职能和责任，这三类主体在当下的质量监管实践中的表现及其中存在的问题；基于对主体的确定，结合对现代质量监管的责任体系的理论分析，从治理视角下对政府、企业和其他社会主体各自在现代质量监管中承担的主体责任做了理论上的讨论，并从实践角度就各类主体在监管实践中的责任分担和责任分担体系做了考察；进而考察了各类主体共同参与的现代质量监管中的各类监管机制，包括监督检验机制、风险管理与分级监管机制、缺陷产品召回监督机制、责任追溯与查处惩罚机制、行政约谈机制和信息共享与部门联动机制等；再阐明了在治理视角下完善现代质量监管的技术支撑的具体内涵及其意义，进而从深化标准化工作改革、创新计量技术与服务模式、完善认证认可体系、开展技术性贸易措施、开展质量安全风险防控、构建质量诚信体系等角度对技术支撑体系展开具体讨论与分析；最后，基于对质量监管法律制度基本理念的变迁的考察，从完善企业自主监管、加强政府部门的质量监管、鼓励消费者监督功能的发挥、发挥社会力量的监督作用和加强知识产权保护等方面就加强现代质量监管的法制建设、推进现代质量监管的法治化展开了具体分析。

第九章是对本书的理论和经验研究的总结。本章总结了先前章节的理论分析和经验研究形成的观点与结论，具体分析了现代质量监管的共治格局的构建并考察了其具体实现路径，就构建现代质量治理提出了相应的政策建议。

在本书最后，本书还为读者提供了三个典型个案研究，分别以广东省电梯安全监管体制改革、广东省气瓶安全监管模式改革和广东省特种设备检验检测机构整合改革为案例展开个案分析。其中，第一个案例梳理了广东省电梯安全监管体制改革的现实背景，介绍了此次改革的过程、内容与成效，并对此次改革做了总结和展望；第二个梳理了广东省气瓶行业的现状及气瓶安全监管工作的历史沿革，梳理分析了当下气瓶安全监管的主要模式及其中存在的主要问题，介绍并分析了广东省气瓶安全监管改革的主要过程、所采取的主要措施及其意义等；第三个案例通过对广东省特种设备检验检测机构整合改革的基本理念与思路的梳理，对此项改革过程、成效及其面临的问题的回顾与总结分析，就深化和推进此项改革给出了具体的政策建议。这三个经验性研究阐明了先前章节就当下质量监管体制、机制与状况及其中存在的问题和解决这些问题、改进相关体制、机制与现状，进一步拓展现代质量治理的相关理论认识深度。

编者

2019 年 8 月

目　录

第一章　导　论 ………………………………………………………………1

　第一节　时代背景与问题提出 …………………………………………3

　第二节　文献综述 ………………………………………………………5

　　一、基本概念辨析 ……………………………………………………5

　　二、关于政府质量监管的研究 ………………………………………9

　　三、关于市场对质量监管的作用研究 ……………………………13

　　四、关于产品质量监管法律的相关研究 …………………………14

　　五、关于质量监管体系中监管主体职能定位的研究 ……………15

　　六、关于全社会质量共治的研究 …………………………………17

　　七、简要评述：已有研究亟待深化之处 …………………………18

第二章　质量监管面临的现实挑战与目标定位 ……………………20

　第一节　质量监管面临的现实挑战 …………………………………20

　　一、质量监管的观念问题 …………………………………………20

　　二、质量监管的体制问题 …………………………………………21

　　三、质量监管的机制问题 …………………………………………24

　　四、质量监管的人力资源问题 ……………………………………25

　　五、质量监管的方式问题 …………………………………………27

第二节 质量监管的目标定位：构建全社会质量共治机制.................29

第三章 治理视角下现代监管体系的理论基础..................31
　第一节 治理理论概述.................33
　　一、治理理论产生的背景.................33
　　二、治理理论的内容.................34
　　三、目标与决定因素.................37
　第二节 政府管制、社会管制及其相关理论.................39
　　一、规制、规管与管制.................39
　　二、政府管制.................42
　　三、社会管制.................47
　第三节 全社会质量治理体系.................49
　　一、质量治理的阶段.................49
　　二、质量治理的理论依据.................51
　　三、质量治理的理论框架.................53
　　四、全社会质量治理体系.................55

第四章 治理视角下现代质量监管主体及其关系.................57
　第一节 承担监管责任的政府主体.................58
　　一、政府的职能定位.................58
　　二、政府质量安全监管部门的权力与责任边界.................59
　第二节 承担主体责任的市场主体.................60
　　一、企业的生产经营权利与产品质量安全的首负责任.................60
　　二、消费者作为市场主体兼具消费权利与监督责任.................61
　　三、保险机制的风险分担功能.................61
　第三节 多元的社会主体.................62
　　一、民众.................62
　　二、社会组织.................63
　　三、第三方技术机构.................64
　　四、新闻媒体.................64

第五章 治理视角下现代质量监管的责任体系………………………66

　第一节 现代质量监管主体责任的理论基础………………………66

　　一、责任的一般理论………………………………………………66

　　二、现代质量治理主体责任体系构建的基本思路………………68

　第二节 政府部门的主导责任………………………………………69

　　一、政府质量监管主导责任概述…………………………………69

　　二、政府质量监管主导责任的具体所在…………………………70

　　三、落实政府质量监管主导责任仍需努力的方面………………71

　第三节 企业的主体责任体系………………………………………73

　　一、企业质量安全主体责任概述…………………………………73

　　二、企业质量安全主体责任的核心………………………………74

　　三、落实企业质量安全主体责任的具体方面……………………77

　　四、从源头上提高质量水平应注意的问题………………………80

　第四节 社会主体的质量监管责任分担体系………………………81

　　一、保险的质量监管责任分担……………………………………82

　　二、社会组织的质量监管责任分担………………………………86

第六章 治理视角下现代质量监管的机制优化………………………89

　第一节 监督抽查与定期监督检验机制……………………………89

　　一、监督抽查机制…………………………………………………90

　　二、监督抽查后的整改机制………………………………………90

　　三、完善定期监督检验机制………………………………………92

　第二节 质量安全风险与分级监管机制……………………………93

　　一、质量安全风险…………………………………………………94

　　二、质量安全风险分级监管机制…………………………………95

　第三节 质量缺陷产品召回机制……………………………………97

　　一、缺陷产品召回制度存在的问题………………………………97

　　二、构建统一的缺陷产品召回机制………………………………98

第四节　追责与惩戒机制...100

　　一、完善监督问责机制...100

　　二、全环节责任追溯机制...104

　　三、建立追责与惩戒机制的瓶颈...104

　　四、完善追责和惩戒机制的路径...106

第五节　质量监管行政约谈机制...108

　　一、行政约谈制度...108

　　二、行政约谈对质量监管的意义...109

　　三、质量监管领域行政约谈机制存在的问题...110

　　四、完善质量监管领域行政约谈机制的措施...111

第六节　质量监管信息共享与部门联动机制...113

　　一、政府分级、跨界协同监管机制...114

　　二、以信息技术为基础的综合信息处置平台...115

　　三、建立和完善信用监管机制...116

　　四、破除条块分割以实现信息共享...117

　　五、拓宽综合平台信息传递渠道...118

　　六、加强与媒体合作以拓宽信息发布平台...118

第七章　治理视角下现代质量监管的技术支撑...119

第一节　现代质量监管技术支撑的理念与思路...119

　　一、简政放权与现代质量监管的技术支撑主体多元化...120

　　二、从"管商品"、"管体系"到"管风险"...120

　　三、以新技术驱动质量社会共治...120

第二节　标准化工作...121

　　一、完善标准化管理体制机制等基础性制度...121

　　二、推动标准化项目建设由多向优、由大到强转变...123

　　三、完善标准化实施监督机制...123

　　四、推动培育标准化服务业快速健康发展...123

第三节　计量技术与服务模式...124

　　一、加强技术研究与能力建设...125

　　二、创新计量服务模式 126

　　三、建立开放、共享的计量实验室和科技服务平台 127

第四节　认证认可体系 129

　　一、认证认可体系概述 129

　　二、完善认证认可体系建设 131

　　三、规范认证认可机构行为 137

　　四、加强行风和认证认可文化建设 139

第五节　检验检测 140

　　一、准确定位检测机构，先整合再改革 141

　　二、创新服务方式，提高服务效率 142

　　三、大力引进人才，创新驱动科研技改 142

　　四、形成产学研用协同机制，驱动检验检测发展 143

第六节　质量安全风险防控 143

　　一、健全信息采集系统 144

　　二、构建风险评估体系 144

　　三、完善风险控制方式 145

　　四、注重技术能力建设 145

第七节　构建质量诚信体系 146

　　一、制定质量诚信体系建设长远规划 146

　　二、主管部门整合有效资源，健全激励机制 147

　　三、增强企业主体意识，积极参与体系建设 149

　　四、拓宽参与途径，增强社会公信力 149

第八章　治理视角下现代质量监管的法治保障 151

第一节　质量监管法律制度基本理念的变迁 151

　　一、计划经济时期的质量监管制度 151

　　二、现代质量管理法律体系初步形成 152

　　三、质量监管制度不断完善向产品多元治理发展 153

第二节　完善企业自主监管的法律制度 154

　　一、鼓励企业开展质量体系认证和质量认证 154

二、完善对缺陷产品的认定 ·· 155

三、完善产品质量诉讼的证据规定 ·································· 157

四、完善产品质量惩罚性赔偿的规定 ······························ 157

五、完善缺陷产品召回制度的规定 ·································· 158

第三节　推进政府质量监管的法治化 ·································· 159

一、理顺产品质量管理体制 ·· 159

二、加快组织标准的制定与实施 ···································· 159

三、改进产品检查制度 ·· 160

四、完善行政审批制度 ·· 160

第四节　充分发挥消费者法律维权的作用 ···························· 162

一、落实消费者的参与权 ·· 163

二、完善消费者的监督制度 ·· 164

三、完善消费者的诉讼制度 ·· 164

四、对"知假买假"的立法倾向 ······································ 166

第五节　为社会力量发挥作用提供法律保障 ·························· 167

一、充分发挥行业协会的自律作用 ·································· 167

二、转变消费者协会的职能，发挥社会监督作用 ·················· 167

三、合理发挥媒体的质量监管作用 ·································· 169

第六节　加强知识产权保护 ·· 169

一、加强知识产权管理 ·· 170

二、加大知识产权行政执法力度 ···································· 170

三、加强知识产权司法保护 ·· 171

四、完善知识产权海关保护制度 ···································· 171

五、构建高效的知识产权快速维权援助机制 ······················ 171

六、建立重点企业知识产权保护直通车制度 ······················ 171

七、加快建设完善知识产权维权援助机制 ························ 172

八、推进知识产权提质增量 ·· 172

第九章　现代质量监管的社会共治格局及其实现路径 ·············· 173

第一节　现代质量监管的社会共治格局 ································ 173

一、以企业主体责任落实为核心 ···································· 174

　　二、以维护消费者权益为监督基础 174

　　三、以市场技术基础建设为支撑 175

　　四、以保险救济和社会救助为保障 176

　　五、以政府依法监管监督为重点 176

　第二节　现代质量监管的社会共治格局的实现路径 177

　　一、建立多元主体间的互信 177

　　二、实现多元主体间的联结 178

　　三、促成多元体间的协同 179

　　四、搭建多元共治的数据支持平台 181

　　五、营造多元共治的文化氛围 182

附录：典型案例 185

　案例一：以"首负责任制"为核心的广东省电梯安全监管体制改革........187

　案例二：从明确责任到完善治理体系的广东省气瓶安全监管模式改革....212

　案例三：基于"三位一体"的广东省特种设备检验检测机构整合改革....227

参考文献 251

后　记 258

第一章 导 论

中华民族追求质量的历史源远流长。据史料记载，早在先秦时期，中华民族就建立了十分严格的产品质量管理机制。《礼记·王制》中记载"用器不中度，不粥(同鬻)于市"；为保证产品交易后质量责任的追究，《礼记·月令》中也明确记载"物勒工名，以考其诚，工有不当，必行其罪"(意思是说：要在制造的器物上都刻上工匠的名字，用作质量责任追究之用)。两汉之后，器物上印刻工匠姓名的做法已经成为行业惯例；到了唐朝，法律对产品质量监管更加严格。《唐律疏议·杂律》规定："诸造器用之物及绢布之属，有行滥、短狭而卖，各杖六十。"这些规定，在宋元明清时期也得到了沿袭和发展。可以看出，重视质量、监管质量，自古以来就是一项重要的社会管理议题。

新中国成立后，党和国家领导人对质量也非常重视。毛泽东、邓小平、江泽民、胡锦涛同志都曾经强调过"质量第一"。习近平同志也就质量问题作过多次强调和批示。

改革开放以来，我国政府高度重视质量工作，20世纪80年代初就提出要努力提高经济的整体素质，质量的提升就是重要的内容之一。1993年《中华人民共和国产品质量法》(以下简称《产品质量法》)的颁布实施，标志着自50年代起着手建立的政府质量监管体系初具雏形。在当时的社会情况下，这套体系发挥了积极作用。2014年9月15日，经国务院批准，首届中国质量(北京)大会在京召开，会上李克强总理强调："第一次在中国北京举办这次会议，有着很重要的意义。这次大会既是向国内各界进行广泛动员，推动各方把促进发展的立足点转到提高经济质量效益上来，把注意力放在提高产品和服务质量上来，把经济社会发展推向质量时代。这次大会也向世界宣示了中国政府高度重视质量、切实抓好质量的决心和信心，为中国学习借鉴世界经验提供了机会，为世界更好地了解中国搭建了平台。"李克强总理在会议发言中，深刻阐述了质量工作的重要意义，回顾总结了中国政府抓质量的做法和成效，以及面临的形势和任务，明确提出要构建"放、管、治"三位一体的质量提升格局。在 2016 年年底召开的中央经济工作会议上，同样强调要"树立质量第一的强烈意识"。

2017 年 9 月 5 日，《中共中央国务院关于开展质量提升行动的指导意见》中就强调，要坚持以质量第一为价值导向、牢固树立质量第一的强烈意识。2017 年 9 月 15 日，第二届中国质量（上海）大会在上海开幕，吸引了国内外质量研究专家齐聚一堂，围绕"质量：改善供给、引领未来"这一大会主题，纵论质量发展，共商质量大计。习近平主席在贺信中提出，供给侧结构性改革的主攻方向是提高质量，提升供给体系的中心任务是全面提高产品和服务质量。在党的十九大报告中，习近平总书记在部署"贯彻新发展理念，建设现代化经济体系"时，明确提及"质量第一"和"质量强国"。"质量第一"既是我国一以贯之的质量发展理念，也是经济新常态下贯彻落实供给侧结构性改革的具体要求。

经过不懈努力，我国的产品和服务得到了明显改善，许多工业消费品、机电设备和原材料产品的质量达到或者接近了发达国家水平，高铁、核电等领域的质量水平已经进入世界先进行列。"中国制造"在质量支撑下畅销，中国不断向国外推介中国高铁、中国装备，其中的底气正是源于中国长期以来在质量建设上付出的努力。同时，我国的产品和服务质量还有许多需要提高的方面。从目前来看，国际上畅销的大量"中国制造"仍属于中低端产品。国内消费品的质量与出口产品相比差距明显，近年来国内发生了一系列令人堪忧的质量事件，从黑心棉、毒大米、毒酒、地沟油、苏丹红、瘦肉精、毒奶粉到手机、电池、电饭煲、电梯、汽车等，几乎涵盖了人民群众生产生活的方方面面。国内游客出国出境"扫货"现象再次说明，加强质量建设刻不容缓，提升产品质量特别是与人民群众生产生活密切相关的消费品质量，既有利于吸引海外消费回流，也为人民群众安心放心消费装上了"安全阀"、

"护身符"。

"质量时代"命题的提出事实上是对于我国经济新常态下，经济增长方式转变的新思考和新判断。质量时代就是要以经济总量的稳定和可持续增长为基础，以优化和升级经济结构为手段，以创新要素的投入和配置为方法，以提高微观产品服务质量为动力，以提高宏观经济增长质量和社会总体福利水平为目标。随着市场经济体系的建立和不断完善，政府质量监管体系也同样需要改变和创新，以适应市场经济发展新的要求。本文就是基于广东省在质量监管的实践，尝试提出对于现代质量监管体系的思考。

第一节　时代背景与问题提出

当前，中国经济社会步入三期叠加即新常态、创新驱动、动力转换的发展阶段，表现为经济发展由粗放向集约、由简单分工向复杂分工的高级形态演进。习近平总书记明确指出，粗放型的经济发展方式曾经发挥过很大作用，但是再按照过去那种粗放型发展方式来做，不仅国内条件不支持，国际环境也不支持[①]。"质量"这个从先秦时代一路走来的字眼，一下子成为当今社会出现频率最多、点击率和关注度最高的热门词汇。一方面，作为市场经济中的重要元素，质量安全监管与市场监管密不可分；另一方面，质量安全问题是经济社会发展的战略性问题，社会关心、群众关注。而目前我国现有的以行政监管为主的质量安全监管模式，与人民群众日益增长的质量需求、市场监管体系改革的新要求还有不相适应的问题，这一问题迫切需要通过改革，正确处理质量安全监管体系中的政府与市场、政府与社会的关系，建立适应社会主义市场经济发展方向的现代质量监管体系来解决。

我国质量管理理念正在经历着深刻的变化，传统的以政府监管为主的模式，正在向多元主体共同治理的模式转变。1999 年，李玫发表《推进依法

---

① 陈锡文：《适应经济发展新常态　加快转变农业发展方式——学习贯彻习近平总书记在中央经济工作会议上的重要讲话精神》，《求是》2015 年第 6 期。

治理质量的构想》，将"产品质量"与"治理"联结在一起。共治理念较早出现在食品安全治理领域，2013 年全国食品安全宣传周的主题就是"社会共治同心携手维护食品安全"。2014 年 3 月 5 日，李克强总理在政府工作报告中提出"建立从生产加工到流通消费的全程监管机制、社会共治制度和可追溯体系，健全从中央到地方直至基层的产品安全监管体制"。2014 年 9 月 15 日，李克强总理在首届中国质量大会上再次强调"对进一步提升质量工作水平，构建全社会质量共治机制，以质量效益为中心推动经济转型升级等工作作出部署"。《质量发展纲要（2011—2020 年）》虽然没有明确提出"共治"概念，但是通篇体现了"共治"的思维，明确提出要强化企业质量主体责任、加强质量监督管理、创新质量发展机制、优化质量发展环境、夯实质量发展基础等，初步勾勒了质量共治的框架。2017 年 9 月发布的《中共中央国务院关于开展质量提升行动的指导意见》明确提出了"共治"的概念，指出要推进质量全民共治，构建市场主体自治、行业自律、社会监督、政府监管的质量共治格局。

《质量发展纲要（2011—2020 年）》颁布实施以来，广东在省政府出台《关于开展质量强省活动的意见》基础上，先后出台了《广东省人民政府关于建设质量强省的决定》、《中共广东省委 广东省人民政府关于实施质量强省战略的决定》，将质量强省战略与创新驱动战略、供给侧结构性改革等基本战略对接起来。山东把质量强省战略作为"十三五"时期的七个重大战略之一，将质量强省工作与实施品牌战略工作有机结合，省市县均成立协调机构，搭建了有效的质量强省战略推进载体，形成政府、部门、企业、社会品牌建设和质量共治的格局。此外，其他地方也加快了质量强省的进程，其中浙江出台了《浙江省质量强省建设"十二五"规划》、《关于加快建设标准强省的意见》等，联动推进质量强省、标准强省和品牌强省建设，正式启动"浙江制造"认证工作。

虽然《质量发展纲要（2011—2020 年）》勾勒了质量共治的框架，但是目前我国产品质量共治还存在着明显的短板。如：企业质量主体责任模糊，甚至缺失；公众倒逼产品质量提升的机制不健全；检验检测和认证机构及其工作人员的参与行为有待进一步规范。国家治理体系和治理能力现代化等施政理念的提出，也表明在现代治理条件下，治理结构逐渐由一元单向治理向多元交互共治转变。无论是政府、社会组织还是个人，都必须正确把握自身在治理体系中的角色和定位，树立共同治理理念，适应治理体系和治理能力现代化的要求。主动适应时代变化，构建一套与现阶段经济社会发展相适应的现代质量监管体系，对于推进国家质量战略意义重大。全社会质量共治本质上是一项社会制度的体制变革，标志着产品质量监管由政府重点监管向上下结合、政府与社会结合的治理模式转变。

全社会质量共治强调的就是发挥全社会各主体的责任意识，共同参与监管，难点在于解决好各主体间的协同问题。随着社会分工的进一步深化，产品质量的链条日益延长，设计者、生产者、认证机构、检验检测机构、经销者、媒体、消费者、政府等成为其中不可或缺的主体，质量的治理也更加复杂。可见，现代质量监管体系不是低层次、工具性的手段，还要有思想价值内核作为指引，因此在现代治理条件下如何构建起一套现代质量监管体系，成为本书研究的重点和难点。同时，现代质量监管体系的建设，不仅要求改革不适应实践发展要求的体制机制、法律法规，更需要不断构建新的内容，才能使各方面制度更加科学、更加完善，实现各项事务治理制度化、规范化、程序化。

第二节 文献综述

许多专家学者围绕质量治理这一主题展开了研究，并取得一系列研究成果。为了方便理解，我们首先对质量、质量监管、质量监管体系以及治理等概念做出界定。同时，为了更加全面细致地了解既有国内外研究进展，我们对国内外关于质量监管的研究成果进行了梳理。

一、基本概念辨析
（一）质量
《中华人民共和国国家标准质量管理体系基础和术语》对质量作出了定

义，"质量是一组固有特性满足要求的程度"，这里所说的"特性"必须是可以区分的，可以是本身先天具备的、后天被赋予的，也可以是定性的或者是定量的。"特性"有行为的、感官的、物理的、时间的、人体功效的等类别。"要求"指的是具体的愿望、条件或期望达到的效果。"特性"在多大程度上满足"要求"是判断"质量"好与坏的重要依据①。"质量"的定义是通过不断发展而来的，主要可以分为符合性质量、适合性质量和满意性质量三个阶段。

（二）质量监管

质量是"产"出来的，同时也是"管"出来的。我们通常所说的质量监管是政府监管中的一种，属于政府规制或者政府管制的范畴。具体指的是，政府监管机构根据相关法律法规，事前设置标准，监督管理厂商生产、销售的产品或者服务，事后制裁生产、销售不合格产品和服务的违法行为人，从而对产品和服务的质量加以保证。

近百年来，质量监管大致经历了三个发展阶段②。首先，是质量检验阶段。质量检验是在成品中挑选废品，以保证产品质量，但这种事后检验无法起到预防和过程控制的作用。随着休哈特将统计原理应用于质量管理中，统计质量控制阶段来临。直到现在统计质量管理方法仍在普遍应用。1961 年菲根堡姆提出了全面质量管理的概念，即以质量为中心，以全员参与为基础，旨在通过让顾客和所有相关方受益而达到长期成功的一种管理途径。进入新世纪，质量管理开始进入一个所谓后全面质量管理阶段。尤其是大数据时代的来临，质量管理开始真正有了用数据说话的软硬件条件。我们认为，质量管理开始构建以大数据为基础的"全社会质量治理机制"，这要求社会、消费者、企业和政府等多元主体都参与到质量管理中来，并为之努力。

（三）质量监管体系

质量监管体系指的是为了实现提高质量的管理目标，政府及其监管部门所必须提供的要素以及这些要素之间相互联系组合而成的整体。具体来说，

---

① 中华人民共和国国家质量监督检验检疫总局、中国国家标准化管理委员会：《中华人民共和国国家标准质量管理体系基础和术语》，中国标准出版社 2015 年版，第 17 页。

② 万融：《商品学概论》，中国人民大学出版社 2013 年版，第 20—24 页。

基本要素包括国家行政机构及其在实施监管的过程中所采取的方法和手段的集合。质量监管部门通过计划、组织、实施和控制等管理职能，将体系中的各要素有机结合在一起，从而达到质量监管的目的，提高质量。从目前来说，国家行政机构在质量监管体系中处于核心地位。

（四）治理

治理一词，在拉丁语中是"操舵"的意思，英语为"governance"。治理的概念起源于经济领域，广泛应用于社会管理领域，是公共管理理论的前沿。英国学者罗伯特·罗茨认为，现代治理包括最小化国家的管理活动、公司管理、新公共管理、普治、社会—控制体系、组织网络六个方面的治理①。在全球治理委员会对于治理的经典定义中，"治理"被定义为"各种公共的或私人的个人和机构管理其共同事务的诸多方式的总和……它既包括有权迫使人们服从的正式制度和规则，也包括各种人们同意或以为符合其利益的非正式的制度安排"②。概言之，治理是实现个人和机构共治社会事务的一种制度安排与结构设计。

当代社会的现代化包括技术的、工业的、政治的、都市化的、世俗化的五种发展过程③，我们国家也一直为实现工业、农业、国防和科学技术四个现代化而努力奋斗。国家治理现代化应当确立为"第五化"，比起单纯的国家统治、国家管理来，显然是更加科学、文明、高尚、进步④。国家治理现代化的本质，是治理体系和能力的提升，是治理质量的提升。质量时代是建立在治理现代化基础上的时代，治理体系和能力的现代化也会促进质量时代的到来。提高国家治理的质量，实现治理的现代化，必须抓住体系和能力两个重点。体系上，要实现主体的多元化、结构的扁平化、诚信的体系化、治理的法治化。能力上，要提高协商治理、民主治理以及风险管理能力。

目前治理理论依据政府的作用，分为国家中心说与社会中心说两种不同

---

① 俞可平：《治理与善治》，社会科学文献出版社 2000 年版，第 86—97 页。

② 俞可平：《治理与善治》，社会科学文献出版社 2000 年版，第 4 页。

③ 威廉·A.哈维兰：《当代人类学》，王铭铭译，上海人民出版社 1987 年版，第 575—585 页。

④ 许耀桐：《应提"国家治理现代化"》，《北京日报》2014 年 6 月 30 日。

路径。国家中心说强调，政府权力在治理过程中对伙伴关系发挥主导和规制作用，政府通过伙伴关系把社会中其他行动者吸纳到公共事务的管理中来，在众多治理行为者中居于主导地位。而社会中心说认为，公共治理依靠社会各行动者的自主协调，政府与其他治理行为者一样，只是一个普通的参与者，而不应该靠权力对这种关系进行主导。

（五）全社会质量治理体系

20 世纪 90 年代中期，社会共治理论才进入我国学者研究视野，可以说社会共治在我国的探讨研究起步较晚。全社会质量治理体系指的是全社会各种公共的、私人的机构和个人共同参与质量管理的诸多方式的组合，这里面既包括正式制度和规则，也包括非正式的制度和规则安排。政府在全社会质量治理体系中处于主导地位，政府质量监管是全社会质量治理体系中最有效、最核心的组成部分。质量也确实涉及了经济社会的多个行业，人民的生活离不开产品和服务，自然与质量息息相关。张喜元将质量安全监管视为社会治理体系最重要的组成部分，许多市场经济发达的国家也致力于完善社会质量治理体系，一方面通过质量治理降低社会风险，减少由质量引发的社会负面影响，同时也需要平衡市场中各经济主体的利益；另一方面通过质量治理提高质量水平，促进国家经济和社会发展[①]。

一般认为，政府、企业、社会组织和消费者，是全社会质量治理体系中四个最为重要的主体。

1. 政府。政府在全社会质量治理体系中的主导地位，主要体现在"管"。主要有两个方面的含义：一是监管，通过法律让企业感受到威慑，通过司法等手段追究其法律责任，制定标准要求企业提供高质量水平的产品和服务；二是管理，通过激励政策和资源配置引导和鼓励企业重视质量，通过实施标准化战略、以质取胜战略和名牌战略等，主动重视质量，主动提供高质量水平的产品和服务。

2. 企业。企业是质量主体，是质量发展的基础、源泉和动力所在，在全

---

① 张喜元：《把质量安全监管建成重要的社会治理体系》，《中国质量技术监督》2014 年第 8 期。

社会质量治理体系中的位置无可替代。无论是制造业、农业还是服务业，质量都贯穿了每一个环节，质量是企业的生命。只有企业对其提供的产品（服务）负责，在生产的过程中对员工、消费者、合作方、投资方、社区以及环境等利益相关方负责，才能真正提高质量水平。

3. 社会组织。这里的社会组织主要包括行业协会、社会团体、中介组织和社区活动团队、新闻媒体等组织。其中，行业协会是政府、企业和消费者之间重要的沟通平台，在全社会质量治理体系中发挥着润滑剂的作用。随着政府职能的转变，一些行业协会承接了原来的政府职能。新闻媒体在全社会质量治理体系中起着重要的舆论监督作用，能否保证客观、维护公平和正义，对于消费者权益的保护有着重要意义。

4. 消费者。质量是消费者权益的保障，企业对消费者负有社会责任，消费者对产品和服务有质量的要求，消费者对于产品质量的监督比任何途径的监督都更有力量。

二、关于政府质量监管的研究

信息不对称现象的存在，直接导致了效率的损失，打破了市场完善论的基本信条，传递了市场存在缺陷的信念。可见，市场机制的失灵和市场监管外部性的存在，使得单单依靠市场无法缓解信息不对称的问题，难以有效平衡市场参与者的利益分配，投资者的利益很难得到保障，因此就要发挥监管的作用。在《监管型政府的崛起》中，爱德华·L. 格莱泽（Edward Glaeser）和安德烈·施莱弗（Andrei Shleifer）指出，"一个国家的法律和秩序条件，是该国监管经济行为最优策略的重要决定因素"[①]。约瑟夫·斯蒂格利茨（Joseph Eugene Stiglitz）也主张政府应当对经济进行必要的监管，他认为这样不但能够弥补市场失灵，而且还具有一些市场机制无法相比的优点。表现在：一是在效率上政府具有比较优势，可以节约交易成本；二是政府监管具有权威性，拥有禁止权、处罚权等权力；三是政府监管有利于公共利益，政府通过监管来矫正市场失灵，可以使经济资源配置达到最优以及公共利益最

---

① A. 安德烈·施莱弗等：《监管型政府的崛起》，中信出版社 2002 年版，第 63 页。

大化①。传统的监管理论指的就是政府的监管，正如加尔布雷斯（Galbraith）指出，"为了弥补这些市场缺陷，政府的干预和管制是必不可少的"。李继武（2004）认为，政府对产品质量监管，兼具微观干预和宏观调控的双重属性，既有经济性管制的一面，也有社会性监管的一面②。小贾尔斯·伯吉斯（Giles H.Burgess, Jr.）③、W.吉帕·维斯库斯（W.Kip Viscusi）和约翰·M.弗农（John M.Vernon）④、小约瑟夫·E.哈林顿（Joseph E.Harrington,Jr.）⑤（2012）等专家学者将政府监管行为视作整体考量，深入研究了包括政府质量监管在内的等政府社会性管制问题。从博弈的视角分析了消费者与生产厂商之间的互动博弈；从成本效益的角度研究了监管行为的行政成本及有可能导致无效率的市场干预成本等问题。

除此之外，关于政府质量监管的研究，主要集中在探究政府质量监管存在的问题、分析政府监管不力的原因和提出解决政府监管不力的措施三个方面。

（一）探究政府质量监管存在的问题

从现有的研究来看，目前政府质量监管主要存在几个方面的问题：第一，政府单一监管存在监管效率不高，监管力量不足、不达标等问题⑥；第二，多头监管现象严重，导致部门之间的缺位与错位，监管权责不明等问题；第三，监督制度的缺失，监管机制不完善；第四，政府能力的局限以及

---

① 转引自贺建：《论我国产品质量监管法律制度的完善》，硕士学位论文，湖南大学经济法学系，2010年，第10—11页。

② 李继武：《中国产品质量政府管制初探》，硕士学位论文，吉林大学国民经济学专业，2004年，第4—5页。

③ 小贾尔斯·伯吉斯：《管制和反垄断经济学》，冯金华译，上海财经大学出版社2003年版。

④ W.吉帕·维斯库斯、约翰·M.弗农、小约瑟夫·E.哈林顿：《反垄断与管制经济学》，机械出版社2004年版，第35页。

⑤ 小约瑟夫·哈林顿：《博弈论》，韩玲、李强译，中国人民大学出版社2012年版，第48页。

⑥ Cadman，Tim，"Evaluating the Quality and Legitimacy of Global Governance: A heoretical and Analytical Approach"，*International Journal of Social Quality*，Vol.2，No.1，（June 2012），pp.4－23；宋之杰、郭燕平、崔冬初：《地方政府监管与稀土上游企业的演化博弈分析》，《科研管理》2014年第8期。

管理者追求自身利益动机的影响，导致了政府质量监管的失灵[1]；第五，质量违法成本低，"屡教不改"的现象严重[2]；第六，检验与认证市场不成熟和社会治理不配套等问题[3]；第七，假冒伪劣产品仍充斥市场，企业质量管理水平低下，行政许可制度实施存在错位；等等。

（二）分析政府监管不力的原因

学者王殿华[4]、于涛等[5]认为政府面临质量监管困局的主要原因有：政府作为最主要的监管力量，监管资源有限，但是需监管企业数目多、监管范围广，导致质量监管在很多时候力不从心；政府及其工作人员受传统行政理念的影响，加上制度设计不完善，政府与社会的良性互动难以形成[6]；现有的财税制度决定了地方政府与地方企业的利益在很大程度上是契合的，质量监管机构纵容和保护违规生产的生产厂商的情况屡见不鲜；频繁爆发的质量安全事件导致消费者对政府和企业都丧失了信任，导致消费者对于质量监管的参与积极性不高[7]。

（三）提出解决政府监管不力的措施

质量监管牵涉面广，涉及政治、经济和社会等多个方面，是一项系统工程，只靠政府监管机构的力量显然已经无法满足全面有效监管的要求[8]。一

---

① 张朝华：《市场失灵、政府失灵下的食品质量安全监管体系重构——以"三鹿奶粉事件"为例》，《甘肃社会科学》2009年第2期。

② 郭鹏菲、朱立龙：《政府、企业与消费者三方质量监管影响因素及对策分析》，《价值工程》2016年第14期。

③ 吴东海：《市场条件下我国政府质量监管体系改革研究》，《质量技术监督研究》2016年第5期。

④ 王殿华、苏毅清：《食品安全市场监管效果的检验及分析》，《软科学》2013年第3期。

⑤ 于涛、刘长玉：《政府与生产企业间产品质量问题博弈分析》，《山东大学学报（哲学社会科学版）》2014年第2期。

⑥ 李长健、干静：《完善我国农产品质量安全政府监管的对策——以服务型政府理念为理论基础》，《青岛农业大学学报（社会科学版）》2011年第1期。

⑦ 王彩霞：《政府监管失灵、公众预期调整与低信任陷阱——基于乳品行业质量监管的实证分析》，《宏观经济研究》2011年第2期。

⑧ 郭鹏菲、朱立龙：《政府、企业与消费者三方质量监管影响因素及对策分析》，《价值工程》2016年第14期。

些学者（包括Peter De Maeyer[①]、王文婧等[②]、陈彦彦[③]）认为，地方监管能够对质量监管进行有效的补充，但是第三方监管在后来也被认为在公正性、真实性等方面存疑。于涛、刘长玉在信息不对称及有限理性条件下，构建了政府与第三方的演化博弈模型，分析了政府和第三方在质量监管中的策略选择。研究结果表明，政府的监管成本、惩罚额度、第三方检测成本是在很大程度上影响了双方的策略选择。通过降低政府监管成本，加大对违规第三方的处罚力度，提高对第三方的补贴，对于提高第三方质量监管积极性有显著作用[④]。钟文斌指出，将组织机构代码作为机构的"身份证号"运用到质量监管当中，对于提高监管水平有积极意义[⑤]。颜波、王欣妮认为，将物联网技术运用到农产品质量安全监管体系中，能够实现"下行跟踪、上行追溯"，对于质量监管体系构建也有一定的借鉴和参考意义[⑥]。孙志国分析指出，政府的质量监管机构的日常监督监察工作非常有必要继续保持，同时应当加强对违规的厂商的处罚力度，数额应当大于其从事不法活动的收益[⑦]。张朝华提出，推进合理、有效的质量监管法律体系建设；提高监管部门的专业素养，给予必要的激励；同时从制度供给体系的角度为质量监管的多主体参与打通渠道对于质量监管体系的重构也至关重要[⑧]。刘战豫认为危害溯源、

---

① Maeyer, Peter De , and H. Estelami, "Consumer Perceptions of Third Party Product Quality Ratings", *Journal of Business Research* , Vol.64，No.10，(October 2011).

② 王文婧、杜惠英、吕廷杰：《基于第三方认证的云服务信任模型》，《系统工程理论与实践》2012 年第 12 期。

③ 陈彦彦：《论政府在农产品质量安全监管中的职能定位》，《中国行政管理》2008 年第 6 期。

④ 于涛、刘长玉：《政府与第三方在产品质量监管中的演化博弈分析及仿真研究》，《中国管理科学》2016 年第 6 期。

⑤ 钟文斌：《组织机构代码在政府质量监管中的应用研究》，《质量技术监督研究》2015 年第 5 期。

⑥ 颜波、王欣妮：《基于物联网的农产品质量安全监管体系研究》，《中国科技论坛》2016 年第 8 期。

⑦ 孙志国：《我国产品质量监管问题研究——一个法经济学的视角》，博士学位论文，吉林大学政治经济学专业，2006 年，第 20—22 页。

⑧ 张朝华：《市场失灵、政府失灵下的食品质量安全监管体系重构——以"三鹿奶粉事件"为例》，《甘肃社会科学》2009 年第 2 期。

动态预警和应急处置机制是质量监管体系构建的重要内容，应当出台响应的预警预案①。金玲、李慧分析了沈阳市苏家屯区农产品质量安全建设的现状，认为监管不到位是目前所存在的问题之一，农业标准化、检测检验和认定认证是农产品质量监管体系的重要环节②。赖永波、徐学荣认为协同政府理论为质量监管协同治理提供了路径，必须从目标、组织、信息和文化四个维度入手，加强整合③。刘刚认为，在大数据时代，质量监管应该有大质量视野。一方面，监管者要有国际视野、宏观视野、法律视野、经济视野、文化视野和统计视野；另一方面，大数据质量监管体系不仅是大数据技术的应用，还至少应该是由法律体系、信息体系、工作体系和评价体系等四个子系统构成④。

三、关于市场对质量监管的作用研究

《管制与市场》是丹尼尔·史普博（Daniel F.Spulber）的代表作之一，该书对质量监管进行了较为详细的阐述，主要强调了市场对于质量监管的重要性。史普博认为，借助市场化配置机制或者依靠竞争市场，对于实现政策目标有积极作用；一方面要重视国会、行政和司法的监督作用；另一方面要实现监管机构、生产厂商和消费者之间的直接互动，政府的质量监管需要建立在三方互动的基础之上。史普博认为，由于对于产品的质量和工作场所的安全的监督存在一定的难度，成本也很难估计，所以很难做到"把责任分配给损失最小成本避免者"⑤。格罗斯曼（Grossman，1981）预言，如果关于质量信息的不对称问题得到很好的解决，消费者在购买后能够非常方便的、不

① 刘战豫：《产品质量安全风险预警与应急处置研究》，博士学位论文，中国矿业大学（北京）管理科学与工程专业，2011 年，第 35—45 页。

② 金玲、李慧：《创建一流的农产品质量安全监管体系——沈阳市苏家屯区的相关工作实践》，《农业经济》2008 年第 6 期。

③ 赖永波、徐学荣：《农产品质量安全监管协同治理路径研究——基于协同政府理论视角》，《中共福建省委党校学报》2014 年第 3 期。

④ 刘刚：《建立政府质量监管体系的思考》，《质量与标准化》2014 年第 5、6 期。

⑤ 李省龙：《论西方主流法经济学构造范式的一般内容》，《重庆工商大学学报（社会科学版）》2006 年第 6 期。

花费任何成本就可以证实产品的质量，经验品市场就能够有效地运转起来，经验品信息的传递问题又可以通过企业声誉机制来解决，那么这个时候就不需要政府在质量监管上有过多的干预①。当然，不同历史年代的经济社会发展状况不同，产生的研究成果所关注的重点也会存在一定差异。

四、关于产品质量监管法律的相关研究

以科斯、波斯纳等学者为代表的法经济学在制度相关性之外基本秉承新古典经济学的分析框架。波斯纳在其著作《法律的经济分析》中提出了"经济推理的本质"的观点，阐述了理性选择模型是有效的分析工具，行为人具有制度相关性下的完全理性。法律规则体系被主流法经济学类比为市场价格体系，"理性行为"假设的核心内涵为：假设人们熟知法律，知道各自在法律关系中应享有的权利与承担的义务，能够认识到相关法律行为将会导致的法律后果，就能够理性选择有利于实现各自利益的行为。基于此，法律规则之下行为人的行为反应类似于市场参与者在市场中的反应，即均根据既定价格体系进行成本效益分析。法经济学家沙维尔（Shavell，1987）提出这样的观点：双边预防之下，过失责任为最有效的规则；单边预防之下，严格责任为最有效的规则；过失责任着重于对注意水平的控制，而严格责任着重于对活动水平的控制。

随着制度相关性观点的引入，主流法经济学根据交易成本针对合同法与侵权法进行区分，进而将两者共同涉及的信息不对称问题进行划分，并对侵权法中的产品质量安全监管进行基于责任的惩罚规则的阐述。该处"责任"指导致损害方（侵害人）向被损害方（受害人）承担赔偿的法律义务。责任认定分为过失责任与严格责任，其中过失责任指"只有在加害者具有过失，即在平均注意水平以下，其才对受害者承担赔偿责任"；严格责任指"无论加害者是否具有过失，其均要对受害者承担赔偿责任"②。严格责任在侵权法

---

① Grossman, and J. Sanford, "The Informational Role of Warranties and Private Disclosure about Product Quality", *The Journal of Law and Economics*, Vol. 24, No.3, (February 1981), pp.461-483.

② 斯蒂文·萨维尔：《事故法的经济分析》，北京大学出版社 2004 年版，第 4 页。

中经历这样的发展过程：19 世纪之前，责任标准多为严格标准，只需证明侵害人受到伤害即可得到相应赔偿，而无需证明侵害人是否存在过错；发展至 19 世纪上半期，严格责任的范围缩小至高度危险活动及商品引起的伤害，此时侵权责任以疏忽或过失为主要基础；严格责任规则于 20 世纪得到复兴，并被普遍应用于消费品安全领域；目前的美国，制造商均对缺陷产品引起的伤害承担严格责任，无论其是否存在过失。侵权法中有一个著名的案例规则叫"汉德法则"（The Law of the Hand），该法则被广泛运用到质量监管领域的研究。汉德法则可以简要表述为：当事人的可能遭到损害的概率为 P，所遭受的损害为 L，B 表示为预防成本，那么是否要承担责任就取决于 B 是否小于 L 和 P 的乘积，如果小于则应当承担责任，如果大于则不应承担责任[①]。史普博与汉德法则相似之处在于，先在完全信息的条件下，基于责任规则对产品质量监管进行了一定的论述；但史普博放松了完全信息假设，重点研究了在不对称信息状态下有效的风险分配和决策问题。

五、关于质量监管体系中监管主体职能定位的研究

（一）对产品质量监管中政府的角色和作用研究

王颖、杜湖湘对我国政府角色定位进行了研究，他们认为政府在质量监管中角色特殊，所以政府进行适当的干预是非常有必要的。但是，政府角色定位可能并不太成功，因此他们提出政府应当回归到公共权力的主题上来，有序地退出市场竞争。他们进一步指出，政府应该是规则的制定者，为市场的良性发展提供制度供应与发展平台，同时在市场机制下落实和推行公共政策；是经济活动的仲裁者，解决质量监管过程中可能出现的纠纷，保障市场的顺利运行；是宏观经济的调控者，通过宏观调控手段，进行资源配置，保证整个国民经济得以正常运行、稳定增长；是市场经济的推进者，激发市场潜力，保护经营者并约束市场行为，确保市场交易秩序可靠运行；是质量监

---

① 皮特·纽曼：《新帕尔格雷夫法经济学大辞典》（第二卷），法律出版社 2003 年版，第 579 页。

管的服务者，必须提供相应的公共物品，同时消除外部效应①。郑向平等提出现行质量监管方式基本上以全过程、强制性监管为主，政府部门深度干预企业的日常生产过程，过于注重对企业实施微观方面的管制，这样的管理模式使得企业没有选择的空间，只能被动接受，久而久之，政府部门"保姆式"的监管使得企业逐渐产生依赖情绪，质量监管成为政府的问题②。

（二）对产品质量监管中企业的角色和作用研究

基于政府对于质量监管的过度干预，郑向平指出，"企业是产品质量第一责任人"，应当强化企业的质量安全意识，重视企业质量安全的主体责任；应当适当地减少政府监管机构对企业微观行为的干预，加强宏观质量管理职能，政府部门应该抓大放小，在履行社会管理和公共服务职能上下功夫，应设计合理的激励相容机制，给予企业一定的自主权，倡导企业主体的自律。

（三）对产品质量监管中中介组织的角色和作用研究

王满仓、苏子微对行业协会的概念、职能和作用进行了阐述，分析了目前我国政府与行业协会之间存在的问题，提出了解决行政监管部门与行业协会间角色定位失败的关键点，在于保障行业协会在管理角度、所属关系以及经费保障等方面的独立性。因此，有必要厘清政府和协会各自的职责边界，必须在保证其独立性的基础上，充分发挥协调、监督、传递等作用，实现两者合作的局面③。孙君平在《行业协会（温州）在政府转型中定位和角色》一文中提出政府职能转变以及政府在某些领域的退出使得行业协会迎来发展的好机会，同时行业协会也反过来推动政府职能的转变。因此，行业协会的发展亟须政府放权，同时要进一步改善外部的制度环境，建立和完善相关的法律制度，为行业协会的发展提供空间。行业协会所发挥的作用是一方面能够维护自身行业利益，另一方面也能够推动政府角色的转变与行政效率的提高④。

---

① 王颖、杜湖湘：《浅析市场质量与政府角色定位》，《云南行政学院学报》2002 年第 1 期。

② 郑向平、游佳：《浅谈我国产品质量监管制度的完善与发展》，《现代商业》2013 年第 29 期。

③ 王满仓、苏子微：《政府与行业协会关系的错位与纠正》，《生产力研究》2005 年第 1 期。

④ 转引自林建勇：《行业协会（温州）在政府转型中定位和角色》，硕士学位论文，复旦大学 MPA，2009 年，第 42—43 页。

（四）对产品质量监管中消费者的角色和作用研究

"在质量领域消费者所发挥作用"是武汉大学质量发展战略研究院关注的另一重要主题。该研究院重点研究和分析了消费者具体特征，研究了多个国家消费者活动概况，以及消费者在质量监管中的作用。研究结果表明，目前我国消费者对产品质量的监管方式主要有：第一，质量投诉；第二，质量举报；第三，质量索赔；第四，媒体曝光；第五，质量信息协管；第六，消费者满意指数[①]。范锐敏指出要通过电视媒介和公众网络等多种的途径拓宽质量宣传的渠道，采用多种质量宣传教育形式相结合的方式，增强消费者组织的社会质量监督职能[②]。廖丽指出，要维护消费者权益，就应该特别关注对某些特殊行业产品安全权的保护，要制定"小额诉讼制度"，完善"惩罚性赔偿制度"，建立"消费者公益诉讼制度"，加强对消费者维权知识的教育，促进权益保护组织社会化发展[③]。王小龙认为要建立群众举报制度、公众参与制度，强化违法者的法律责任和尝试风险效益评估等[④]。

六、关于全社会质量共治的研究

20 世纪 90 年代初，社会共治就成为西方政治学重点关注的研究课题。西方学者普遍认为，政府与社会存在合作与互补关系，两者是相互影响、适应及创造的。社会共治是一种多方位的管理手段，包括立法执法主体管理、自我管理以及其他利益攸关方参与管理。产品质量监管作为社会共治的一项重要内容，西方发达国家根据政府在产品管理介入程度的不同，从市场调节到直接管制划分为 6 个阶段，分别为：无管制、敦促企业自管、社会共管、为

① 程虹、陈川：《2013 年我国质量学术研究的现状与发展——宏观试验、共同治理与数据积累》，武汉大学出版社 2014 年版，第 11 页。

② 范锐敏：《中国消费者组织质量社会监督职能的消费者评价——基于我国宏观质量观测数据的实证分析》，《宏观质量研究》2013 年第 2 期。

③ 廖丽：《中国消费者权利保护现状研究——以联合国〈保护消费者准则〉为基准》，《宏观质量研究》2013 年第 1 期。

④ 王小龙：《论我国食品安全法中风险管理制度的完善》，《暨南学报（哲学社会科学版）》2013 年第 2 期。

消费者提供信息并对企业进行教育、建立激励机制维护市场秩序、直接管制。在社会共治中，通过强调企业自律、明确企业责任、及时信息交流、第三方社会力量监管等措施进行推进和实现。经过分析总结，笔者认为，发达国家在社会共治方面理论和实践的成功，在于正确界定并协调各主体间的关系，才使各项制度、规范、措施得到加强、完善和保证。因此，我国在构建全社会质量共治机制上，一定要正确界定各参与主体，并协调好其利益关系。

一些学者从政府监管和标准治理的角度，利用共同治理的理论研究了质量监管体系的整体性。武汉大学质量发展战略研究院重点关注了"政府角色与定位"和"质量监管环境构建"等相关问题。武汉大学质量发展战略研究院院长程虹教授提出，产品质量监管的最终目标是要实现"质量安全"，2008 年他首次提出了"宏观质量管理"的概念。他认为市场、社会、政府都应该是宏观质量管理的当然主体，三者相互合作共同构成质量监管网络，而宏观质量管理体制是由市场质量监管体系、社会质量监管体系和政府质量监管体系三个体系共同构成的[①]。其中，政府在产品质量监管中作用是无可替代的，是非常有存在必要的，政府在质量监管体系中应当发挥主导性作用。当然，政府质量监管也是可能失灵的。因此，还需要市场质量监管发挥主体性作用，社会质量监管发挥基础性作用，为政府质量监管作补充[②]。

七、简要评述：已有研究亟待深化之处

综上所述，国外学者对产品质量安全监管的经济学理论性观点展开了广泛探讨与研究，并取得了丰富的研究成果，有助于我国政府在制定质量监管政策时深入挖掘其原理性本质。近年来，我国国内学者也在质量监管方面取得了一些研究成果，这些成果主要集中在食源性产品的质量安全现状与对策

---

① 国家质量监督检验检疫总局：《三大体系构成三大支柱——访武汉大学质量发展战略研究院院长程虹教授》，2009 年 3 月 31 日，见 http://www.aqsiq.gov.cn/zjxw/zjxw/zjft-pxw/200903/t20090331_110159.htm。

② 程虹：《宏观质量管理》，湖北人民出版社 2009 年版，第 10—15 页。

研究方面，产品涉及我国的粮食①、家畜②、水产品③、蔬菜、乳产品等初级农产品④，对策建议包含了从宏观层面的国家监管体系、控制措施和制度构建，到微观层面的产品质量检测、质量溯源和现状分析。

虽然有部分研究关注了第三方监管和质量监管的社会参与，但是在推进国家治理体系和治理能力现代化的今天，如何构建一个现代质量监管体系和治理理论，并将其应用于质量监管当中的研究却比较少见。治理的输出主要是制度结构和行为主体在治理过程中共同形成的政治秩序和社会规则，即治理过程的制度化，建立制度的合法性和公共信任是制度化的重要方面⑤。治理也应体现成本来源主体、对象和环境的对应性，反映在治理制度安排上，就是一个完善的治理制度框架，应无一缺漏地涵盖创新系统内所有与技术创新负外部效应有关联的多层次主体。制度的调整对象既可以是专一的，也可能是适用多元的，但不同层次的治理规则应内在地统一于创新系统之中，并形成创新治理内在一致的制度链路，实现良性的制度传递和互动⑥。因此，后续研究急需寻找质量监管的运行规律，引入新的理论工具、发掘相应的经验证据，借鉴现代国家的质量管理经验，提出有利于我国构建质量安全社会共治体系的建设性对策。

---

① 王鹏祥、王笑亮：《完善农产品质量安全监管制度研究》，《安徽农业科学》2012 年第 4 期。

② 齐旭俊、赵毅、李香：《我国动物初级产品质量安全监管机构亟待完善》，《中国牧业通讯》2011 年第 12 期。

③ 周国勤、李文杰：《南京水产品质量监管及安全生产现状研究》，《江苏农业科学》2011 年第 3 期。

④ 李长健、罗洁、梁菊：《关于完善我国农产品质量安全监管体系的思考》，《西华大学学报（哲学社会科学版）》2009 年第 5 期。

⑤ 李慧凤：《制度结构、行为主体与基层政府治理》，《南京社会科学》2014 年第 2 期。

⑥ 李广培、杨林、吴金华：《技术创新社会成本的治理制度研究》，《中国科技论坛》2014 年第 8 期。

第二章 质量监管面临的现实挑战与目标定位

在贸易自由化、生产国际化、金融全球化和科技现代化的时代背景下，质量时代的本质，是经济社会的发展以质量和效益为核心。要迈向质量时代，只有客观认识当前的世界，直面现实的挑战，植厚发展的优势，破解发展的难题，才能从容应对挑战，成功实现跨越。我国现有的以行政监管为主的质量安全监管模式，制约和限制着社会和司法监督力量的作用发挥，在一定程度上模糊了作为市场主体的企业供应方和消费者需求方的权责关系，使市场主体责任处于被动、从属的地位。以至于各级政府投入的人力、物力、财力都远超过周边国家和发达国家，但市场秩序仍难以规范，违法行为屡禁不止，政府监管作用难以有效发挥。这暴露出我们监管理念和监管模式的落后，迫切需要在深化改革中坚决扭转以强化行政监管为主要方式的监管理念和模式，加强社会监督和综合治理，推动在质量安全监管中更好发挥市场配置资源的决定性作用、政府监管的有效作用、社会共治的积极作用，形成"放、管、治"三位一体、合作共赢的质量发展与质量提升新格局。

第一节 质量监管面临的现实挑战

一、质量监管的观念问题

行为主体的价值取向由观念直接反映出来。通常状况下，什么样的观念就有什么样的体系，观念的先进或落后，对体系建设发挥着决定性作用。政府部门如果观念落后，会带来很深远的影响，不仅制约了诚信体系建设工作的正常开展，甚至还会影响整个的产品质量水平，对生产者、消费者及整个社会对待质量诚信体系的观念和意识都会造成一定程度的影响。质监部门对现代质量监管体系要建成什么样、怎么建，缺乏长远考虑，对治理条件下整个产品质量监管中的作用缺乏战略定位，没有因地制宜地长远思考和谋划。在这种情况下，质量监管部门的质量工作仅仅是被动地执行上级机关的部署和安排，非常容易受其他部门和因素的干扰，工作目标经常发生偏移。对外界来说，更是难以理解现代质量监管体系要建成什么样，也就难免形成了社会各方面质量监管建设实施情况不佳的局面。

二、质量监管的体制问题

中国当前面临的严峻的质量问题使得质量管理体制的建设更具紧迫性。虽然自改革开放以来，中国产品的质量水平总体上呈稳定上升趋势，但各行各业（家电、家具、汽车、电子、网络等）的质量事件频发，甚至一些知名品牌也屡屡曝出质量缺陷，危及人们的日常生活乃至生命安全。尽管自改革开放以来，我国产品质量监管体制不断完善，在法律制度、监管手段等方面都有较大改进。但总体来讲，当前的监管体制仍然存在一些不容忽视的问题，主要表现在以下几个方面：

（一）事后回应型产品质量监管的滞后性

我国目前的产品质量监管往往出现事后回应的现象，也就是当产品质量出现问题后，各职能部门才予以监管，对其进行纠正。这显然是滞后的，不利于对产品质量监管，亦不利于保护消费者的合法权益。这种事后回应型监管机制，往往会给国家以及消费者带来巨大的损失。出现这些产品质量事故后，主管部门能做的也只是对受损失消费者进行一定程度的补偿，只是一种临时性的应对措施，即便让相关单位停产停业、吊销执业执照，仍旧无法根除类似事故的发生。消费者作为社会监督的主体，无法准确地对产品质量的产前环境、生产加工等环节进行监管。

（二）标准建设滞后

作为发展中国家，在相对较长的时期内，我国经济工作的重心，是以满足广大人民群众基本生活需要为目标，在一定程度上放松了对人身健康和财产安全的重视，在标准体系建设方面相对滞后。按《中华人民共和国标准法》的有关规定，根据科学技术的发展和经济建设的需要适时进行复审，一般周期不超过五年，但事实上很多标准在制定之后，在相当长时期内并未进行相应的修订。

（三）监管机构分散、交叉，损害监管效率

根据《产品质量法》的相关规定，我国产品质量监管主体，包括工商行政管理部门、质量技术监督部门，以及各级人民政府授权的其他部门。这种多元化监管结构，容易陷入监管权责不清、管理混乱的困境。质量技术监督机构管理生产环节的质量问题、工商行政管理机构管理流通环节的质量问题，这种分工似乎避免了多头管理、相互推诿、重复检查等问题，但实际上并没有消除监管乏力的问题，而且增加了质量监管的成本。另外，质量技术监管部门队伍人数明显少于工商行政管理部门，不利于产品质量安全的源头管理。此外，在实践中，要明确划分产品生产、流通等各环节并不容易，这可能导致监管机构相互争夺管理权、相互推诿监管责任，甚至留下监管漏洞。

（四）监管法律体系不健全

从总体上看，我国法律法规及规章并未涵盖我国产品质量监管的各个环节，部分环节仍旧存在着法律空白以及法律盲点。单就《产品质量法》而言，其自身的规定也存在不合理之处，生产者与消费者对于产品的考虑点是不同的，前者更加注重产品的收益，后者更加注重产品的适用性和安全性。而现行的《产品质量法》对上述情况一概而论，并未区分，这导致了主体间权利义务关系的模糊，产生了严重的不良后果。另外，我国《产品质量法》关于违法行为的责任追究，主要分布在第四章"损害赔偿"和第五章"罚则"中。其规定了违法单位应承担民事责任、行政责任以及刑事责任。但是，我国产品质量问题依旧层出不穷，这也从侧面反映出，产品质量问题并没有因为对不法厂商的惩罚而得到遏制。究其原因，主要在于我国现行法律法规对违法责任制度化设计不科学，处罚度普遍较低，威慑力不够。实践中，对违法单位的惩罚行为一般以行政处罚为主，再加上我国采取的是事后回应型产品质量监管模式，事后惩罚的力度不够，导致违法犯罪行为的收益远远高于成本，产品质量问题一直不能杜绝也就可想而知。

（五）有法不依、有法难依现象仍然存在

从我国质量监管执法的角度来讲，有法不依、有法难依的问题普遍存在。一方面，是有法不依。从我国质量监管部门的机构设置来看，机构建设、运营经费仍需地方政府支持，这就难以保证监管部门执法的独立性，地方保护主义时有发生：有的对本地区假冒伪劣行为放任自流，片面追求地方短期经济利益和局部利益，对制假、售假行为视而不见，甚至暗中保护；有的为保护本地区产业、保护本地区产品，滥用政府的监督检查职权，借质量检查、质量监督之名，阻止外地产品进入本地市场，影响了市场的公平竞争和效率。另一方面，是有法难依。首先，作为一个发展中的大国，我国经济发展极不平衡，各地区（尤其是东、西部地区）经济发展水平差距极大，致使贯彻产品质量监管与满足人民美好生活需要之间的矛盾很难得到有效协调。其次，质量监管涉及多方面复杂的行为主体，企业行为涉及市场的方方面面且在不断变化和更新，如果监管部门"有法必依、执法必严、违法必究"方面没有实质性进展的话，那再多的法律法规也只是一纸空文。

（六）信息渠道不畅、检测机构作用有限

信息对称，是消费者维护自身权益的基石。受信息不对称的影响，市场中可能出现"劣币驱逐良币"的问题，一些假冒伪劣、成本低廉的劣质产品混迹于质量上乘但价格相对较高的优质产品当中，在缺乏有效监管的市场中大行其道。在信息渠道不畅通的影响下，检测机构的作用也受到相应的约束。具体来讲，当前产品质量信息传递机制不健全，主要表现在三个方面：一是产品质量信息披露不及时、不完善；二是产品认证、许可授权过程中，存在内幕操作，诚信问题受到质疑；三是各地、各类监管机构的信息缺乏共享，致使重复监管、监管真空问题并存。与此同时，由于一些产品质量检测机构布局不合理、基础设施相对老化、检测技术和检测设备落后、技术研发和创新能力不强，以及监督约束机制缺失，也在一定程度上影响了产品质量检测结果的可信度[①]。

---

① 刘凌志：《我国产品质量监管体制的现状、问题及对策》，《湖南行政学院学报》2012年第5期。

三、质量监管的机制问题

所谓机制，有两个层面的含义，一是督促、协助相关部门建立起既可行又有效的质量监管机制，二是建立起本部门的工作机制。通过宣传、培训，提高流通领域、集团等采购部门的质量意识，明确相关工作人员的质量主体责任，充分调动他们参与质量把关的积极性和主动性。让监管工作从一个单独的部门延展到各个相关部门。当前的质量监管机制主要存在以下问题：

（一）缺少产品质量安全监管的动力机制

虽然中央下发了诸多强化产品质量安全监管的要求，明确各级政府必须重视产品的质量安全问题，但还有很多地方政府将大部分精力投入到经济发展中。经济发展的重要内容之一就是技术、产品和服务的产量与销售，但当前对产品质量安全监控缺少必要的推动力。一般来说，如果产品不发生较大的质量安全事故的话，政府日常工作重心更倾向于生产、流通方面；对于产品的质量有时会疏于监管，甚至出现为了提升经济发展的水平，对制假售假行为视而不见、放任自流，更甚至于为制售假企业提供庇护的现象。

（二）缺少产品质量安全监管约束机制

在实际的质量安全监管中，在行政责任划分与追究方面还存在缺陷。比如说质量监管没有明确划分各层次行政人员的权利和责任，责任出现交叉重叠的现象，在监管过程中对执法人员的行为监督不到位、考核标准不明确。一旦发生质量问题，就可能出现无从追责或者是追责时各部门相互推诿扯皮的现象，致使监管不能充分发挥有效的作用。

（三）执法监管能力与监管责任存在偏差

产品质量安全监管涉及方方面面，范围较广、盘子较大，且由于产品各环节从业人员多、人员流通复杂等因素，导致执法监管能力与监管责任之间存在偏差。首先，法律法规的协调性不强，存在执法越位、错位及不到位的情况。其次，监管权力纵向衔接不协调，可能会因为经费、人事等原因影响监管执法的独立性。再次，对产品生产企业与产品专业生产组织监管较为高效、便捷，但对于产品生产散户的监管就较为被动，只能以教育引导为主，实用性不高。最后，监管机构内部统合力不足，各部门在市场监管、安全、质量等标准的制定、推广与监管方面无法协调统一形成合力，从而影响了监管效果。

四、质量监管的人力资源问题

（一）人力资源开发不够，有效培训与实际需求不匹配

公务员培训是人力资源管理中的重要环节，但是当前许多质量监管部门对公务员培训的重要性缺乏足够的认识，学习培训只是流于一种形式，人力资源开发存在重管理、轻开发的现象，缺乏必要的技术依托，缺少教育投资机制。片面追求管理、执法和实践能力，忽略员工自身素质提高，不注重理论学习，只注重经验学习，"别人的水涨了，我的船却不高"，甚至存在执法就是工作、执法就是全部的怪圈。另外，被动培训多、有意识培训少，方式单一、内容枯燥，许多培训没有真正落到实处。

目前，人力资源的开发主要存在以下几个问题：一是培训机制缺乏科学的需求分析，培训方式通常遵循讲授、讨论等理论模式运作，理论与实践分离，缺乏必要的实验、锻炼等手段，忽视学历、年龄、心理特征，造成培训的低效率甚至无效率。二是培训考核及评定方式流于形式，培训机构大多通过结业考试评定受训者学习情况，并由有关部门颁发相应的培训证书，作为任职、晋升等依据。这种不明确人员培训的评估事项、评估标准的评估模式极易导致形式主义，甚至有时为了完成年初预算而进行的有计划"烧钱"活动。培训缺乏统一规划，培训形式化，效果较差。三是培训缺乏针对性，培训与开发计划不够周密，多数机构进行大一统的全员培训，忽视分级分类培训、漠视因材施教、忽视实践教育。四是培训内容缺乏实效性，培训内容偏重于政策法规、政治理论、行政执法和综合管理，忽视专业技能和综合素养的培训。近期一些地方人力资源处已注意到这种现象的存在，正在实行所谓的一言堂式的、征求意见后的"按需培训"，培训投入大于收益，其负面的作用"溢出"至社会，社会效益低下。五是人力资源开发管理的科学化程度低。人力资本的有效投资对可持续发展战略非常有利，但由于缺乏认识，目前行政机关人力资源开发投资的重要意义并未被充分重视，过多地寄托于技术机构、学／协会；忽视基层人力资源开发，甚至将基层县区当成累赘，将大部分人才培养、经费配置到省一级科研技术机构，在资金投入、使用上未

做到"经济、效率、效能"原则，不科学的管理模式，造成"头重脚轻"、"多花钱却少办事"，导致直接从事产品质量监管的基层人员素质难以提高。

（二）绩效考核不健全，激励机制不合理

我国现行的政府绩效考核大多数由体制内的有关部门完成，缺乏规范科学的第三方评价体系。但是，工作绩效是多维度的，不同个体对同一绩效得出的结论是不相同的，所以这种考核方式信息面较窄，信息量比较小，难以保证考核过程的公平、公正、公开。一方面，德、能、勤、绩、廉量化指标权重大小缺乏一定的科学性；另一方面，现有绩效考核机制缺少评价实绩的客观标准，使得行政效率考核变得模糊，"不出事就是本事，摆平就是水平"。体系文件中考核制度的规定，虽然在一定程度上促进了县公务员管理的法制化、规范化，但由于既有的思维定势及计划经济的影响惯性，集权和不正之风的存在，在实施过程与预期存在偏差：质量监管部门兼具行政执法和综合管理职能，其绩效的体现对政府群体和整个社会具有很强的依存性，且反映周期长，加之考核中的"人治"色彩，以致对考核标准的制定和把握上主观性较强，很难量化，很难公开，严重影响激励目标。

（三）能力与岗位不匹配，优胜劣汰机制缺乏弹性

按照现代人力资源管理理论观点，不同岗位的价值是不同的，组织内不同等级人力资源所有者在薪酬上的差异，应以特定人力资源个体对组织的相对重要性为依托。不同性质的岗位，因其对任职者的知识、经验要求的不同，以及岗位对组织的作用的不同而其薪酬水平应有所差异。我们应该通过工作分析后的岗位价值测评来保证薪酬的内部公平，但是，质量监管部门人事管理的核心规则与现代人力资源管理法则相悖：重职务轻岗位，职、能不匹配。同时，随着经济的快速发展，质量监管人员在数量、时间和技术能力方面严重不足。当前，为企业生产配套的厂家、产品越来越多，销售渠道、范围越来越广，新事物、新情况不断涌现，产品愈加复杂，有些产品如汽车已俨然成为一个复杂的产品系统，但受学历、年龄、工作时间、人员编制等现实条件的约束，大部分执法人员难以理解其技术参数、工作原理等，造成在执法过程中难以把握企业违法的关键环节，提取不到关键证据。

五、质量监管的方式问题

传统政府监管机制与服务型政府职能的不适应，已经成为影响政府职能转变的突出问题。针对生产结果——产品，以强制手段施行监管，监管主体单一，监管过程缺乏市场激励，监管的专业技术性含量低，偏重对结果的监管，监管行为带有滞后性。随着服务型政府建设的推进，质量监管部门采用的传统监管方式暴露出的问题日益明显，与之相对应的监管理念和监管机制迫切要求更新和创新，服务型监管迫在眉睫。

（一）监管方式治标不治本

著名管理专家"质量之父"约瑟夫·朱兰（J.M.Juran）博士曾经说过："20 世纪是生产率的世纪，21 世纪是质量的世纪，质量是和平占领市场最有效的武器。"改革开放以来，我国经济一直保持高速增长，但这种增长不完全是质量效益型的可持续增长。深入贯彻落实科学发展观，我们清醒认识到，质量问题日益成为经济发展中的一个重大战略问题，成为事关人民群众切身利益的重大民生问题，也是关系经济社会的可持续发展与和谐稳定的重大政治问题。进入 21 世纪以来，各类质量事件频发，使全国上下对质量安全问题的关注达到了顶峰，社会舆论对质量监管的质疑不断，暴露出传统监管方式中的"治标不治本"问题，有些质量问题更是一再死灰复燃。围绕人民群众的"穿、住、行、用、娱"等方面出现的种种质量问题，监管方式上的弊病开始引起政府、学者和专家的反思。传统监管方式针对产品，注重事后监管，重结果处置，忽视以预防为主的事前约束、事中控制，不重视技术支撑，监管的科学性、准确性、可靠性缺失，是一种"运动式"、"救火式"监管，监管滞后的特点明显，质量安全事故频发。

（二）监管技术落后

随着经济社会的发展，各种高新技术手段日益成熟，造假手段和不成熟技术也混迹其中，传统监管方式已经大大滞后于科学技术发展的实际情况，监管环节的技术手段落后于生产环节，由此产生"检不了、检不准、检不快"等问题，以此为依据的行政监管和执法难以有效规范，质量安全隐患层出不穷，政府公信力大打折扣。近年来的诸多质量事件，从根源上来说，都是技术短板引发的。传统监管行为的不规范，很大程度是由检验检测行为的不规范所引起。同时，管制型的监管方式不依靠技术检测，反过来又遏制了技术能力的提升，造成行为的进一步不规范。

（三）监管效能不明显

一是有效性差。一方面，传统监管方式获取信息的渠道单一，信息主要来自投诉举报，所依赖的信息覆盖少、偏差大、效能低；另一方面，传统监管方式对技术检验的依赖性差，不依靠或基本不依靠技术支撑，但依法监管又需要有法定资质的技术机构提供检验报告作为执法依据，由此带来"大而全、小而全"的技术机构建设，重复建设严重。由于传统监管方式的不规范，造成技术机构"假运行"严重，能力建设滞后，不检验、乱检验、出假检验报告现象频发，造成效能低下和资源浪费，导致质量隐患丛生。另外，由于体制原因，我国产品质量实行的是分段监管，职能交叉和重叠问题突出，容易产生多头监管和监管过度或监管缺失，缺位、越位、错位和争利现象明显，监管的不作为、乱作为、慢作为频频出现，监管难以奏效。

二是时效性差。由于目前主要采取定期检查或者根据举报开展调查等的传统监管方式，手段以人工调查、分析等为主，缺乏现代化手段和方式的实质性引入与运用，因此无法实现对生产质量全过程进行即时跟踪，对于生产的事前、事中信息缺乏掌控。由此可见，传统监管方式只能在事后惩治，而难以在事前发现潜在的问题，并及时加以纠正和解决。往往是在问题发生后，已经对国家和人民的利益造成了损害，才对事件进行调查、对责任人进行惩治，而不是把问题解决在萌芽状态，具有明显的滞后性。

三是自律性差。传统监管方式下没有形成刚性的量化自律机制，基本依靠公务人员的觉悟和思想品质构成的自律框架，缺乏手段和制度制约，公务人员有时候难以抵御利益的诱惑，导致发生一些违反原则、制度与法律的事情时有发生；在监管与服务的关系上，部分公务人员习惯于当监督员，尽心当服务员的意识不够；在处罚与整改的关系上，涉及企业违规往往一罚了之，帮助企业整改解难的意识不够；由于理念上的偏差，制度上的乏力，工作人员办事的态度、能力、效率不能令人满意，遇到问题就退缩，碰到难题就扯皮，规定多、环节多、时限长，企业和群众感到不方便；对企业和群众的需求不能及时反馈和如实回应，忙于应付，落实政务不得力，推动工作不深入，自我约束差，执行力不强；执法行为不规范，乱收费、乱罚款、乱封账、乱摊派等现象及索、拿、卡、要，生冷硬顶，办事拖拉，不作为、慢作为、乱作为等行为时有发生；财政保障机制不健全等问题的存在，使得"假作为真收费"现象尤为突出。

第二节　质量监管的目标定位：构建全社会质量共治机制

20 世纪 90 年代中期，社会共治理论才进入我国学者研究视野，可以说社会共治在我国的探讨研究起步较晚。党的十八大以来，习近平总书记就质量问题发表了一系列重要论述。国家在顶层设计层面正式提出有以下方面：2014 年 3 月 5 日，李克强总理在政府工作报告中提出"建立从生产加工到流通消费的全程监管机制、社会共治制度和可追溯体系，健全从中央到地方直至基层的产品安全监管体制"。2017 年 9 月 15 日，李克强总理在首届中国质量大会上再次强调："对进一步提升质量工作水平，构建全社会质量共治机制，以质量效益为中心推动经济转型升级等工作作出部署"。这些重要论述高屋建瓴、内涵丰富、思想深邃、针对性强，形成一套科学系统的质量观思想体系，是经济新常态下做好质量工作、推动我国迈向质量时代的基本遵循和行动指南。

2015 年修订通过并施行的《食品安全法》明确规定：食品安全工作实行预防为主、风险管理、全程控制、社会共治，建立科学、严格的监督管理制度。从 2014 年起，"社会共治"明确写入了国家实施质量发展纲要的年度行动计划。由于产品生产经营主体和消费者之间的质量信息不对称，为了实现产品市场的稳定发展，需要建立一系列质量信息的信号显示机制。随着社会分工的深化，产品质量的链条日益延长，设计者、生产者、认证机构、检验检测机构、经销者、媒体、消费者、政府等成为其中不可或缺的主体，质量的治理也更加复杂。现行《产品质量法》在总则之后，首先明确了"产品质量的监督"职责，列举了国家、检验机构、认证机构、消费者权益保护机构的责任，实质上承认了检验机构、认证机构、消费者权益保护机构等的监督权力；在"产品质量的监督"之后，规定了"生产者、销售者的产品质量责任和义务"。这一系列的立法，也凸显了监管理念、治理主体存在缺位现象。

产品质量共治，就是要发挥生产经营企业、检验机构、认证机构、消费者权益保护组织、保险机构、消费者、第三方组织、大众传媒等主体的作用，形成彼此制约、相互促进的质量治理格局。在社会共治思维的指导下，各地方质量监管部门也开始将共治融入产品质量监管中来。以广东省为例，广东省质量监管部门充分发挥社会监督和综合治理作用，"构建以企业主体责任落实为核心、权益保护为基础、保险救济为保障、质量检测和安全风险检测与评估为技术支撑、政府依法监管的现代质量治理体系"，实质是全社会质量共治机制的先行先试。在质量强省工作中推动企业落实质量安全主体责任、推进质量诚信体系建设、加强质量安全监管、加强质量法治建设措施，并提请建立全社会质量共治机制，努力实现宏观质量和微观质量的有机统一，广东省出台了《中共广东省委 广东省人民政府关于实施质量强省战略的决定》、《广东省建设质量强省 2014—2015 年行动计划》等文件，更是广东省推进全社会质量共治从一个行政部门的先行先试到全省的总体规划部署。这都表明了全社会质量共治理念已经被政府接受。

第三章　治理视角下现代监管体系的理论基础

治理（governance）是一个古老又现代的词语。作为古希腊的一个政治术语，"治理"源自动词 κυβερναω，意为操纵或控制，在柏拉图的著作中第一次出现并以比喻性方式被使用，在词源上与"政府"（government）有着相似的词根①。该词随后在拉丁语和其他语言中得到传播，14 世纪末叶，英格兰国王亨利四世曾使用过该概念，用以表明上帝之法授予国王对国家的统治之权。按照韦氏百科对治理的定义：治理指的是统治与控制（Governance Broadly Refers to Rule and Control），是用统治的方法理顺社会关系，达到天下大治的意思。它比小规模的组织中的"管理"内容要丰富，比强调交换行为的企业的经营管理（Management）更强调自上而下的统领和管制。因此，在传统的意义上，"governance"与"government"等概念含义的区别不大，都表明了君主或国家至高无上权力的统治、管辖、支配和控制。

20 世纪 90 年代以来，"治理"（governance）一词逐渐频繁出现于政治学、公共行政学、经济学、社会学、法学等诸多学科之中。这也就导致了governance 被赋予新的含义，使其成为与 government 完全不同的词汇。治理一词的流行，与民主化、全球化浪潮是分不开的。国际货币基金组织、世界银行等国际组织在许多国家和地区推行政治改革，并以此作为提供经济援助的条件。为了避免政治改革这一提法在意识形态上的敏感性，国际组织选择了"治理"这一替代性用语。同时，这一时期国际社会的发展遭遇了全球气候变暖、跨国有组织犯罪等诸多共同难题，这些问题需要各国协调起来进

---

① 李泉：《治理理论的谱系与转型中国》，《复旦学报（社会科学版）》2012 年第 6 期。

行应对。在这一背景下，国际学术界对不存在一个权威主体的问题解决方式产生了浓厚的兴趣，治理一词开始作为具有特殊内涵的学术名词在国际关系的著作中出现。

目前西方学者对治理的研究已经形成了一个全面、系统的理论体系，并取得了丰硕的研究成果。美国学者麦科迪（McCurdy）曾在著作中把公共管理等同于治理，是一门致力于寻找管理政府和公共事务之最佳途径的学问。缪勒则把治理定义为，"关注制度的内在本质和目标，推动社会整合和认同，强调组织的适用性、延续性及服务性职能。治理包括掌控战略方向、协调社会经济和文化环境、有效利用资源、防止外部性、以服务顾客为宗旨等内容。"[①] 著名学者詹姆斯·罗西瑙（James N.Rosenau）将没有权威主体的问题解决方式称为"没有政府的治理"（Governance Without Government）[②]。他认为治理就是在没有强权力的情况下，各相关行动者克服分歧、达成共识，以实现某一共同目标，统治是依靠正式权力，而治理则依赖基于共同目标的协商与共识[③]。

20 世纪 90 年代中后期，国内学者也开始从政府管理的角度关注治理理论。最早一篇有关"治理"的文章出现在刘军宁等主编的《市场逻辑与国家观念》中。智贤先生在《Governance：现代"治道"新概念》中，把 Governance 翻译成"治道"，认为"治道"是关于公共事务治理的道理、方法和逻辑，是对市场经济条件下国家经济管理职能提出的基本要求，主要涉及公共权力的运用方式，旨在提高发展中国家管理公共事务的效能，驾驭经济发展的能力。[④] 在《西方政府的治道变革》中，毛寿龙也将 Governance 翻译成治道，认为"治道是在市场经济条件下政府如何界定自己的角色，如何运用市场方法管理公共事务的道理。治道变革指的是西方政府如何适应市场经济有效运

---

① 蓝志勇、魏明：《现代国家治理体系：顶层设计、实践经验与复杂性》，《公共管理学报》2014 年第 1 期。

② Djelic M.L.and Quack S.,"Governance Without Government",Cambridge: Cambridge University Press, 2001, p.5.

③ 田凯、黄金：《国外治理理论研究：进程与争鸣》，《政治学研究》2015 年第 6 期。

④ 刘军宁等：《市场逻辑与国家观念》，三联书店 1995 年版，第 55 页。

行的需要来界定自己的角色，进行市场化改革，并把市场制度的基本观念引进公共领域，建设开放而有效的公共领域。"

第一节　治理理论概述

一、治理理论产生的背景

在西方社会发展实践中，"治理理论"的提出有着广阔的时代背景和深刻的历史原因。概括起来，可以主要从经济领域和政治领域两个角度考察。

（一）经济调控领域中的市场失灵与政府失灵并存

第一，市场失灵是治理的基本前提。市场机制是现代经济运行的基本调节机制，极大地推动了生产力的发展。但市场并非完美无缺，无法解决一切问题，其本身具有功能缺陷和不足，即存在市场失灵。主要表现在以下四个方面。

1.市场的不完全竞争。完全竞争是指所有消费者和生产者都处于竞争状态，但是在现实中完全竞争市场几乎是一个纯粹的理论假设，市场的不完全常常导致资源配置的无效率，造成市场失败。

2.市场垄断。市场竞争在促进市场优化配置、提高经济效率的同时，也必然导致市场资源的集中和垄断。当垄断形成后，往往转而依靠维持垄断价格而不是像以往那样依靠提高经济效率实现自己的利润目标，从而造成资源配置的无效率及全社会福利的损失。

3.市场无法满足社会对公共产品的需求。公共物品在消费中的非竞争性、非排他性和外部经济使得"搭便车"现象普遍产生，也正因为如此，公共产品不可能像私人产品那样，通过市场买卖行为使产品的供应者和购买者之间建立起联系。

4.市场机制的事后性、自发性使得它很难保持宏观总量平衡，无法实现国民经济的长期发展和产业结构的调整优化。此外，市场经济还具有信息不足、外部效应等问题，使得市场失灵成为市场经济国家不可避免的现象。

第二，政府失灵是治理理论的必要条件。为了弥补市场的缺陷和纠正市场失灵，现代市场经济国家在社会经济生活中扮演着公共物品的提供者、收入和财富的再分配者、市场秩序的维护者和宏观经济的调控者等角色。但同样政府本身的行为也有其内在局限性，政府同样也会失败。具体来说，政府失败主要包括以下三方面。

1. 政府"寻租"行为无法避免。寻租指用较低的贿赂成本获取较高的收益或超额利润。在市场经济中，政府官员实际上并不总是公正无私的，"寻租"行为无法避免。这不仅会使生产经营者在提高经济效率方面的动力消失，而且还会导致整个经济的资源大量地耗费于寻租活动，增加经济中的交易费用。

2. 经济问题政治化损害经济效率。分权制衡的政治制度是民主政治的内在要求，但是这种制度用来制定经济政策时，往往会因为其低效率而导致政策的滞后甚至无效。如政府一项宏观调控政策的出台，往往要经过议会、政府间多番讨论、争执，等到各方之间达成某种妥协，政策所依据的现实经济状况往往已经发生很大的变化。

3. 政府决策失误。政府对经济生活干预的基本手段是制定和实施公共政策。公共选择理论认为，公共政策作为非市场决策有着不同于市场决策的特点。具体而言，在实现目标的主体与方式上，市场决策以个人作为决策主体，并通过完全竞争的经济市场来实现；而公共政策以集体作为决策主体，以公共物品作为决策对象，并通过有一定政治秩序的政治市场实现。

（二）政治领域中各种危机不断涌现

20 世纪中后期，西方国家普遍出现了严重的财政危机，西方的代议制民主无论在理论层面还是在实际操作层面都受到挑战。同时，科层制的效率和政府的合法性问题都面临着前所未有的危机。

二、治理理论的内容

由于治理概念越来越被广泛地运用于各类领域，因此很难给治理下一个统一的、普遍使用的确切定义。不同领域的学者从自己的学术背景出发必然产生有所差异的理解，其中影响较大的、有代表性的定义包括世界银行的定义、全球治理委员会的定义、詹姆斯·罗西瑙（James N. Rosenau）对治理的界定、罗茨（R.Rhodes）在《新的治理》中的观点、格里·斯托克（Gerry Stoker）的五种观点等。以此为基础，本书对当代治理理论的主要思想进行了系统的总结，主要将其概括为以下几个方面。

（一）治理主体的多元化

传统统治将政府组织视为中心和主体，而治理则认为在公共管理中政府并不是唯一的主体，公民个人、私营部门、社会组织等同样也是公共服务管理的主体，它们共同承担着公共事务治理的责任。

治理理论认为，我们生活在一个多中心的相互依赖的环境中，每一个主体都是一个中心。每个主体都试图自行处理本系统内部事务，并希望拥有自主权。事实上也正是如此，以前我们认为建立在统一基础上的国家只能有一个权力中心，但实际上，国家的中心却不止一个，地区、全国以及国际层面上各式各样政府机构之间的关系极为复杂。就民族国家内部而言，各地方政府可以成为一个权力中心，越来越多的私营和志愿机构也可以成为一个权力中心，各种行业协会利用其对行业知识的垄断也可以成为本领域的权力中心。政府必须允许这些权力中心的存在，社会的有效运行需要政府与各权力中心的密切合作。治理理论的提出，正是基于这样的事实。它看到了政府与广大范围内的众多社会势力的相互依赖关系，没有哪个机构（包括政府）拥有充足的资源和知识可以独自解决所有的问题，在解决公共事务时，相互依赖的行为主体通过交换资源、共享知识、谈判目标、共同采取有效的行动。这也就要求政府与个人、企业、社会组织之间的关系由传统的统治与被统治关系转变成相互合作的平等伙伴关系。

（二）合作互惠的权力运行方式

在治理中，社会的运行不仅只靠上行下达的行政命令，更多的时候是靠各行为体在互信、互利、相互依存的基础上进行持续不断的协商谈判，参与合作，求同存异，化解冲突和矛盾，维持社会秩序，在满足各参与行为方利益的同时，最终实现社会发展和公共利益最大化。

在治理中，每个行动者的行为几乎都会对其他行动者产生影响，所以行动者在考虑个人的行动策略时都会考虑其他行动者的选择。在一次博弈的情况下，博弈双方合作的可能性非常小，而在重复博弈的情况下，合作策略是最有利的利己战略。因而，为了能够在集体行动中取得有利的地位，原本不合作的各方，会放弃单独行动的机会，转向合作策略。相互依赖的合作各方，由于利害关系，通过合作可以创造共赢的局面。

社会资本是合作网络运作的深层机制。帕特南认为社会资本是指社会组织的特征，主要内容就是社会信任、互惠规范以及公民参与网络，它们可以通过促进合作行动而提高社会效率。它们塑造了网络成员对外部环境的共同认识，对政策问题的共同看法，有助于解决成员间的冲突，规范合作伙伴关系，从而使个人理性与集体理性趋于一致。

（三）社会自组织网络体系的构建

在多中心治理的前提下，各行为主体自行管理本领域内部事务，在此基础上，整个社会构成一个自组织网络。在最简单的意义上，自组织意味着一种自主而且自我管理的网络。在自组织网络中，行动者为了达到目标而相互依赖，又因为依赖在行动者之间创造了可持续的互动关系，在这种可持续关系中，每个行动者都拥有对社会事务的否决权，行动者通过进行谈判、磋商等手段互相博弈，以此对资源进行分配。同时，在这一过程中，规则被创设并被强化，以用来规制行动者的行为。

在政策制定过程中，行动者之间针对政策和问题的互动，集中解决存在于它们之间的既相互依赖又相互分歧、利益冲突的紧张关系，这样做的时候，行动者背离了他们原先对于政策领域的洞察力，行动者和决策都处于危险之中，基于自身的洞察力，行动者选择具体的战略，但是，由于行动者、洞察力和战略的多样性，因而政策过程是复杂的并且不能够全部被预知。因此，自组织网络中，政策是参与具体政策制定的行动者之间复杂互动的结果。当代治理的成功，关键取决于包括政府在内的社会网络组织的构建、信任关系的形成与合作方式的建立。虽然政策网络或社会参与网络无法涵盖治理的全部意义，但它是治理赖以发挥作用的核心工具。

（四）国家与公民关系的调整

公民的积极参与，政府与公民之间的相互信任、相互依赖与相互合作关系，是当代治理的社会与道德基础。如果说传统统治与管理模式的运行依靠的是强有力的垂直控制和命令，那么，治理能够从理念走向实践，社会网络组织体系能够运行，依靠的则是存在于市场社会中的社会资本力量，依赖于政府、公民、企业、社会组织之间的相互信任与积极合作的态度。这些要素成为治理过程中资源分享、组织间协调、有效沟通、伙伴关系形成的内在道德要求。

在治理理念看来，治理的成功实施离不开一个繁荣、活跃的社会，离不开政府对公民组织的自主管理能力的释放。因为，公民组织的发展和公民对公共事务的积极参与、共同治理是治理得以运转的必备前提。所以，治理理念要求政府放松对社会的过度管制，逐步授权给社区，授权给公民，大力发展公民自组织社区管理，不断增强公民的参与意识。在实践中，政府向社会分权，鼓励公民参与地方或社区的公共事务管理，倡导培育和提升公民自主管理能力，则成为当代治理变革政策的重头戏。

三、目标与决定因素

（一）合理治理结构的目标

合理的治理结构能够促进公共部门目标的实现和经济社会的发展。合理有效的治理结构的特征包括：（1）稳定。治理结构必须能够给公民提供一个可预见的相对稳定的状态。（2）协调。由于公共部门不同目标之间可能会出现冲突，因而需要一种协调的治理结构。（3）可行。治理结构必须与一个国家各级地方公共部门以及社会第三部门的状况相适应，真正切实可行。

世界银行和联合国开发署提出的治理要件有 8 条：（1）法治；（2）责任性；（3）透明性；（4）合法性；（5）回应；（6）有效；（7）参与；（8）公正。俞可平教授强调的主要是前 6 条，指出合理的治理结构即善治的基本要素有以下六个。

第一，合法性（legitimacy）。它指的是社会秩序和权威被自觉认可和服从的性质和状态。它与法律规范没有直接的关系，从法律角度看是合法的东西，并不必然具有合法性。只有那些被一定范围内的人们内心所承认的权威和秩序，才具有政治学中所说的合法性。合法性越大，善治的程度便越高。取得和增大合法性的主要途径是尽可能增加公民的共识和政治认同感。所以，善治要求有关的管理机构和管理者最大限度地协调各种公民之间以及公民与政府之间的利益矛盾，以便使公共管理活动取得公民最大限度的同意和认可。

第二，透明性（transparency）。它指的是政治信息的公开性。每一个公民都有权获得与自己的利益相关的政府政策的信息，包括立法活动、政策制定、法律条款、政策实施、行政预算、公共开支以及其他有关的信息。透明性要求上述这些政治信息能够及时通过各种传媒为公民所知，以便公民能够有效地参与公共决策过程，并且对公共管理过程实施有效的监督。透明程度越高，善治的程度也就越高。

第三，责任性（accountability）。它指的是人们应当对自己的行为负责。在公共管理中，它特别地指与某一特定职位或机构相连的职责及相应的义务。责任性意味着管理人员及管理机构由于其承担的职务而必须履行一定的职能和义务。没有履行或不适当地履行他或它应当履行的职能和义务，就是失职，或者说缺乏责任心。公众尤其是公职人员和管理机构的责任性越大，表明善治的程度越高。在这方面，善治要求运用法律和道义的双重手段，增强个人及机构的责任性。

第四，法治（rule of law）。法治的基本意义是指，法律是公共政治管理的最高准则，任何政府官员和公民都必须依法行事，在法律面前人人平等。法治的直接目标是规范公民的行为，管理社会事务，维持正常的社会生活秩序，但其最终目标在于保护公民的自由、平等及其他基本政治权利。从这个意义上说，法治和人治相对立，它既规范公民的行为，但更制约政府的行为。法治是善治的基本要求，没有健全的法治，没有对法律的充分尊重，没有建立在法律之上的社会秩序，就没有善治。

第五，回应（responsiveness）。这一点与上述责任性密切相关，从某种意义上说是责任性的延伸。它的基本意义是，公共管理人员和管理机构必须对公民的要求作出及时和负责的反应，不得无故拖延或没有下文。在必要时还应当定期地、主动地向公民征询意见、解释政策和回答问题。回应性越大，善治的程度也就越高。

第六，有效（effectiveness）。这主要指管理的效率。它有两方面的基本意义，一是管理机构设置合理，管理程序科学，管理活动灵活；二是最大程度地降低管理成本。善治概念与无效的或低效的管理活动格格不入。善治程度越高，管理的有效性也就越高。

（二）影响治理结构合理性的决定因素

第一，公共部门的治理能力。治理能力是政府内部效率与外部效能的统称。不同国家、不同地区的政府在治理经济社会及自我治理上显示出能力上的巨大差异。每种治理途径对于治理能力以及各个分量的要求不同。在保证目标实现的过程中，只有使用适合其能力水平的治理模式，才能达到一个合理有效的治理结果。

第二，经济发展水平。经济发达国家与欠发达国家在对公共事务的需求方面有着数量和结构上的不同，若要达到均衡状态，作为供给方的公共部门需对不同的公共事务进行结构差别性供给。正如 B. 盖伊·彼得斯所说，对于发展中国家，在追求政府部门最大经济效益的同时，必须重视建立一个可被预测的、属于全民的、正直的韦伯式官僚政府。

第三，制度环境。包括正式制度环境（现存的政治、行政制度等）和非正式制度环境（社会的文化、习俗、人们的理念等）。比如君主立宪制的国家与议会制国家之间，治理结构会有所不同。另外，对"官本位"思想严重的国家与崇尚评估政府的国家而言，其治理结构也不可能一样。

第四，私人部门的发展水平。私人部门的规模和配置资源能力也影响着公共部门的治理结构，这一点与新公共管理中的契约化途径相关。若私人部门提供产品的能力高，公共部门可以通过契约的方式与其进行不同形式的合作。以上因素在静态上决定着一个公共部门的治理结构，如果将上述因素动态化，治理机构也会随之变化。

第二节　政府管制、社会管制及其相关理论

一、规制、规管与管制

要说明政府管制的含义，则先要说明管制的含义，而要说明管制的含义，又不得不解释中国经济学文献中流行的"规制"以及某些学者采用的"规管"

二词。依据《辞海》，"管"可作"管理"、"管辖"解，"制"可作"制止"、"控制"、"规定"、"制订"、"制度"之意，"规"则可作"规则，章程"解，但《辞海》中既无"规制"词条，也无"规管"词条。由此来看，我们无法从《辞海》中找到"规制"和"规管"两词词义的现成答案。《辞海》中虽然有"管制"词条，但却没有对"管制"一词的一般含义的阐释，其关于"管制"的词条是法律所用的管制一词，其将"管制"解释为"对罪犯不予关押而短期限制其人身自由的刑罚"。

现有文献中使用的"管制"和"规制"以及"规管"均源出于英语"regulation"，因此，我们现在先来看看 regulation 的词义。根据《牛津高阶英汉双解词典》，regulation 一词的含义有：（1）管理，调，校准，调节，控制（regulating or being regulated；control）；（2）规章，规则，法规，条例（rule or restriction made by an authority）。有的学者认为，regulation 在经济学中应该译为"管制"，有的学者认为应该译为"规制"，还有的学者提出应该译为"规管"。"规制"的译法最早见于中国老一代经济学家朱绍文先生等翻译的日本著名经济学家植草益所著的《微观规制经济学》，根据朱绍文先生的解释，是日本经济学家将英语 regulation 或 regulatory constraint 译成"规制"，认为将 regulation 译成"管制"、"管理"、"控制"、"制约"、"调整"、"调控"、"规定"等都不符合原意，而"规制"最符合原意。按照这种观点，用"管制"一词，似乎不能表达出"规"的含义，似乎用"规制"才能表达出管制是有规则的、是有规可循的。应该说，从 regulation 的词义来看，将其译为"规制"也没有错，还有的学者提出应将 regulation 译为"规管"，我们自然也不能说这种译法就是错误的。不过，没有错误，不意味着没有缺陷，不意味着就是最合适的译法。将 regulation 译为"管制"为好，一则"管制"一词最为准确地表达出了 regulation 的原意，regulation 的动词原形是 regulate，而 regulate 所表达的"管制"之意是很明显的。二则"管制"一词符合汉语的表达习惯。无论是"规制"，还是"规管"在这一点上都明显劣于"管制"。三则"管制"并没有否定管制是有规则的、是有规可循的，管制依据的规则既有合理的，也有不合理的；既有合法的，也有不合法的，而"规制"一词也并不能表明规制本身就一定是合理的、合法的，实际中的管制并不会因为改用规制一词就表明管制本身就是合理、合法的。

在本书中，采用管制的译法。学者们基于不同的研究角度，对管制的定义也有所差别，概括起来，主要有以下几种①。

（1）宏观管制论：凯恩斯主义的观点，"管制是指通过一些反周期的预算或货币干预手段对宏观经济活动进行调节"。

（2）微观管制论：余阵认为，管制是指政府的许多行政机构以治理市场失灵为己任，以法律为依据，以大量颁布法律、法规、规章、命令及裁决为手段，对——微观经济主体——主要是企业的不完全公正的市场交易行为进行直接的控制或干预。史普博认为，管制是由行政机构制定并执行的直接干预市场配置机制或间接改变企业和消费者的供需决策的一般规则或特殊行为。

（3）管制俘获论：施蒂格勒认为，管制是产业所需并为其利益所设计和操作的一种法规，他强调，管制是政治决策对经济资源分配的一个过程，其主要目的不是政府对公共需要的一种反应，而是行业中的一部分厂商利用政府权力为自己谋取利益的一种努力。

（4）行为管制论：植草益在定义政府管制时，把政府管制限定在管制行为上，认为政府管制是"依据一定的规则，对构成特定经济行为从事生产性和服务性的经济活动的经济主体的活动进行规范和限制的行为"。王俊豪认为，政府管制的是以政府行政部门为主体，以企业为主要客体，为改善市场机制而实施的强制性限制。维斯库斯认为，政府管制是政府以制裁手段对个人或组织的自由决策的一种强制性限制。政府的主要资源是强制力，政府管制就是以限制经济主体的决策为目的而运用这种强制力。本书采用的管制的一般含义为：管制者基于公共利益或者其他目的依据既有的规则对被管制者的活动进行的限制。管制、规制和监管的本质是一致的②。

---

① 蒋抒博：《美国社会性管制的经济学分析》，博士学位论文，吉林大学世界经济学专业，2009 年，第 6—10 页。

② 许澍：《基于社会管制视角的云南能源计量管理研究》，硕士学位论文，云南大学公共管理 MPA，2014 年，第 8—9 页。

二、政府管制

(一) 政府管制的概念

就管制主体来看，可分为政府和非政府主体两大类。由此，管制也可分为政府管制和非政府管制两大类。政府管制是指政府基于公共利益或者其他目的依据政府制定的法规对被管制者个人和组织(包括政府组织与社会组织)的活动进行的管制。政府管制也往往被称作公共管制，由于"公共"一词的范围甚宽，某些社会组织也可称为公共组织，某些非政府管制也可称为公共管制，为免混淆，我们这里直接使用政府管制一词，而不用公共管制一词。相应地，非政府管制则是指非政府主体（包括个人和社会组织）基于集体利益或者其他目的依据既有规则而对被管制者（个人或社会组织）的活动进行的管制。由此来看，政府管制不过是管制的一个组成部分。关于政府管制内涵，目前缺乏明确的、统一的界定。具体而言：

布雷耶尔、麦卡沃伊说："管制，尤其在美国，指的是政府为控制企业的价格、销售和生产决策而采取的各种行动"。

史普博说："管制是由行政机构制定并执行的直接干预市场配置机制或间接改变企业和消费者供需决策的一般规则或特殊行为。"

于立、肖兴志说："规制（Regulation）是指政府对私人经济活动所进行的某种直接的、行政性的规定和限制。"

余晖引用史普博的定义说："在管制经济学里，管制指的是由行政机构制定并执行的直接干预市场配置机制或间接改变企业和消费者供需决策的一般规则或特殊行为。"并接着说："所以它又可称为行政管制。"

王俊豪说："政府管制（government regulation 或 regulation）是具有法律地位的、相对独立的政府管制者（机构），依照一定的法规对被管制者（主要是企业）所采取的一系列行政管理与监督行为。"

从以上这些界定来看，基本上具有这样几个共同点：(1) 认为政府管制机构是政府行政机构，政府行政机构制定管制法规，依据法规实施管制；(2) 认为政府管制基本上是对企业的管制。这样界定的政府管制实际上只是限于我们后面要说明的政府管制的一部分领域，即经济管制。至于说管制领域限于私人经济活动，则仅仅是经济管制的一部分。本书认为，虽然西方经济学家研究的管制主要是经济管制，但是由于中国的经济体制、政治体制等与西方国家存在着非常大的差别，仅仅研究经济管制，将会使那些对中国经济和社会发展至关重要的管制问题得不到研究，中国经济中的管制不合理问题决非仅限于经济管制①。

（二）政府管制的分类

政府管制可以从不同的角度进行分类。研究政府管制的分类对于讨论政府管制的合理性、政府管制的重点、政府管制的原则等都是十分必要的。

1. 按政府管制对象进行的分类

按政府管制对象进行分类，可将政府管制分为：政府对企业的管制，政府对居民的管制，政府对非营利组织的管制，政府对政府组织的管制。

2. 按政府管制领域进行的分类

按政府管制领域进行分类，可将政府管制分为：政府对经济活动领域的管制、政府对政治活动领域的管制和政府对社会活动领域的管制。政府对经济活动领域的管制一般称为经济管制（如产业管制、价格管制等），政府对政治活动领域的管制一般称为政治管制（如对结社、集会、游行等的管制），政府对社会活动领域的管制一般称为社会管制（如对枪支弹药持有、使用的管制，交通管制等）。在实际中，三类管制有时并非一目了然，特别是经济管制与社会管制。

3. 按政府管制的动机和目的进行的分类

按政府管制的动机和目的进行分类，可将政府管制分为：为了公共利益的管制（政府管制的动机和目的是为了非排他性的公共利益）；为了某个利益集团的管制（政府管制的动机和目的是为了某个利益集团的利益）；为了统治者自身利益的管制（政府管制的动机和目的是为了统治者自身的利益）。

4. 按政府管制与制度的关系进行的分类

按政府管制与制度的关系分类，可将政府管制分为：维护制度的管制；与制度无关的管制。前者是指政府管制的目标、措施和结果都是为了维护既存的制度；后者是指政府管制的目标、措施和结果与维护既存的制度没有

---

① 曾国安：《管制、政府管制与经济管制》，《经济评论》2004 年第 1 期。

关系。

5. 按政治制度的不同进行的分类

按政治制度的不同进行分类，可将政府管制分为：神治下的政府管制；人治下的政府管制；法治下的政府管制；礼治下的政府管制。又或者直接划分为：专制制度下的政府管制；民主制度下的政府管制。

6. 按政府管制主体进行的分类

按政府管制主体进行分类，可将政府管制划分为：政府立法机构进行的管制；政府行政机构进行的管制；政府司法机构进行的管制。植草益做过相同的分类，他说："社会公共机构进行的规制包括以下几种形式。①司法机关（法院）依据民法、刑法等进行的规制。②行政机关（内阁、行政部门以及地方公共团体）依据反垄断法、事业法、其他产业法、劳动法等进行的规制。③立法机关（国会及地方议会）对行政机关、公企业行为（预算的执行等）的规制。"由政府立法机构进行的管制、政府行政机构进行的管制和由政府司法机构进行的管制在管制对象、管制权限、管制原则等方面都会存在差异，不同类型的政府机构在政府管制中的作用也存在差异，同时在不同的政治体制下，不同类型的政府机构在政府管制中的权限可以存在很大的差异。

7. 按被管制者受到政府管制机构的数量多少进行的分类

按被管制者受到政府管制机构的数量多少进行分类，可将政府管制划分为：一元化管制与多重管制。前者指被管制者只受同一个政府管制机构的管制；后者指被管制者要受多个政府管制机构的管制。

8. 按被管制者受到政府管制机构管制项目数量的多少进行的分类

按被管制者受到政府管制机构管制项目数量的多少进行分类，可将政府管制划分为：单项管制与多项管制（复合管制）。前者指被管制者只受政府管制机构单一管制项目的管制；后者则指被管制者要受政府管制机构多个管制项目的管制。单项管制与多项管制（复合管制）都既可能在一元化管制下存在，也可能在多重管制下出现。多项管制（复合管制）中的一个特殊类型是组合管制，所谓组合管制是指被管制者同时接受政府管制机构一组管制项目的管制，例如电力供应企业同时接受政府电力管制机构供电量、供电价格的管制。

9.按政府管制的性质进行的分类

按政府管制的性质进行分类，可将政府管制划分为：好的政府管制和坏的政府管制。性质界定的依据是政府管制对社会福利的净影响。如果政府管制导致的结果是社会福利的增加，则为好的政府管制；如果政府管制导致的结果是社会福利的减少，则为坏的政府管制。

10.按政府管制的有效性进行的分类

按政府管制的有效性进行分类，可将政府管制划分为：有效的政府管制和无效的政府管制。政府管制的有效性的判别依据是什么呢？本书认为应该以政府管制目标的实现程度为判别依据。如果政府管制实现了预定的目标，则为有效的政府管制；如果政府管制没有实现预定的指标，则为无效的政府管制[①]。

（三）政府管制的理论基础[②]

1.公共利益理论

公共利益理论认为政府管制是为了弥补市场机制缺陷而产生的，管制的目的在于保护公共利益不受损害。政府通过在存在自然垄断、外部性、信息不对称等行业中的调控作用来纠正市场失灵的缺陷，保证公共物品的供给，达到保护公众利益的目的。公共利益理论的支持者认为，在自然垄断和外部性存在的情况下，无序的竞争会使经济效率大打折扣。生产效率和配置效率的矛盾是自然垄断行业的根本问题，政府通过价格管制和进入管制就可以化解这一矛盾。因为价格管制在均衡生产者的合理利润和消费者的心理预期的前提下，将价格限定社会最优价格处，从而迫使企业进行内部资源重组达到帕累托最优即配置效率；而进入管制可以通过限制进入该行业的企业数量来实现、保持行业内较高的生产效率。而当外部性出现时，政府管制可以增进社会福利。对特定经济主体进行限制达到弥补市场失灵的目的是公共利益理

---

① 曾国安：《管制、政府管制与经济管制》，《经济评论》2004年第1期。

② 王魁：《我国旅游景区门票价格的政府规制研究》，硕士学位论文，河南大学人力资源开发与管理专业，2013年，第10—12页。

论的核心观点，在管制经济学中，这一理论作为正统理论存在了很长时间，它默认的前提是市场是失灵的、政府决策是完全理性的，政府的干预行为可以防止资源配置的无效率和分配的不公正。

2. 利益集团理论

1971 年，施蒂格勒发表文章首次提出了政府管制的部门利益理论，该理论认为政府的管制行为并不是以公共利益为出发点，以增进社会福利为目的的。他从供求关系的角度分析，把经济个体或消费者看作需求方，将政府看作供给方，在供求关系不断变化的情况下通过研究发现政府管制机构往往是代表了某一特殊利益集团的利益，而不是公共利益理论所认为的一般大众。该理论还列举了美国政府管制为利益集团服务的四种做法：一是对特定产业实行财政政策的倾斜（税收优惠、直接补贴等）；二是人为设置行业壁垒，提高行业进入标准；三是限制替代品或者互补品的生产；四是政府定价。"俘获理论"就在此基础上产生，是利益集团理论的一个派生理论。该理论更加犀利地指出推动政府管制就是管制对象本身或者是能够从中获利的人，政府管制与其说是为了公共利益，倒不如说是某个利益集团寻租的结果。

3. 公共选择理论

20 世纪 70 年代以来，以布坎南为代表人物的公共选择理论开始受到学术界的普遍重视。公共选择理论作为部门利益理论的进一步发展，更加推崇市场机制，认为政府的管制过程更像是一个市场交易的过程，在这个过程中被管制者往往掌握主动权，它们通过影响管制结果从而来获取更大收益。因为被管制者在政府的管制过程中会比管制需求者即一般民众具有更大的经济动力和更强的组织性。该理论认为政府也具有趋利性，并不是所有的决策都是绝对理性和明智的，因此，布坎南主张减少政府干预，推崇市场机制，主要表现为反对凯恩斯主义，建立充分竞争、公平、自由公共选择制度。但是这种理论过度强调了市场制度的优越性，忽视了政府掌握的政策、法律工具在维持社会经济秩序方面的积极作用。

对于政府管制问题，不同的理论都有各自的研究视角和研究方法，他们大致将政府管制过程涉及的对象分为管制者、被管制者、管制需求者。管制者即政府通过一系列的管制政策来克服市场失灵所带来的效率损失和社会弊端，控制垄断价格，增进社会福利，提高资源配置效率，以期达到三者的共赢。

三、社会管制

（一）社会管制的概念

虽然自民主国家诞生以来，人们就开始思考政府如何干预经济活动，但是真正意义上的政府微观干预行为，即政府规制活动的历史却不长。政府规制的实践始于19世纪末美国对铁路的价格管制，在20世纪80年代后，随着欧日许多国家的私有化运动，美国式的管制开始在OECD国家（经济合作与发展组织成员国家）中广泛蔓延。

政府管制按照管制的性质和内容一般可分为经济性管制、社会性管制两大类。20世纪70年代以前，政府管制的研究主要集中于经济性管制。经济性管制主要是指政府对企业在价格、产量、进入和退出等方面的决策进行限制。20世纪80年代以后，经济发展水平提高，人们对生态环境、生活质量、社会福利等问题日渐关注，社会性管制的地位与作用显得越来越重要，成为当今大多数国家最重要的行政活动之一。本书采用社会性管制的定义为：它是一种以增强社会福利为本质目的，同时包含各种复杂性目的在内的，确保健康、安全、质量、环境、教育、文化等社会福利的管制，这些都意味着广义社会福利的增进。

（二）社会管制的作用

社会管制的作用概括起来，主要体现在以下几个方面：

1. 纠正市场失灵

市场失灵是指市场无法有效率地分配商品和劳务的情况。市场失灵会引发诸多社会不和谐因素，在经济上降低资源配置效率，需要政府社会性管制进行规范和调节。政府社会性管制主要力图解决市场失灵的两种情形：市场的外部性和交易的信息不对称性。

具体而言，市场的外部性指一个人或一群人的行动和决策使另一个人或一群人受损或受益的情况。也就是说，市场交易常常会对第二方或是周围环境产生负面的或正面的影响，即产生负外部性或正外部性。市场的这种负外部性会造成某个经济行为个体的活动使他人或社会受损，而造成外部不经济的人却没有为此承担成本。但要解决这种负外部性，却无法依赖于市场，只能运用社会性管制手段加以调整。如政府可以通过设定排污标准或征收排污费等来保护和改善环境。而政府也可以强化社会性管制以加强市场产生的正外部性，如政府鼓励植树造林，促进人与自然的和谐。

现实经济活动中，往往参与交易的双方对于交易对象商品或服务的信息是不对称的。占有信息优势的一方会利用自己的信息优势去损害另一方的利益，从而出现道德风险或者逆向选择。如果不去有效地遏制这种信息不对称的情形，交易双方就无法进行公平交易，甚至信息弱势一方的合法经济权益包括健康和生存权益将会受到威胁。政府进行社会性管制可以通过以下一系列手段：直接提供信息、建立必要的信息披露机制、建立产品和服务的质量标准等，以此弱化交易双方的信息不对称程度，其作用是市场本身无法实现的。

2. 维护社会公共利益

随着我国经济建设水平的不断提高，人们对于环境、健康、安全等问题，也有了更高的认识和要求。但对于这一类问题，公民个人往往所能承担的责任非常有限，甚至某些时候无能为力，这就必须依靠政府来进行协调和解决。政府是社会公共利益的代表者、受托者和管理者，政府施政的主要目的应是维护公共利益、提供公共服务。政府进行社会性管制的主要内容就是：环境、健康和安全管制。这种管制正是对和谐社会微观基础的巩固。

我们应该通过一系列政策、法律、法规、标准等手段，促进环境保护和资源节约，使得人与自然能和谐相处，同时保障社会的代内公平、代际公平。因此，政府就需要对各类社会活动进行必要的干预和合理的调节，将社会生活、经济发展、生态环境作为整体进行统一规划，切实转变经济增长方式，坚持走生态良好、生活富裕的发展道路。

第三节 全社会质量治理体系

全球治理委员会提出，治理是"各种公共的或私人的个人和机构管理共同事务的诸多方式的总和，是使不同利益得以调和并采取联合行动的持续过程"。所以，治理的主要特点是强调主体多元化，各种机构与个人共同参与管理组织公共事务。因此，社会共治其内容已包含于治理之中。简而言之，全社会质量共治的内涵就是质量治理。

一、质量治理的阶段

截至 20 世纪 70 年代末，质量管理的发展经历了三个阶段：质量检验阶段、统计质量控制阶段和全面质量管理阶段[①]。

（一）质量检验阶段

使用检测仪器，依据产品质量标准，对产品的符合性进行验证，即通过严格的检验来控制和保证出厂或转入下一道工序的产品质量。该阶段起源于20 世纪初，伴随着专业化分工和规模化生产而诞生，代表人物是泰勒（Taylor）。质量检验的特点是事后把关，是一种被动型的质量管理，检验、维修、报费成本高，没有起到预防作用。

（二）统计质量控制阶段

根据数理统计理论建立的统计过程控制方法（SPC），对生产过程进行控制，从而预防不合格品的产生，新老七种统计质量工具是 SPC 的典型方法。该阶段起源于 20 世纪 30 年代，代表人物是 Shewhart。统计质量控制将质量管理从"事后把关"变为预先控制，是对生产过程中的质量问题进行控制的过程管理，较好地预防了不合格品的产生。但 SPC 对设计过程、原材料及外协件、人员技能及素质等所造成的质量问题难以预防和控制。

（三）全面质量管理阶段

全面质量管理（TQM）是以满足顾客要求为目标，通过采用各种科学

---

① 万融：《商品学概论》，中国人民大学出版社 2013 年版，第 40—45 页。

适用的方法，对组织或企业实施全过程、全面、全员的质量管理。该阶段起源于 20 世纪 60 年代初，代表人物是 Feigenbaum、Deming、Juran。TQM 是调动企业内部一切力量对企业全方位的质量进行管理，是基于系统管理思想的质量管理。但 TQM 是一种内部质量保证，难以给顾客提供信任，尤其是企业利益与顾客利益产生冲突时，顾客利益难以得到合理的保障，因此需要企业之外的力量介入才能保障顾客权益并提供信任。

以上质量管理发展三个阶段的划分是质量界的共识，其实质是一个企业内部的产品质量管理。

进入 20 世纪 80 年代，全球经济一体化进程快速发展，一些新的质量管理方法和模式伴随而生。以 ISO9001 标准为代表的质量管理体系认证的兴起，致使质量认证蓬勃发展，有许多专家声称质量管理已进入"质量认证阶段"；趋于对消费者质量安全权益和国家经济利益的保护，许多国家的政府加大了对产品质量的监管力度，有部分学者认为质量管理进入了"质量监管阶段"；随着瑞典、美国推行国家顾客满意度调查和评价，全球兴起了从企业到国家层面开展以顾客满意为中心的质量管理活动，有些学者认为质量管理进入了"顾客管理阶段"；美国国家质量奖的设立，致使许多国家政府纷纷效仿，到目前为止，全球已有 90 多个国家和地区的政府设立了国家质量奖，设立的省、州、市、县、区级政府质量奖更是不计其数，所以有的学者认为质量管理进入了"质量奖励阶段"。总之，质量管理进入了"管理丛林"，似乎是形成了没有共同特征的多阶段论状态。实则不然，仔细分析，无论是"质量认证阶段"、"质量监管阶段"、"顾客管理阶段"还是"质量奖励阶段"，所涉及的质量管理方法和模式的实施主体不再是企业自己，而主要是企业之外的机构，即质量管理的主体多元化，这是它们具有的一个共同并且也是主要的特征。

随着生活水平的不断提高，人们对质量更加关注，消费由价格主导转向由质量主导。质量不仅仅与生产者的利益相关，也与消费者、顾客的利益密切相关，从而与社会利益相关。全社会对质量的高度关注，促使了除企业之外的若干利益相关方的产生。这些利益相关方，由于自身利益和社会利益的诉求，以不同的方式参与到企业质量保证和质量提升活动之中，从而形成多元主体质量共治现象。质量利益的社会化，参与成员的多元化，表明质量保证和提升活动正从由企业独自为主的质量管理阶段发展到多元主体共治的质量治理阶段（见图 3.1）。质量认证、质量监管、顾客满意、政府质量奖等，都是质量治理的方法和手段。由以上论述可知，如今质量管理已进入质量治理阶段。

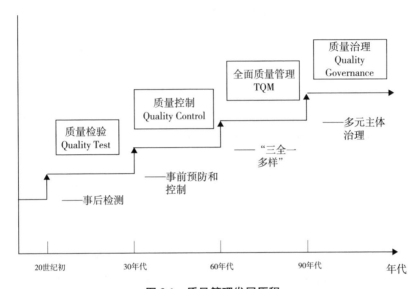

图 3.1　质量管理发展历程

二、质量治理的理论依据

治理是对国家失灵和市场失灵的回应，作为一种工具逐渐被运用到企业、市场和社会网络中去，并形成了公司治理理论、市场治理理论和社会治理理论[①]。质量治理是从社会治理与公司治理演化而来，因此要研究质量治理结构，需从社会治理与公司治理两大理论入手[②]。

---

①　张兴华：《当代中国国家治理——现实困境与治理取向》，博士学位论文，华东师范大学马克思主义基本原理专业，2014 年，第 15—25 页。

②　宋明顺、朱婷婷：《从质量管理到质量治理：基于中国的实证》，《标准科学》2016 年第 1 期。

（一）社会治理

社会治理是指以政府为核心的多元社会成员促进社会系统协调运转，由政府、社会组织和其他社会自治力量构成的行动者系统进行组织、协调、指导、规范、监督和纠正社会失灵的过程[①]。社会治理兴起于 20 世纪末，是西方国家为了解决政府危机，借助企业、民间组织、社区等社会力量共同管理公共事务的一种新型模式。多元社会成员参与是社会治理的构成要素之一，两者是部分与整体的关系。与社会成员参与社会治理相关的理论研究主要有三类：关于社会成员参与的领域、社会成员参与的成员和社会成员参与的方法[②]。参与领域与参与成员相互联系，如果没有积极的成员参与，这个领域就会被国家权力所侵蚀。

我国目前已进入了以政府转型为重点的改革攻坚阶段，社会管理的转型也不仅限于制度改革，更要求公共事务的治理成员多元化，治理方式多样化。各种社会群体为保障自身或消费者的利益，利用自身优势帮助政府承担一部分社会职能，促使政府职能转变的顺利进行。也就是说，除政府之外的其他成员不仅仅是社会治理的接受者，更是社会治理过程的参与者。

质量治理中也有社会治理的影子。在经济活动尤其是有形产品市场中，信息的不透明、不对称是普遍存在的，消费者往往对商品的质量特性及其供应商不具备充分的认知，仅凭消费者的技术知识和经验无法准确判断商品质量好坏，从而导致市场失灵，这不仅会损害消费者的利益，更会阻碍经济的发展。为了解决这一市场失灵现象，各种外界成员开始参与企业质量管理，比如质量认证机构通过对企业的产品和管理体系进行认证来参与企业质量工作；行业协会通过制定章程、坚持自治和同行互相监督等自律方式对成员企业进行监管；消费者协会通过处理消费者投诉，并与企业进行对话，倒逼企业提升产品和服务质量；新闻媒体通过曝光产品质量信息以约束企业，还可以向消费者传递质量信息，通过舆论压力约束企业。

[①] 张康之：《论主体多元化条件下的社会治理》，《中国人民大学学报》2014 年第 2 期。

[②] 武小川：《论公众参与社会治理的法治化》，博士学位论文，武汉大学法学理论专业，2014 年，第 81—92 页。

（二）公司治理

公司治理是随着现代公司的发展而产生的。由于资本的集中和技术的进步，公司经营迅速扩张，致使股东的数量急剧增加并高度分散，股权逐步趋于多元化。原来的古典管家理论，即遵循股东至上原则，经营者会以股东利益最大化为重这一思想日益受到批评，保障公司各利益相关者的利益的话题也日益受经济学家、管理学家甚至是普通公众的关注。国外学者在定义公司治理概念时都引入了利益相关者的理论，他们认为公司治理是利益相关者在参与公司发展目标和绩效过程中与其他成员、管理者之间的联系。利益相关者，特别是债权人、消费者、供应商和职工等参与到公司治理中，促使公司治理的主体趋于多元化。因此，公司治理的实质就是指联结公司利益相关者的相关制度安排和结构关系，其最终目标是达到公司全体利益最大化。

公司治理中的最重要的问题是治理结构问题，随着以利益相关者为基础的公司治理的发展，以利益相关者监控为核心的公司治理结构问题也逐渐受到人们的关注。在公司治理过程中，不仅需要保证股东的收益，而且要强调其他利益相关者对公司内部经营者的监控；不仅要保证经营者的责权利，还要重视其他利益相关方的参与。吴淑琨认为公司是由各利益相关方的子集组成的，股东、经营者、债权人、雇员、顾客及其他相关方等子集构成治理结构对公司实施监控；向荣从股东、董事会、债权人、消费者、供应商、职工等方面来研究并构建公司治理的结构，以公司经营为中心，外部利益相关者围绕公司进行活动；宁向东基于世界银行提出的公司治理框架建立了公司治理结构体系，且认为保证资本市场效率的外部监控力量主要来自政府和管制机构、中介机构（金融中介、信息中介）、新闻媒体等。因此，公司治理结构的主要特点是外部利益相关方围绕公司内部经营活动，对公司进行监控。

无论是社会治理，还是公司治理，其概念和内涵都与多元性有关，即概念多元性、方法多元性和结构多元性。而质量管理发展到现阶段也同样具备了多元性特征，即质量治理。

三、质量治理的理论框架

结合治理的相关理论分析，即对公司治理与社会治理的研究，我们可得出质量治理具有公司治理与社会治理双重属性：社会治理属性决定了质量治理参与主体的多元性，其质量信息不对称导致的市场失灵是质量治理主体多元化的根本原因；公司治理属性则决定了质量治理的结构框架，即以多元主体为核心，外部参与主体（成员）围绕责任主体（企业）进行活动。

（一）质量治理的定义

程虹将质量治理定义为"一个由企业、政府、社会等多个主体共同参与的过程"。根据社会治理和公司治理理论，结合程虹对质量治理的定义，本书给出了更为具体的质量治理定义："质量治理是一个在质量方面进行协调活动的过程，它以实现组织及其利益相关者的价值最大化为目的，协调企业与其他利益主体共同参与管理与监督组织各方面质量活动，实现组织质量的提升与保证。"

（二）质量治理的特征

质量治理的特征主要通过多元性来体现，即质量利益多元性、质量概念多元性、质量方法多元性和质量主体多元性。质量不仅能够给企业的利益带来影响，也会给消费者和社会带来影响。质量的概念是多元的，质量不仅符合标准，也必须符合道德要求，满足市场需求，满足时尚需求。提升质量的方法是多种多样的，由于质量利益的多元性，必须导致主体的多元性，尤其是社会组织和政府以不同的方式参与质量提升和保证活动。质量治理的多元性特点如下图 3.2 所示。

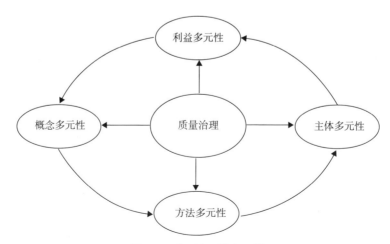

图 3.2　质量治理的多元性

（三）质量治理的理论体系

根据质量治理的定义及其特征，质量治理的理论框架主要由质量治理法规体系、质量治理方法体系、质量治理结构体系构成，这三大体系支撑了质量治理的理论框架和研究体系。由信息经济可知，质量的提供者——企业，与质量的使用者——消费者之间，质量信息不对称是永远存在的。消除信息不对称，保护消费者权益需要法律法规。质量治理需要方法、手段，以提升治理水平。质量治理结构除企业之外，还包含参与成员、参与成员的参与方式、权力保障方式、对企业的影响力等内容。三大体系构成了质量治理的理论框架，同时也是质量治理理论研究的内容。

（四）质量治理的核心内容

从管理的视角上看，质量治理的理论及其研究的核心内容主要有两个方面：一是提升质量治理水平的方法研究；二是质量治理的结构研究。其中，质量治理方法与质量概念（领域）的多元性相关联，不同维度的质量及治理方法不尽相同，所以在治理方法研究中，多元质量的研究是基础。

治理结构是社会治理和公司治理的核心，很多学者将社会治理与社会治理结构、公司治理与公司治理结构视为等同，可见治理结构在社会治理、公司治理理论研究和实践中的地位。同样，质量治理结构也是质量治理的核心内容，质量治理结构中的参与成员构成，他们之间的关系，他们各自参与质量保证和提升活动的方式及方法，他们对质量主体的影响力及质量提升的贡献率等都是质量治理结构的内容，也是治理结构的研究对象。所以下文将对质量治理的结构，尤其是质量治理结构中的参与成员进行研究。

四、全社会质量治理体系

以往研究普遍将治理的主体概括为政府、市场与社会组织。本书基于多元治理主体的综述，结合公司治理与社会治理理论，主要从 5 个层面研究全社会质量治理的多元参与主体，包括企业、社会中介组织（质量认证机构、质量咨询机构、行业协会）、市场主体（最终消费者、消费者协会、客户）、新闻媒体与政府。

企业作为质量管理的主体，接受其他参与主体的质量监控，各个参与主体围绕企业进行质量监督活动。其他主体所进行的工作，最终对象就是企业，最终目标是让生产者坚守商业道德，自觉保证产品和服务质量。因此，全社会质量治理的大致结构模型如图 3.3 所示。

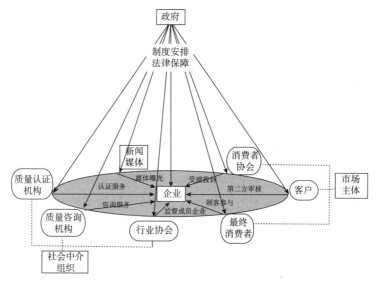

图 3.3　**社会质量治理的结构模型**

　　质量治理是一项制度创新，体现了我国质量管理观念和意识的重大突破，标志着我国质量监管体制的重大转型。质量治理需建立在政府简政放权的制度改革基础上，只有做到凡是社会能自治的，行业能自律的，政府就应该退出，才能真正实现质量治理。政府权力的下放存在两个问题：首先，政府需要解决因权力下放出现的职位空缺，这需要政府转变职能，把主要的精力放在法律规范的决策、制定上，并发挥宏观主导作用；其次，权力下放的前提，是其他各参与主体要有能力担当这个角色，所以，迫切需要各参与主体提升自己在质量监管中的治理水平，提高质量治理有效性。现如今的质量治理还处于初步提出阶段，我们需要进一步优化质量治理结构，以提升质量治理水平[①]。

　　①　宋明顺、朱婷婷：《从质量管理到质量治理：基于中国的实证》，《标准科学》2016 年第 1 期。

第四章 治理视角下现代质量监管主体及其关系

　　我国现行的质量法律法规对质量责任的主体进行了规定，质量责任的主体主要包括：政府监管部门、质量检验检测与认证机构、生产者、销售者、社会团体与社会中介机构、消费者等。政府监管部门包括各级人民政府及其质量技术监督部门、工商行政部门等。治理视角下，质量责任主体的各方都应发挥自己的力量推动质量监管工作的开展：生产者、销售者是最主要的市场主体，主要以企业形式存在，销售者还包括网络交易平台、销售场所的提供者等。治理视角下，政府的管理方式从单一行政监管为主转变为在不断提升行政监管效能、强化底线监管的前提下，加强共同治理宏观框架和利益各方运行规则制定，构建大质量工作机制，为质量全面发展提供顶层设计方案和制度保障；企业及各种市场主体在创造利润、满足需求的同时，主动承担起对各利益相关方的责任，企业对质量安全的社会监督责任主要通过对行业内监督及相互制约而完成，行业内监督往往比政府行政监管更为直接有效，往往能形成质量提升的内生动力；计量、检验检测、认证认可等第三方机构在支撑政府行政监管的同时，也能为企业的技术创新和产业转型升级提供动力；行业组织在政府、企业之间，商品生产者与经营者之间起着沟通、监督、协调的平台作用，自治性特征促进业内形成行业共识，提升整体质量水平；社会组织的开放性、社会性的特征，能及时将相关方对政府的各种要求的信息传达给政府及社会大众，同时也能够把政府的政策意图及时传达给相关方，在政府和公众之间起到润滑剂作用；新闻媒体作为社会生活中不可或缺的舆论力量，其监督主要体现在对正面新闻的宣传报道及对负面信息的揭露曝光两方面，对质量安全发挥着举足轻重的舆论引导作用；消费者是现代全社会质量共治中非常重要的治理主体，通过消费者投诉、向职能部门提供线索等方式进行监督，并通过反馈互动来影响决策和治理的过程，尤其在社交媒体资讯急速传递的今天，每个消费者都可发挥"自媒体"的监督作用。

第一节 承担监管责任的政府主体

政府是质量安全监管体系中的主导力量，推进简政放权，推进质量全民共治，并不意味着弱化政府的监管，而是要推动政府走向"善管"。发挥好政府监管对质量安全监管的有效作用，必须重新厘清政府的职能定位、廓清政府的责任边界。近年来，我国质量安全事故频发，以行政法调整为主体，行政监管为主要手段，民法、刑法和社会监管为辅的监管模式，无疑将政府推上风口浪尖。社会上普遍认为政府监管不力，事前预防和检测不够，政府部门和监管人员玩忽职守甚至徇私舞弊。以政府监管为主，以行政许可、行政检查、强制检验、行政执法为主要内容的监管模式越来越不适应当前形势。行政监管人员虽然疲于奔命，而监管成效不明显，呈现出政府着急，企业不急，消费者无奈，经营者无惧，消费者难以维权的局面。

各级人民政府及其相关监管机构是在我国质量监管体系中居于主导地位的主体。长期以来，我国以行政监管为主的质量监管模式占据主要地位，一旦出现重大质量安全事件，我们听到的往往是"对相关人员问责"。2017 年陕西省西安市发生劣质电缆事件以后，政府在进行善后工作的同时，第一时间就启动了问责程序，派出了巡查工作组。在公共管理主体多元化的趋势下，政府在社会管理过程中居于并在将来仍然居于主导地位，这是由政府自身的性质决定的。

一、政府的职能定位

我国仍处于社会主义初级阶段，产品质量总体水平不高，社会信用体系不健全，需要更好地发挥政府在质量安全监管中的主导作用，使市场规律正常发挥作用，市场主体在各自的权利责任范围内开展市场交易活动。具体来说，政府要通过制度安排及政策供应，为市场体系的正常运转提供合理、有效的制度环境，通过规范市场主体的权利义务，明确市场主体的权责和定位，使质量安全的相关责任能落实到市场主体本身。建立完善质量信号传递反馈机制，鼓励消费者组织、行业协会、第三方机构等开展产品质量比较试验、综合评价、体验式调查，强化质量社会监督和舆论监督，引导理性消费选择。政府作为制度的供应者，对市场体系的有效运作应发挥立足于并高于市场主体的作用，成为市场监管体系中质量安全监管的秩序维护者，在清晰的职能定位中发挥积极的作用，有效地促进质量安全监管改革的进程。

二、政府质量安全监管部门的权力与责任边界

在有效的质量安全监管体系中，除了明确市场主体与政府的各自职能定位外，还应明确划分政府与市场主体在质量安全工作中的权利与责任边界。划分政府与市场主体权责边界的重点是政府充分发挥市场体系中质量安全监管的政府规制作用，通过前期调研、制度设计、制度选择、制度执行后监管等一系列的制度安排过程，科学合理地完善质量安全监管的法律法规体系及政策辅助体系。在相对完整的制度框架内，政府与市场主体关于质量安全的各自权利与责任被合法界定。在此基础上，政府通过制度执行后监管、进一步完善规制内容等手段，根据自身与市场主体在法定的权利义务范围内履行职责、开展活动的实际情况，对政府与市场主体在质量安全体系中的权责边界进一步加以明确。

根据发达国家法律保障下的紧密部门协作经验，厘清政府各质量安全监管部门的职能边界，是更好地形成监管合力、发挥政府质量安全监管主导作用的基础。应强化质检部门的质量宏观综合管理职能，加强对宏观质量的统计分析与顶层规划，加强对国家质量发展战略有关政策的制定和组织实施，加强对质量安全监管法律法规、技术规范的制定、组织实施与监督，加强对各领域质量安全监管部门履行质量安全监管职责的牵头协调、资源整合，强化其加快国家质量发展、建设质量强国的主力军作用。工商、商务、环保、建设等各质量安全监管部门要在各自领域内，在基本的制度规则、标准、资

质和程序下，加强具体监管政策的制定，加强监管与执法，并按照统一的规则，对质量违法行为进行处理和裁决。

第二节　承担主体责任的市场主体

市场主体包括投资者、经营者、劳动者、消费者、企业等。其中，企业是质量的生产者和提供者，是最重要的市场主体；消费者直接购买商品或者接受服务，是感受质量的最直接主体。对质量安全监管改革而言，发挥好市场配置资源的决定性作用，最重要的就是让生产企业和消费者权责对等、责任归位。

一、企业的生产经营权利与产品质量安全的首负责任

现代市场体系对市场主体的基本要求是权责对等，因此市场主体的供需双方要在市场规律作用下不被淘汰，必须遵循市场规律，并在行使自身应有权利的同时尽最大力量去履行相应的市场责任，不然就会因违反市场规律、不正当竞争等被无情地清理出市场，被剥夺作为现代市场主体的资格。在质量安全体系建设中，市场产品的供应者，包括产品的生产及经营者，应在对最终流向消费终端的产品享有生产、经营权利的同时，承担对下一环节的产品质量安全首负责任，形成产品质量安全全程可追溯的责任链条。当发生质量安全事件时，在责任链中逐环追查，即可根据各自供应方的首负责任制确定应当承担后果的具体方，为质量安全的持续性保障提供可查、可追、可溯源的责任追究体系。明确首负责任，构建企业主体责任体系。将与消费者或权利人构成直接利益关系的企业明确为首负责任者，这样不仅可以直接从最终消费端就找到责任承担者，而且可以使任何一个环节的企业都不能将受害者推给上一环节而逃避责任，形成对上把关、对下负责的清晰的责任链条。只有当首负责任者能够证明是上一环节责任时，才能实现责任的转移，将"首负责任"变为"代偿责任"，从而利用市场规律自然构建起生产、销售、消费等全环节的责任追溯体系。

二、消费者作为市场主体兼具消费权利与监督责任

现代市场体系的交易环节应充分体现公平的市场基本原则，对消费者的保护成为市场规律有效发挥作用的重要保障。作为市场主体的消费者在日益丰富的产品市场中，根据自身喜好、价格对比等因素，选择适合的产品。在获得产品的同时，消费者作为市场的终端，其对产品质量的评价应作为反馈信息通过一定的途径反馈到市场中，让消费者的判断作为企业生产经营水平的最有说服力的因素。因此，现代市场体系的开放性决定了体系中的消费者不仅仅是个人消费的角色，而且在一定程度上负有对产品质量安全监督、反馈的社会责任，从而使质量安全形成合理的闭环信息流向机制。产品的质量安全、使用信息由产品提供方流出后，经过市场的若干环节，最后形成实际消费使用的信息再次回到市场供应主体上，有利于促进产品质量安全水平的进一步提高或落后产品被优胜劣汰，优化市场资源配置。因此，消费者的社会监督责任，应当被作为质量安全监管改革中的重点对象予以关注，消费者应在质量安全的社会监督中发挥更加积极、重要的作用。

三、保险机制的风险分担功能

建立风险分担的社会救助机制是切实落实企业首负责任和消费者监督责任的重要途径。明确了企业的生产经营权利对应的是产品质量安全的首先赔付责任后，带来的问题是：当质量安全责任过大导致企业无力承担和消费者权益得不到应有保障时怎么办？前者不利于企业的良好运行，甚至可能带来企业破产的后果，不利于整个社会经济的发展；后者不利于消费者维护自身利益，甚至会挫伤消费者进行市场监督的积极性，带来恶性循环。为保证企业的良好运行、消费者权益的良好保障，必须建立风险分担的机制来帮助企业承担责任。企业通过以买保险的方式来支付一旦发生侵权行为产生的高额赔偿费用，通过保险机制来建立社会救助，支撑救助体系或者赔偿体系。发挥保险救济机制在分散赔付风险、共担赔付责任、及时提供高额赔偿等方面的重要作用，一方面可以有效化解由于企业无力支付而激化的社会矛盾，另一方面也能激励消费者主动参与质量社会监督。鼓励和引导承担质量、安全风险的企业、事业单位和执法部门购买责任保

险，形成风险分担的社会救济机制和专业组织评估、监控风险的市场监督机制。

第三节　多元的社会主体

社会是不同于政府或市场的组织形态，实际上涵盖了各种人类组织的集合。要发挥社会共治对质量安全监管的积极作用，就必须充分发挥企业、消费者、社会组织、新闻媒体等的社会监督作用，弥补市场的失灵和政府职能的不足。

一、民众

作为社会成员的民众在某项具体交易行为时是市场的主体，同时也兼具社会成员的基本角色。作为社会一员，民众也应当对质量安全发挥应有的社会监督责任。例如可以通过投诉热线、向职能部门提供线索等方式，举报影响质量安全的行为。同时，在网络媒体发达的今天，社会成员对质量安全的影响不容小觑，例如对违法行为的曝光在很多时候已经在小范围内的自媒体中形成了相对公开的信息，这不仅有利于执法人员对违法事实进行查证，更有利于发挥公众的影响力，在全社会形成关注质量安全的良好舆论氛围。大幅度提高权益损害民事赔偿力度，充分发挥民事赔偿在调动民众积极性方面的作用。降低其正当维权成本，将侵权者"罚得倾家荡产"变成"赔得倾家荡产"，构建起以民众为核心的社会监督体系、以赔付为手段的监督运行机制，激发起民众主动维权的意愿，调动起民众参与的积极性，使每个民众都能成为社会的监督者和违法企业的终结者。民众是我国质量监管的直接受益主体，也是两大基本市场主体之一，理应成为现代质量监管的责任主体。然而，我国现行法律主要是从民众弱势地位出发，对其消费权益进行保护的，涉及其责任义务的很少。事实上，民众是商品的最终购买者和消费主体，也是质量安全事故的最大受害者，因此天然具有鉴别商品和服务质量的追求。对民众而言，大多数产品属于经验品和信任品，在购买和使用之前并不能充分掌握其信息。但是，由于民众知识、能力、技术资源和维权环境的限制，作为个体的民众在维护自己权益过程中往往力不从心，基于成本收益考虑，对于质量侵权事件往往选择自认倒霉，放弃维权。只有民众具备积极介入质量治理的条件和作用，才能使多元治理运转起来，并持续发展下去。

二、社会组织

社会组织是弥补市场不足或失灵及政府职能不足的重要社会力量。以行业协会为例，作为本行业的"内部人"，对本行业的发展状况、实际运行等拥有比政府更多的信息，从而在决策过程中大为减少了信息不对称的现象，使得行业协会所制定的自律规范，能更适应本行业的实际情况，更有针对性和时效性。行业协会自律规范的制定是建立在全体会员企业协商一致基础上的，不是单向的、命令式的决策体制，因此更容易为会员企业所接受，实施效果可能优于政府强制的管制政策，也有助于降低市场监管成本[①]。同时，政府可以将质量安全监管中的技术性、事务性工作转交社会组织承担。其中，公益性的、具有第三方公正地位的社会组织具有社会公信力，能够从事政府监督检验和法定检验等任务，为政府对市场的监管及市场主体的资格认定提供技术性支持。

与私营部门相区别，社会组织主要指相关行业协会、社会团体、群众自治组织、新闻媒体等。行业协会作为互益性的经济类社团法人，具有沟通、协调、监督、统计、研究、代表、服务等功能，可以提高行业自律水平和从业人员产品质量意识。在社会团体中，和产品质量有关的代表性社会团体是消费者协会，对损害消费者合法权益的行为，可以通过大众传播媒介进行揭露、批评。我国《民事诉讼法》第五十五条规定："对污染环境、侵害众多消费者合法权益等损害社会公共利益的行为，法律规定的机关和有关组织可以向人民法院提起诉讼。"在法律层面确立了消费者协会作为产品质量安全事件原告提起公益诉讼的权利。

---

① 张晋光、窦志铭：《深圳行业组织参与全社会质量共治的实践探索》，《特区经济》2016 年第 5 期。

三、第三方技术机构

检验检测机构和认证组织是我国质量治理的第三方技术主体。在产品质量监管中，检验检测和认证是重要的治理工具。企业的自我检测向社会传递一种较弱影响力的质量信号，容易导致消费者的不信任。而由于检验检测机构和认证组织的中立性、独立性、专业性和技术权威性，其提供的产品质量信息往往可以向社会传递较强的信号，容易获得消费者的认可。因此，检验检测机构、认证组织成为我国产品质量监管中的重要责任主体。

第三方技术机构是质量安全监管的技术支撑力量，计量、检验检测、认证认可是国际通行的质量基础设施和质量安全保障。计量是现代工业生产的支柱，完善的量值传递体系能为企业提供优质计量服务，为制造业技术创新提供先进的计量测试手段。检验检测服务具有质量合格评定的基础支撑作用，国家级质检中心、重点实验室和省级授权质检机构不断向社会开放、共享将大大提升企业的研发效能，降低企业的运行成本，成为创新创业孵化育成体系的重要组成部分。认证认可在促进企业国际化中的规则作用，学习借鉴质量认证认可国际先进经验和管理方式，提高国际认证认可活动参与度和话语权，将更好服务中国制造"走出去"。通过这些技术优势，具备第三方公正地位和技术先进性的技术机构，在为政府市场监管提供技术支撑及为市场主体进行合格评定等业务开展的过程中，更具客观性、科学性与有效性，提供服务的内容更具针对性，形式也更趋多样化，全社会质量共治理念下的质检技术机构发展将为质量提升源源不断注入强大动力。

四、新闻媒体

新闻媒体作为当今社会生活中不可或缺的舆论力量，对质量安全发挥着举足轻重的影响，主要体现在对正面新闻的报道及对负面信息的曝光两方面。一方面，负面信息曝光后通过新闻信息曝光，可以弥补政府监管的盲区，政府通过行政治理对企业进行约束，同时通过舆论压力和声誉机制促使企业迅速解决问题并在行业中产生威慑作用。另一方面，新闻媒体对质量安全进行正面报道可起到很好的宣传作用，使质量安全理念更加得到社会各界关注，质量安全意识不断深入民心，也有助于质量监管部门社会形象的提升、社会信誉度的提高。

　　由于媒体受众的广泛与相对稳定性，决定了无论新闻的真实、合理性如何，都会在社会上以"绝对真实"的姿态迅速传播并被公众所接受。因此，如何提高新闻媒体对质量安全负面事件曝光的社会责任是当前需要反复考量的主要问题。新闻媒体获得负面信息的渠道，并不仅仅依靠掌握全面信息的政府职能部门，而且还包括实地的采访及对所掌握资料的分析等方式，在这个过程中，新闻媒体的公共属性显得尤为重要。媒体的判断及语言必须不涉及任何个人情绪及部分范围的群体利益色彩，必须以客观、中立的态度对掌握的新闻素材进行整理曝光，在必要时需要将掌握的一手资料提供给相关职能部门，以利于进行案情分析，并且尽快给社会公众一个调查处理后的汇报，保障受害人的利益。

第五章　治理视角下现代质量监管的责任体系

2014 年首届中国质量大会在北京召开，会上李克强总理的发言，深刻阐述了质量工作的重要意义，回顾总结了中国政府抓质量的做法和成效，以及面临的形势和任务，明确提出要构建"放、管、治"三位一体的质量提升格局。在此背景之下，各地方政府开始深入规划质量提升格局、开展质量提升工作。

第一节　现代质量监管主体责任的理论基础

一、责任的一般理论

（一）责任的含义

对于责任，《现代汉语词典》（第 7 版）给出了两种释义：一是指分内应做的事；二是指没有做好分内应做的事，因而应当承担的过失。前者指主体在特定任务中应当履行的职责、义务；后者指主体在履行职责、义务过程中因没有履职到位而应当受到的惩罚。因此，有研究认为：责任通常是指分内应做的事，或按法律、法规等规定必须履行的义务，是由于人们期望或自身认为是正确的而去做的事情[①]。

---

① 张晓刚等：《我国质量强国战略的制造企业质量主体责任研究》，载制造强国战略研究课题组著、国家质检总局质量管理司组编：《制造质量强国战略研究·支撑卷》，中国标准出版社 2016 年版，第 130 页。

　　责任，既有可能来自道德观念和社会共识，还有可能来自文件、法律的规定。西塞罗就将责任分为普通的责任和绝对的责任，而绝对的责任指的是"义"①。他认为，"一切有德之事皆出自下述四种来源中的某一种：（1）充分地发现并明智地发展真理；（2）保持一个有组织的社会，使每个人都负有其应尽的责任，忠实地履行其所承担的义务；（3）具有一种伟大的、坚强的、高尚的和不可战胜的精神；（4）一切言行都稳重而有条理，克己而有节制"。四种来源每一种都产生各自确定的道德责任。而在法理意义上，责任是指"由违法行为所引起的法律后果"②。

　　从责任的含义中，我们可以看出，责任包含了责任认知、责任履行和责任追究三个层面的意义。责任不是凭空而生的，而是和主体的认识水平、当时的社会环境、技术条件等关系密切。亚里士多德认为，一个人负责任与他的知识有密切关系，只有拥有知识，才能让他负责任③。主体对角色定位和责任范围的认知，影响着责任的履行程度。"一种法律制度特别是责任制度的确立，不仅取决于法律的规定，更根本地取决于社会经济生活条件和人们的社会观念"④。责任是"人内化了的行为规范或倾向"，"不仅是一种外在的社会规定性，更是一种内在的自我规定性"⑤。

（二）责任的分类

　　按照不同的分类标准和分类方法，责任可以分为不同的类别。按照涉及的范围，责任可以分为自我责任和社会责任。依据认定程序，责任可以分为追溯性责任与前瞻性责任。按照承担义务的强制程度，责任可分为道德责任和法律责任⑥。按违法的性质和危害程度，法律责任可分为：民事法律责任、行政法律责任、刑事法律责任、违宪法律责任。按照承担责任的先后次序，

---

　　①　西塞罗：《论老年　论友谊　论责任》，徐奕春译，商务印书馆 2003 年版，第 93 页。

　　②　张文显：《法理学》，高等教育出版社 1999 年版，第 121 页。

　　③　亚里士多德：《尼各马可伦理学》，廖申白译，商务印书馆 2003 年版，第 34 页。

　　④　谭德凡：《论经济法责任的独立》，《武汉大学学报（哲学社会科学版）》2012 年第 1 期。

　　⑤　叶浩生：《责任内涵的跨文化比较及其整合》，《南京师大学报（社会科学版）》2009 年第 6 期。

　　⑥　沈国桢：《浅析责任的涵义、特点和分类》，《江西社会科学》2001 年第 1 期。

责任可以分为首负责任与追溯责任。在这里，我们重点分析一下首负责任。

首负责任，就是消费者在合法权益受到损害，向生产者或者经营者要求赔偿时，由首先接到赔偿要求的生产者或者经营者负责先行赔付，再由先行赔付的生产者或者经营者依法向相关责任人追偿。产品质量法、消费者权益保护法、食品安全法等法律法规都做了类似规定。《产品质量法》第43条规定："因产品存在缺陷造成人身、他人财产损害的，受害人可以向产品的生产者要求赔偿，也可以向产品的销售者要求赔偿。属于产品的生产者的责任，产品的销售者赔偿的，产品的销售者有权向产品的生产者追偿。属于产品的销售者的责任，产品的生产者赔偿的，产品的生产者有权向产品的销售者追偿。"目前，首负责任在实践中已经得到较为普遍推广，例如，在电梯的使用与管理中，原质检总局特种设备安全监察局明确了电梯的使用管理责任单位，由其承担电梯使用管理的首负责任。如果电梯"所有权者"（如业主）自行管理电梯，其应当承担电梯使用管理的首负责任；如果电梯"所有权者"通过授权或委托物业公司或其他单位管理电梯，则被授权或委托的单位必须承担电梯使用管理的首负责任；对产权关系不清的住宅，由当地基层政府明确电梯使用管理的责任单位。

（三）责任的属性

责任是客观选择与主观认同的统一，是自愿性与强制性的统一，是主观性与客观性的统一[①]。责任来自一种感觉，分内应做既是客观的，又是主观的。客观的，来自于明确界定的职责；主观的，来自于主体认识到应当做的事情，或者因为没有做好认为应该做的事情，而承担内心的自责及其他惩罚。

二、现代质量治理主体责任体系构建的基本思路

对于体系，商务印书馆出版的《现代汉语词典》（第7版）给出的释义是，若干有关事物或某些意识互相联系而构成的一个整体。责任体系，指的是不同主体应当承担的纵向、横向责任而形成的完整的整体。横向责任指的

---

① 李酣、程虹：《质量责任论》，中国社会科学出版社2014年版，第14—16页。

是同一水平面上的主体，比如政府、市场和社会，在不同情形下应该承担的责任。纵向责任（链）指的是可以形成责任链条的不同主体间责任追溯，如消费者向销售者、销售者向生产者进行追溯。

　　建立完善的现代质量治理主体责任体系，必须明确哪些责任需要承担，有哪些主体可以承担。首先谈责任，制度性的责任是容易明确的，然而，质量监管中的道德责任是难以清晰明确界定的，但却是必不可少的。根据责任的含义，责任包含责任认知、责任履行和责任追究三个层面的意义。责任认知的形成，既靠教育，又靠文化、环境熏陶，质量责任的履行、对履责不力行为的追究又反过来强化责任认知。因此，学校以及其他教育宣传部门、责任追究执行部门（包括监管机关、司法机关等）都应该成为质量监管的责任主体。质量责任履行的主体则包括政府及其监管部门、质量检验检测与认证机构、生产者、销售者、社会团体与社会中介机构、消费者等。责任还必须是可追究的，无论是法律责任还是道德责任，都必须能够在责任没有履行的情况下进行有效追责。一般而言，政府在质量监管中担负领导责任，质检、工商等部门担负监管责任，市场主体的企业担负主体责任，社会组织承担监督责任。因此，现代质量监管主体责任体系必须是多元化（包括政府主体、市场主体和社会主体等）、多层次（道德、政治、行政、法律等）、立体化、可操作、高效率的责任体系[①]。

第二节　政府部门的主导责任

一、政府质量监管主导责任概述

　　政府作为制度的供应者，对市场体系的有效运作发挥立足于并高于市场主体的作用，成为市场监管体系中质量安全监管的秩序维护者，在清晰的职能定位中发挥积极的作用，有效地促进质量安全监管改革的进程。在有效的

---

　　① 解志勇、李培磊：《我国食品安全法律责任体系的重构》，《国家行政学院学报》2011年第4期。

质量安全监管体系中，除了明确市场主体与政府的各自职能定位外，还应明确划分政府与市场主体在质量安全工作中的权利与责任边界。划分政府与市场主体权责边界的重点是政府充分发挥市场体系中质量安全监管的政府规制作用，通过前期调研、制度设计、制度选择、制度执行、执行后监管等一系列的制度安排过程，科学合理地完善质量安全监管的法律法规体系及政策辅助体系。在相对完整的制度框架内，政府与市场主体关于质量安全的各自权利与责任被合法定位。在此基础上，政府通过制度执行后监管、进一步完善规制内容等手段，根据自身与市场主体在法定的权利义务范围内履行职责、开展活动的实际情况，对政府与市场主体在质量安全体系中的权责边界加以明确。

二、政府质量监管主导责任的具体所在

具体来说，落实政府质量监管主导责任，可以从以下几个方面进行理解：

首先，落实政府质量监管主导责任的首要责任，是在综合考量经济社会发展水平和安全风险社会接受程度基础上，制定统一、合理、科学的市场主体行为监管法规与制度，设立行政许可、准入门槛、资质、技术行为要求和一般强制措施，指导和规范企业实施各项质量安全控制措施，监督法规与制度执行的成效，对违法经营企业进行行政执法，构建和完善行政监管体系。对本应由企业自主承担的质量标准符合情况和生产、经营过程控制效果，都应交由企业完成，对政府监管中的技术性、事务性工作，一般应通过政府采购和市场服务等方式，引入第三方社会公正技术检测和审查机构开展，政府回归到事后监督职能定位上来。

其次，落实政府主导责任的重点应在于突出防范企业和市场发生系统性质量安全风险，构建起违法企业特别是大型违法企业市场退出机制。对安全风险源本身的防范和控制通常都应由企业或单位自身完成，而可能会给政府和社会带来巨大危害与灾难的系统性风险，由于单个企业甚至行业考察安全问题的视角限制，只能更多地由政府部门联合企业、社会组织运用科学的安全风险监管理论进行分析、评估和防范。其中最为欠缺的是，完善的违法企

业市场退出机制至今尚未能建立起来，以至于在一些较大企业出现严重违法行为时，常常由于要考虑到经济发展、市场供应、工人就业、社会稳定等因素而迫使执法部门大事化小、小事化了，强化事后监管的成效难以体现。

再次，落实政府在全社会质量治理体系中的主导责任主要体现在"管"，有两个方面的含义：一是监管，通过法律让企业感受到威慑，通过司法等手段追究其法律责任，制定标准要求企业提供高质量水平的产品和服务；二是管理，通过激励政策和资源配置引导和鼓励企业重视质量，通过实施标准化战略、以质取胜战略和名牌战略等，主动重视质量，主动提供高质量水平的产品和服务。

最后，落实政府的主导责任主要表现为以下几点：第一，制定质量规划。质量规划包括质量立法、质量标准、监管制度和责任清单。通过法律的立改废，制定规则，明确质量标杆和质量底线，建立健全现代化的技术标准体系，完善质量监管制度体系，明确政府及人员的责任。第二，实施风险管理。实现风险大数据采集与分析，识别风险所在；开展监测、分析和评价，得出风险结论，划定风险等级；实施管理和风险交流。第三，打击假冒伪劣。要把打击的策略由厉而不严转向严而不厉，不要一味强调一阵风式的专项运动，要严密法网严格执法，绵绵用力、久久为功。

三、落实政府质量监管主导责任仍需努力的方面

结合现状，目前在落实政府质量监管主导责任过程中，具体还需要从以下几个方面进行努力：

（一）完善宏观质量管理政策措施

一是完善政府质量奖励制度。宣传推广第二届中国质量奖和地方质量奖获奖组织的质量管理方法、模式和措施。积极开展中国质量奖评选工作，加强与医疗等行业主管部门沟通，建立和完善相关行业质量的评价体系，将部分非营利组织作为中国质量奖评选对象，推动全社会重视和追求质量。鼓励各地完善政府质量奖励配套激励措施。二是完善政府质量工作考核。总结运用好第二次政府质量工作考核成果，将考核结果报中组部作为地方党政领导班子和领导干部综合考核评价内容，宣传推广考核中发现的典型经验和做

法。完善政府质量工作考核机制，将政府质量工作考核与"十三五"规划、《质量发展纲要》、《中国制造 2025》贯彻实施的检查考核有机结合，争取列入国务院督查工作范围。完善考核指标体系，增加量化考核指标分值权重，严格考核标准与程序。改进实地核查方式，建立考核专家库，加强第三方评价，将企业纳入对政府质量工作满意度测评。充分运用信息化手段，完善质量考核信息系统。加大地方政府部门工作协调力度，推进地方结合实际制定市、县级政府质量工作考核办法，探索建立国家、省、市三级考核数据库。完善地方质量工作评价指标和考核制度，将质量安全和质量发展纳入地方各级政府绩效考核评价内容。

（二）政府加大处罚和质量信息的公开力度，建立质量信誉制度

《礼记·月令》篇记载，秦国规定："物勒工名，以考其诚，工有不当，必行其罪，以究其情"，器物的制造者要把自己的名字刻在上面，如有质量问题，必究其责任，并予以严惩。当前，中国社会质量问题屡禁不止的原因之一，还是违法成本低而获利高，特别是有相当比例的违法行为未被发现、查处，使得企业存在侥幸心理。因此，对生产假冒伪劣产品的企业或个人，惩戒必须让其有切肤之痛。同时，通过各种渠道，加大质量信息公开力度，建立质量信誉制度，借助全社会的舆论压力，给质量违法者沉重的打击。

（三）政府加强引导消费者树立科学的消费观念

消费者的消费取向决定了企业质量提升的意愿。随着人民生活水平的提高，对高质量的产品需求越来越旺盛，但一方面，一些消费者贪图小便宜，给假冒伪劣产品提供了生存空间；另一方面，一些消费者产品质量知识相对匮乏，难以对商品质量作出比较科学的判断；还有不少消费者，对于应用法律武器保护自己的合法权益意识淡薄。

消费观念和质量意识的培养，很难一蹴而就，需要政府部门持续不断的宣传劣质产品的危害，普及质量知识和法律维权意识。特别是可以在学校教育中，纳入相关内容，培养未来的合格消费者，并通过孩子影响改变家长的不良习惯。另外，针对当前市场鱼龙混杂，消费者难以辨识产品质量的现状，政府也可以组织有公信力的检测机构，开展质量比较试验。

（四）政府加大支持鼓励质量创新的力度

一个国家质量水平的整体提升，有赖于社会中的每一个组织和个人质量水平的提升。相对于科技和管理创新对技术、人才、资金等的要求，质量创新是更为普遍而有效的质量提升手段。特别是大量中小微企业，都可以通过质量创新提升质量、优化服务、树立品牌。各级政府应支持鼓励质量创新，并在资金、平台等方面给予扶持，如：推动公共检测平台、技术对接平台建设等。

综上所述，在落实政府质量监管主导责任的过程中，引导型政府职能模式是现代质量安全监管最值得借鉴的模式。政府在质量安全监管中应加强与市场、社会的共同责任关系。政府应在充分尊重市场规律的前提下，提高把握规律的能力，更多地以制度安排等形式作用于质量安全监管，微观经济层面的事务则交由市场、社会完成，让市场主体充分发挥质量安全的主体权利与责任，同时积极提升社会层面的监督参与能力。

第三节　企业的主体责任体系

企业作为产品质量的主体，应当负有主体责任，同时也是全社会质量共治的第一责任主体。随着国家加大简政放权力度，市场活力必然得到更好激发，企业创造力也随之加强。生产企业在全社会质量共治中的地位和重要性也越发凸显。相对政府行政管理而言，生产企业处于被管理者地位，但是随着社会的发展，在全社会质量共治中，生产企业必须是第一位的。生产企业是产品利益最大者，生产企业的地位要从被动调整为主动。无论哪个环节的产品问题，生产企业均为第一责任。

一、企业质量安全主体责任概述

质量安全是企业永恒的主题，企业是质量安全的责任主体。要落实企业质量安全主体责任，确保企业质量安全生产，必须充分认识企业安全主体责任的强化和落实的重要意义。

落实企业质量安全主体责任，是保障经济社会协调发展的必然要求。企业是经济社会最基本的单元、最活跃的细胞。一个地区的经济社会发展状况在很大程度上取决于企业的发展，而企业能否实现长治久安在其中起着至关重要的作用。

落实企业质量安全主体责任，是实现企业可持续发展的客观要求。产品质量安全是促进经济社会又好又快发展和维护人民生命健康财产安全的重要保障。落实企业主体责任是确保产品质量安全的治本之策。企业是生产经营活动的主体，也是承担产品质量安全责任的主体。只有企业牢固树立了产品质量安全责任意识，将质量提升作为企业发展规划，严格依法组织生产，建立健全质量管理体系，认真履行产品质量安全义务，不断提升产品质量水平，才能从根本上有效保障产品质量安全。这既是企业依法生产经营的要求，也是企业履行社会责任的要求，更是企业自身生存发展的要求。

落实企业质量安全主体责任，是实现全面小康的现实要求。隐患存在于企业，事故发生于企业，职工是各类事故的直接受害者。科学发展首先强调安全发展，安全生产本身就是对人的生命权益的维护。如果企业质量安全隐患不断，消费者及人民群众对产品质量整天提心吊胆，缺少安全感，还谈何小康社会；如果各类质量事故不能有效控制，不仅给人民群众生命财产安全带来巨大损失，还给受害者家属造成无法弥补、无法挽回的影响，建立失去幸福社会。因此全面建成小康社会，必须以企业质量安全生产为前提和保障。

二、企业质量安全主体责任的核心

落实企业质量安全主体责任的核心是首负责任，所以严格落实企业质量安全主体责任就要建立健全最严格的企业质量首负责任制。将责任明确、逐级倒逼的质量安全责任链条真正建立起来。推动大中企业设立首席质量官，拥有质量安全一票否决权。建立企业质量责任保险、缺陷产品强制召回、工程质量终身负责以及服务质量保障等制度，督促企业切实履行质量担保责任和法定义务。建立健全企业履行社会责任的机制，鼓励企业强化诚信自律、践行质量承诺。

　　具体来说，企业质量首负责任制是从消费者立场出发、简便质量维权的制度创新。实施这项制度后，消费者遇到质量问题时，可以直接找到销售者先行履行"三包"和赔偿责任，用制度创新便利消费者维权，从而让消费者能够踏实放心地购物、心情愉悦地购物。国家质检部门高度重视企业质量首负责任制度建设，就此专门组织开展课题研究，先后两次发文征求各地意见，鼓励各地先行先试，为全面推开积累更多的实践经验。以广州为例，广州市在全国率先开展重点商场质量首负责任制试点，提出了"逐步构建质量责任追溯链条，倒逼商场加强质量管理，对上游供货、下游经销严格审查把关，实现层层追溯、相互监督的质量保障机制"的工作思路，形成了"政府主导、企业主体，部门协作、合力推进"的工作机制，探索具有示范意义的质量工作创新。广州友谊商店、广州百货、麦德龙和苏宁集团4家重点商场作为首负责任制试点单位，签订了质量首负责任制承诺书。20家供应商代表各自向4家试点企业分别签订质量承诺书。在质量承诺书中，试点商场均明确了惠民承诺内容，对符合其商场退换货相关政策的产品，设置了消费者15天内可享受无理由退换货的统一标准；在纠纷理赔处置上，共同承诺以顾客意见为重，重视顾客质量投诉，在消费者因商品质量问题正当权益受到损害时，商场方实行先行赔付，努力把问题和纠纷解决在店门内。作为销售终端的重点商场，主动公示服务标准，承诺实施质量首负责任制，体现了企业的质量担当。

　　与此相反，国外零售企业沃尔玛对供应链的"双重标准"问题值得探讨。在国外，沃尔玛会对其供应链进行严格的审查，在中国反而不会。这是因为国外在法律上规定了：只要消费者权益受损，商家就应该承担责任。而在中国，商家却是以受害者的身份出现，商家和生产企业将责任推来推去，这就是首负责任没有明确导致的。我们需要转换立法的思路，要从消费者的角度考虑，不要政府去厘清是谁的责任。消费者是不管责任最终是谁的，只要被侵权了，跟消费者构成直接利益关系的就应该承担首负责任。我们构建起责任链条，就是说最后的责任可能是一方，在这个由若干方构成的侵权链条中，只要抓住一个龙头，就能一环一环地追责下去。明确了首负责任就会激励商家对自己的上家负责，建立完备的进货验收制度等方式自主地去进行质量监管，以免自己承担损失。

从市场角度来说，现代市场体系对市场主体的基本要求是权责对等，因此市场主体的供需双方要在市场规律作用下不被淘汰，必须遵循市场规律的作用，并在行使自身应有权利的同时尽最大力量去履行相应的市场责任，不然就会被违反市场规律、不正当竞争等行为无情地清理出市场，被剥夺作为现代市场主体的资格。在质量安全体系建设中，市场产品的供应者，包括产品的生产及经营者，应在对最终流向消费终端的产品享有生产、经营权利的同时，承担对下一环节的产品质量安全首负责任，形成产品质量安全全程可追溯的责任链条。当发生质量安全事件时，在责任链中逐环追查，即可根据各自供应方的首负责任制确立应当承担后果的具体方，为质量安全的持续性保障提供可查、可追、可溯源的责任追究体系。

需要指明的是，质量是生产出来的，实行全社会质量共治，而企业是重要的主体，所以企业必须树立为其产品质量问题负首要责任的意识。当前，一些企业守法意识淡薄、社会责任缺失，是导致质量安全问题的重要原因。少数世界知名企业也曾因质量问题给社会带来不良后果并使企业自身陷入危机。所以，企业一定要坚守商业道德，强化"质量即生命"等理念，自觉保证产品和服务质量。企业必须讲诚信，做到信誉重于利益、质量重于数量。要健全责任体系，完善责任机制，在企业内部形成对自己的产品负责、对消费者负责、对社会负责、对国家负责的首负责任氛围。知名企业要发挥质量引领示范作用，在落实企业质量首负责任、完善质量管理体系、发展中国特色质量文化、加强自主品牌建设、履行社会责任等方面做表率、做榜样。以东莞为例，截至 2017 年 12 月 22 日，全市实有市场主体总量突破 100 万户，其中企业 413954 户。这些企业是东莞经济的基础，也是质量建设的主体。一方面，东莞突出强化企业首负责任意识，调动企业参与的积极性和主动性，大力推进首席质量官、质量工程师等专业队伍建设，引导企业在质量管理方法、质量控制等方面不断改善管理水平，提升产品质量。同时，实施质量失信"黑名单"制度和企业质量信用分级分类监管制度，完善对企业产品质量信用约束机制。另一方面，通过帮助引导企业开展"机器换人"、实施标准化和名牌名标战略，助推企业质量水平提升。虎门休闲服装和长安五金模具成功创建全国知名品牌示范区，优质企业的积极参与，提高了供给结构对需求变化的适应性和灵活性，更好地满足了广大人民群众的质量需求。

三、落实企业质量安全主体责任的具体方面

在明确落实企业质量主体责任的核心是明确企业的质量首负责任这一认识的基础上，需要考虑的问题便是企业具体落实首负责任的问题。

（一）切实提高企业责任意识、政策意识和法律意识

1.责任意识

主体责任，既着眼于主体，也着眼于责任，强调的是主体的责任意识。所谓的责任意识，就是清楚明了地知道什么是责任，并自觉、认真地履行社会职责和参加社会活动过程中的责任，把责任转化到行动中去的心理特征。责任意识是一种传统美德，大到国家，小到个人，只有每个主体都认真地承担起自己应该承担的责任，社会才能和谐运转、持续发展。显然，作为产品生产经营者的企业应当提高产品质量安全责任意识，认真履行产品质量安全义务，确保产品质量安全。要清醒地认识到自己的责任风险，增强危机意识，通过责任意识推动企业不断做大做强，这既是企业履行社会责任的要求，更是企业自身发展的要求。内功练好了，责任就自然不再是一种负担，而是一种担当和能力。

2.政策意识

政策意识就是企业要密切关注经济形势发展，关注国家、地方制定的一系列方针政策，将企业发展规划与一系列调控措施紧密结合。以广东省为例，当前广东省正处于加快转型升级、率先全面建成小康社会的关键时期，新常态下质量强省战略将在转变经济发展方式过程中发挥重要作用。当前的竞争主要表现为不同生产主体在产品质量和服务上的竞争，而不是依赖于劳动力、资本和资源数量的投入。责任主体不明，质量和服务只能是空中楼阁。通过对政策的研究和形势的判断，企业应当意识到主体责任只能被强化而不能被削弱，在质量安全主体责任不断强化的基础上提高产品质量和服务进而获得产品更高的附加值，才能对冲劳动力成本上升的压力，形成倒逼机制，促使其必须以质量为核心实现转型升级，进而促进广东省整体经济向内

生增长的转变。

3. 法律意识

法治建设是国家和社会希望之所在，在当前全面推进依法治国的大背景下，企业强化质量安全主体责任更加离不开法律意识。无论在行政领域还是商业领域，企业都必须依照法律法规进行生产经营。质量安全主体责任的不断强化往往通过立法和修法活动得到体现，企业更应掌握和更新法律法规的有关规定以及明确自身所享有的权利和所应履行的义务，积极为立法活动建言献策，加强内部法律培训，组织学习《公司法》、《产品质量法》、《消费者权益法》、《安全生产法》，使所有员工知法、懂法、守法、用法，自觉形成系统法律思维，从而使强化质量安全主体责任落到实处。

（二）构建科学完善的质量安全保障体系

强化企业产品质量安全主体责任还必须构建科学完善的质量安全保障体系，贯穿于整个生产经营的各个环节，做到事前规划、事中执行、事后服务"三位一体"。

1. 事前规划

要做好事前规划工作，建立高效运行的内部质量管理体系，建立完善的产品标准体系、科学的计量检测体系和质量诚信体系，建立健全企业质量首负责任制，将责任明确、逐级倒逼的质量安全责任链条真正建立起来。大中企业可尝试设立首席质量官，建立并完善企业质量责任保险、缺陷产品召回等制度，抓好人才的业务培训工作。

2. 事中执行

企业要做好原料进厂查验和生产过程控制工作，尤其是对关键控制点实施监控，推行监控过程标准化、工艺参数固定化、质量指标透明化，通过严格的质量管理体系对产品质量实行全过程控制，采用先进、科学的管理手段、生产手段和检验手段不断改进和提升产品质量。对过程中发现的质量问题适时进行分析，制定和落实整改措施。

3. 事后服务

售后服务是连接生产和消费的重要纽带，售后服务质量是主体责任是否落实到位的最直接体现。近年来，我国售后服务发展迅速，但仍存在竞争散乱无序、服务质量不高等突出问题，成为制约服务业与制造业加速融合的重要瓶颈。企业应建立完善产品质量追溯制度和售后服务制度，建立产品销售台账，严格落实"三包"制度，利用市场规律构建起生产、销售、消费等全环节的责任追溯体系。具备条件的企业可尝试成立专业化的售后服务公司，建设综合性的产品备件、配件配送中心，从设备安装调试、定期维护保养服务向预防维修服务、预知维修服务等全生命周期服务发展。

（三）与政府、消费者形成良性互动

1. 以积极态度和实际行动接受政府及各职能部门的监管和服务

企业应在质量强省战略中主动作为，积极融入政府质量提升工程当中，配合政府的日常监管工作，与各职能部门密切合作共同防止出现质量安全事件和重特大质量安全责任事故，要运用好各类奖励扶持措施，积极参与标准的制修订和政府质量奖、名牌产品、著名商标、老字号等品牌评选活动，主动将企业信用信息录入政府诚信档案中，撰写并发布企业质量信用报告，全力支持政府信用体系建设，自觉维护质量监管体系和质量竞争秩序。

2. 以良性互动赢得消费者点赞

企业应当打造以诚信和品质为基础的质量文化，对产品质量负责到底，自觉接受社会监督，支持构建以消费者权益为核心的社会质量监督体系，形成企业与消费者常态化的沟通互动机制，重视消费者对产品质量的投诉及意见建议，充分发挥新闻媒体、网络平台的监督和宣传作用，形成产品质量伤害应急和救助机制，营造"企业主体推进，社会群体点赞"的良好局面。

当前，质量安全主体责任的落实仍任重道远，归根结底是企业对自身产品信心不足以及社会责任感不强所致。实施质量强省战略，强化企业质量安全主体责任有其应有之义，政府监管和社会监督固然重要，但更重要的是企业自身内生动力的自我激发，要通过责任、政策和法律三种意识的不断提高，构建科学完善的质量保障体系，与各方形成良性互动等方式使产品质量不断提升以及社会责任感不断增强，企业才能在质量强省的进程中勇立潮头，砥砺前行！

（四）落实企业质量主体责任应当尽快修订《产品质量法》

将"生产者、销售者的产品质量责任和义务"置于"产品质量的监督"

内容之前，凸显生产经营者的主体责任。对企业投入流通时的科学技术水平尚不能发现存在缺陷的产品责任条款进行修改，明确企业的召回责任，对消费者造成伤害的，应进行赔偿。消费者合法权益受到侵害的，可以向销售者要求赔偿，也可以直接向生产者要求赔偿。

应当如何判定企业是否有质量主体责任意识？

判定企业是否有主体责任意识主要可以从以下几点来分析：第一，是否有精益求精的质量追求。管理上，追求零缺陷、完美无瑕。技术上，追求高端、精细，永远站在技术最前沿。行动上，克服不严谨、不细致、马马虎虎、差不多就行。第二，是否在理论和方法上有所建树。以华为、中兴为例，它们的经营业绩、产品质量能与其他世界一流企业相提并论，但企业的管理理论方法却相距甚远。质量时代要求企业在这方面有所建树、有所突破、有所创新。第三，是否有现成"质量自觉"。好的质量永远是自觉干出来而不是想出来的。企业领导者对于企业未来的理想、使命愿景和价值观，要以形象、独树一帜、面向未来、利益共享的形式落地成文，要制定落实质量发展战略，不断改进企业的组织架构，不断适应环境发展变化，追求卓越绩效。

四、从源头上提高质量水平应注意的问题

企业是质量的主体，提升质量根本上还要依靠企业，所以必须依靠企业从源头上提高质量水平。对此，应注意如下四个方面：

一要着力提升企业质量管理水平。运用经济、法律、技术等综合手段，引导支持企业推广先进质量管理理念和现代质量管理方法，推广卓越绩效管理、零缺陷管理、六西格玛等先进质量管理模式。督促企业建立健全质量管理体系，加强全员、全过程、全方位质量管理，广泛开展质量改进、质量攻关、质量比对等全员质量提升活动。推动企业实施重大质量改进项目，在质量创新活动中强化精密制造和可靠性工程建设，争取更多通过质量管理体系认证。

二要以技术创新支撑企业质量提升。把技术创新作为提高质量的根本途径，加快构建以企业为主体、市场为导向、产学研相结合的技术创新体系，

引导企业加大研发力度和投入，强化质量共性和关键技术攻关，加强技术改造，特别是在质量控制的关键环节更多应用智能化、自动化技术，促进品种技术、标准、品牌、服务为核心的质量新优势。

三要建设高素质人才队伍。劳动者素质是质量水平的关键因素。要大力弘扬"工匠精神"，提倡干一行、爱一行、钻一行、专一行，注重细节、精益求精。要加强职业技术培训，培养更多有实操能力、有专门技术的技能人才，提高一线工人的技能水平。依托省部院产学研合作机制和合作平台，发挥优势企业、重点科研院所和高等院校作用，面向企业培育一批高素质质量管理专门人才和质量科技领军人才，为企业发展提供智力支撑。

四要加强企业质量品牌建设。品牌是企业竞争力和市场信誉的集中体现，要坚定不移走品牌发展道路。大力实施工业企业品牌培育试点和"十百千"品牌培育工程，打造一批竞争力强、附加值高的知名品牌。加大知名品牌示范区、产业集群区域品牌建设力度，鼓励企业在海外开展营销活动，引导企业进行商标国际注册，推动企业从产品竞争、价格竞争为主向质量竞争、品牌竞争为主转变，让"中国制造"成为优质产品的标志。

综上所述，企业是质量主体，是质量发展的基础、源泉和动力所在，其在全社会质量治理体系中的位置无可替代。无论是制造业、农业还是服务业，质量都贯穿了每一个环节，质量是企业的生命。只有企业对其提供的产品（服务）负责，在生产的过程中对员工、消费者、合作方、投资方、社区以及环境等利益相关方负责，才能真正提高质量水平。企业是产品质量第一责任人，应当强化企业的质量安全意识，重视企业质量安全的主体责任。

第四节　社会主体的质量监管责任分担体系

毫无疑问，在现代质量监管体系中也有社会治理的影子。在经济活动尤其是有形产品市场中，信息的不透明、不对称是普遍存在的，消费者往往对商品的质量特性及其供应商不具备充分的认知，仅凭消费者的技术知识和经验无法准确判断商品质量好坏，从而导致市场失灵，这不仅会损害消费者的利益，更会阻碍经济的发展。为了解决这一市场失灵现象，各种外界成员开始参与企业质量管理，比如行业协会通过制定章程、坚持自治和同行互相监督等自律方式对成员企业进行监管；消费者协会通过处理消费者投诉，并与企业进行对话，倒逼企业提升产品和服务质量；新闻媒体通过曝光产品质量信息以约束企业，还可以向消费者传递质量信息，通过舆论压力约束企业；保险在降低企业产品质量风险的同时也发挥了监督管理企业质量的责任。这一系列社会治理在现代质量监管中各自承担着不同的责任。

一、保险的质量监管责任分担

随着经济社会的发展，在推行社会共治质量体系中保险所发挥的质量监管作用越来越重要。一方面，当发生产品质量事件的时候，保险起着赔偿企业金额从而减轻企业损失的作用。另一方面，保险为了防止企业产品出现质量问题，起着监督企业质量管理过程的作用。

（一）质量责任保险概述

产品质量责任保险是指对于产品由于质量上的缺陷而对他人造成的损失承担赔偿责任。具体来说，产品质量责任保险是指保险公司承保被保险人（生产厂家和经销商）所生产、出售的产品或商品在承保区域内发生事故，造成使用、消费或操作该产品或商品的人或其他任何人的人身伤害、疾病、死亡或财产损失，依法应由被保险人承担责任时，保险公司在约定的赔偿限额内负责赔偿。这就是说，一旦投保人参与了产品质量责任保险，保险人就必须担负起产品质量监管的责任。因为一旦投保人在投保范围内发生了产品质量问题，保险人就必须给予一定的救助赔偿。所以为了双赢的局面，保险人必须积极落实对投保人的产品质量监管责任。例如落实投保人企业是否有严格的监督产品生产过程，是否有严格的产品质量管理制度等方面。

具体来看，一方面，就国内近年来频繁发生的电梯问题来看，我们知道电梯一旦发生事故，将会给人民群众生命财产安全造成损失，处置措施和效果将直接关系到人民群众的切身利益和社会稳定。为确保人民群众的合法利益得到保障，事故受害人能够迅速及时得到救助，社会救助和保险制约必不可少，建立电梯事故责任险制度十分必要。因此，必须建立以"使用管理权者"为参保主体，特种设备生产企业、检验机构和维保单位参与，社会广泛认同和接受的电梯事故责任保险制度，建立以保险公司为主体的电梯事故社会救助系统；积极推动技术机构和专业人员参与保险公司的理赔工作和对承保人的安全风险评估，通过安全风险的量化分析和保费费率的调整，促进电梯"使用管理权者"加强内部管理，积极防范安全风险。对以往不要求所有电梯都实行强制保险的规定进行改革，主要是通过实施扶持措施来鼓励和支持。但对使用年限超过正常使用年限且没有采取更换主要安全部件等改进措施的电梯，如果没有保险公司愿意承担保险的将不允许继续使用。

另一方面，国外企业也积极通过以买保险的方式来支付一旦发生侵权行为产生的高额赔偿费用，通过保险机制来建立社会救助，来支撑救助体系或者赔偿体系。保险机制的建立可以给消费者营造一个放心大胆的消费环境（比如不小心弄坏商场中展示的商品，商家不会要求消费者来赔偿，他有保险来理赔），一旦消费者被侵权的话还可以获得高额的赔偿。保险机构的理赔都是建立在严格规定的条款下的，只有商家做到了（比如说建立完备的进货验收制度、规范的日常管理制度等）才会赔偿，这样就给质量监督增加了社会组织（保险机构）的监督。这个在新加坡的特种设备管理中也有体现，新加坡对特种设备只有两条要求：第一要有专业机构的认证，如新加坡大型游乐设施从业人员的资格，是由国家游乐设施协会进行评估的；第二要有保险商愿意保险。如果没有保险商愿意投保的话，就是说连保险商都不愿意承担的风险，政府当然不愿意承担这种风险。通过专业评估的行业自律，加上保险这里有一个风险共担，政府就可以将整个风险压下来。

（二）我国质量责任保险现状

然而我们必须清楚地认识到，虽然自 1981 年恢复国内保险业务以来，随着保险知识的日益普及，人们对本企业或与本企业相关的有形产品质量保险意识普遍提高。但从总体上看，产品责任保险还处于起步阶段，产品责任保险在财产保险中所占的比重还极低。

2008 年全国产品责任保险保费收入为 9.7 亿元，只占责任保险（除交强险和商业第三者责任险外）总收入的 11.9%，占非寿险业总保费收入的 0.13%。2010 年，全国产品责任保险保费收入为 13.7 亿元，只占除交强险和商业第三者责任险外责任保险总收入的 11.9%，占非寿险业总保费收入的 0.37%。2014 年全国保费收入突破 2 万亿元，保险业总资产突破 10 万亿元，保险业增速达 17.5%。财产险保费收入 7203 亿元，同比增长 16%；人身险保费收入 1.3 万亿元，同比增长 18.2%。责任保险保费收入 253.3 亿元，提供风险保障 66.5 万亿元。2017 年，全行业共实现原保险保费收入 36581.01 亿元，同比增长 18.16%；其中财产险保费 9835 亿元，增速为 13%；财产险中责任保险保费 451 亿元，同比增长 25%。虽然近年来的这些数据都呈现出增长的趋势，但是与发达国家产品责任险占非寿险业收入的 50% 的格局相差甚远。可以说，我国在产品责任保险的提供和需求上都存在着水平低下、认识落后的问题。研究表明，我国产品质量责任保险之所以一直发展落后，其主要原因有如下几点：

一是企业普遍缺乏产品责任风险意识，存在侥幸心理，以及长期以来形成的"企业肇事，纳税人出钱，政府买单"的习惯，企业承担的风险不大，产品责任主体地位不突出。二是由于投保的企业少，且投保的产品风险高，造成商业保险公司在没有政策支持的情况下，无法按大数法则原理来有效地分散风险，因而设立的保险门槛高，使一些有投保意愿的企业因保费高和承保条件苛刻而望之却步。三是由于产品责任保险具有"长尾巴"责任、司法管辖权不同等特点，造成很多国内保险企业由于没有相应的技术、经验、数据以及相关的司法解释等方面的支持而存有畏难心理。

因此，如何利用产品质量责任保险等机制协调各方，从而进一步提高我国产品质量、保护我国消费者的利益，以及如何使产品生产者、销售者分散风险，是目前我国质量治理和经济法制建设中需要认真研究的重要课题。由于我国产品质量责任保险发展较慢，相关产品责任不是很明确，相关法律诉讼程序也不完善，因此目前产品质量责任保险供给需求双向不足，严重制约了相关市场机制的完善。

（三）完善质量责任保险监管作用的措施

2012 年 2 月 6 日，国务院颁布了《质量发展纲要（2011—2020 年）》（以下简称《纲要》）。《纲要》明确提出要"建立质量安全多元救助机制。建立产品质量安全责任保险制度，保障质量安全事故受害者得到合理、及时的补偿"的目标方针。《纲要》的颁布是党中央和国务院作出的重大决策，体现了党和国家对质量工作的高度重视，是新时期促进质量发展、建设质量强国的行动指南。伴随着这项工作的逐步贯彻落实，为其配套的产品质量责任保险制度的建设也将很快全面展开，这为我国的商业保险企业履行社会责任、参与社会管理提供了一个重要机遇。为了尽快完善产品责任保险在质量体系建设中的监管作用，应做好如下几项工作。

1. 加强法律制度建设

政府要加强质量责任相关法律法规制度的完善，明确产品质量责任、完善相关诉讼程序，使受到损害的消费者能够得到应有的赔偿；同时加大质量责任事故的处罚力度，企业一旦发生质量事故就要承担相应的责任，促使企业事先购买质量责任保险。加强质量监管，尤其是对大的质量责任事故的事前预防、事中应急、事后处理：事前将相关产品的质量责任保险作为市场准入的必要条件；事中协调安保、医疗、企业、保险等多部门对事故进行妥善处理；事后分析事故原因、查找隐患根源、处罚相关责任方。减少企业侥幸心理，增加产品质量责任保险需求。加大扶持力度：由于产品责任保险是相对比较复杂的险种，前期开发、初期定价、中期监督跟踪、后期反馈调整都比较复杂，因此政府为了促进质量责任保险健康发展，要在研发补贴、人才引进、培养以及保险公司数据积累等能力建设方面给予一定的扶持和帮助。

2. 加强舆论引导，普及产品责任保险知识

在提高消费者维权意识的同时，提醒其在购买和使用对没有保险作保障的产品过程中提高风险意识，尽量回避。并建议参照机动车辆交通强制保险管理办法，对涉及国计民生的重要行业、重要企业，特别是科技创新型企业等生产的产品实施产品责任强制保险。

3. 建立责任险制度

充分发挥保险救济机制在分散赔付风险、共担赔付责任、及时提供高额赔偿、有效化解社会矛盾等方面的重要作用。鼓励和引导承担质量安全风险的企事业单位和执法部门购买责任保险，形成风险分担的社会救济机制和专业组织评估、监控风险的市场监督机制。同时，通过采取产品责任风险事故与保险费率挂钩等风险控制的经济手段，倒逼企业提高自身风险防范意识；

通过保险公司有针对性的风险管理服务，发挥保险的质量监管作用，向生产经营者反馈并向公众和政府监管部门报告发现的产品责任风险，使政府监管部门及时采取措施找出风险、防患于未然。

除此之外，最重要的是各级质检、保险监管部门、有关协会和保险机构应当同心协力，狠抓落实，深入推进产品质量安全责任保险工作，切实保障质量安全事故受害者得到合理、及时的补偿，同时要运用市场机制，强化政策引导，健全工作体系，完善风险管理推进机制，及时分析解决工作推进中的问题；相关保险机构要增强质量安全意识，加强事故预防和安全管理，主动开展产品质量安全宣传教育培训和风险管理，加大质量安全的预防性投入，不断研发产品质量安全责任保险品种，构建服务全产业链的责任保险体系，逐步实现由赔偿为主向风险评价、预警控制、应急救援、事故评估等转变。各方要努力构建和完善符合市场规则的产品质量安全多元救济机制和产品侵权责任保障体系。

二、社会组织的质量监管责任分担

这里的社会组织主要包括行业协会、社会团体、中介组织和社区活动团队、新闻媒体等组织。其中，行业协会是政府、企业和消费者之间重要的沟通平台，在全社会质量治理体系中发挥着重要的润滑剂作用。随着政府职能的转变，一些行业协会承接了原来的政府职能。新闻媒体在全社会质量治理体系中起着重要的舆论监督作用，能否保证客观，维护公平和正义，对于消费者权益的保护有着重要意义。

（一）社会组织及其优势与面临的问题

社会组织独立于政府、企业和全体消费者等之外。完善的社会组织具有良好的非营利性、公正性、专业行、高效性、灵活性等特点，能够为企业传递有效的质量信息，为政府降低行政资源、提高效率、避免"监管盲区"，为全体消费者提供质量知识、消费习惯培养、质量维权等，还能广泛筹集社会公益资源，为共治提供强大的社会基础。在质量共治构成要素中，社会组织与其他要素不是支配和控制关系，而是平等的合作伙伴关系。

同时我们必须清楚认识到目前我国社会组织正处于形成之中，发展不规范、不平衡，公信力等相对缺乏，还没发挥出应有作用。而社会组织是未来社会管理的必然趋势，实现全社会质量共治离不开社会组织。政府可以从宏观上鼓励社会组织的发展，赋予独立的法律地位，授予其相应的专业权限。完善社会组织各种制度，建立完整的组织体系，建立监督机制和强化内部自律机制，防止社会走样变形，发挥其独立性、公益性、公正性。

在党的十八届三中全会提出了以"增强社会发展活力，提高社会治理水平"和"改进社会治理方式，激发社会组织活力"为主要内容的社会治理目标，这一目标的提出意味着政府进一步明确了社会组织在创新社会治理体制中的地位和作用，意味着社会组织作为社会治理的主体之一，与政府共同为社会成员提供公共服务，管理国家和社会公共事务，所以我们必须发挥行业协会等社会组织在质量共治过程中的作用。这些社会组织是企业、消费者和政府部门之间的桥梁纽带，除做好服务沟通职能之外，还可以发挥监督职能。所以，将相关社会组织有效地发动起来，以使其能积极提供技术、标准、检验检疫、质量管理、品牌建设等咨询服务，及时反映企业及消费者的质量需求，引导行业诚信自律，促进行业规范发展。科研院所、高等院校要加强质量基础研究和学科建设，为社会培养大批质量专业人才，推进质量科技成果的转化应用。

（二）推进社会组织分担质量监管责任

社会组织可承担政府分离出去的部分职能，是政府良好的合作者。激发社会组织活力的关键在于把适合由社会组织提供的公共服务交由社会组织承担，使社会组织充分发挥其特有的技术优势，通过内生性的行业自律机制规范政府难以协调、管制的领域，通过行业的认证认可等形式规范社会领域的行业管理，使现代市场体系逐步发展为以市场供需双方为主体，社会组织以裁判员的角色规范市场的主体资格认定等行为。在质量安全监管中，政府可以通过委托、购买服务等方式，将日常行政工作中的技术性、事务性工作转移至社会组织承担，包括将原来应属行业、技术等规范的行政许可行为转为社会组织承担的行业自律行为，通过制度的提供与完善使行业自律形成可持续发展的有效机制，使之成为体现市场规律行为的一部分。

行业自律、行业发展是体现国家经济发展水平的重要指标，行业自律程度高、行业发展呈现规律状态的国家一般经济发展相对稳定，因为其有良好的行业氛围作为企业、产业发展的外部环境，市场规律在此背景下更能发挥其优胜劣汰的根本作用。因此，有必要厘清政府和协会各自的职责边界，必须在保证其独立性的基础上，充分发挥行业协会协调、监督、传递等作用，实现两者合作的局面。

企业对质量安全的社会监督责任主要通过对同行业的互相监督及相关联企业的制约而完成。行业内的监督相比政府的行政监管，在一定程度上更能发挥积极的作用，产生预期甚至更大的监督效果。其监督本质在于市场的优胜劣汰与行业内互助合作，由于行业内企业大多存在既相互竞争又相互合作的交易模式，使得企业发挥社会监督作用的成效会直接影响企业自身的利益，利益驱动性及效果的巨大影响使得企业更愿意自愿地履行质量安全的社会监督责任。与此同时，企业对相关联企业的质量安全监督主要体现在对上游企业供货的质量安全制约上，其主要通过规范企业进货源头及原料的质量安全来实现关联企业的质量安全监督职责。因此，行业协会的发展亟须政府放权，同时要进一步改善外部的制度环境，建立和完善相关的法律制度，为行业协会的发展保证空间。行业协会所发挥的作用是一方面能够维护自身行业利益，另一方面也能够推动政府角色的转变与行政效率的提高。

第六章 治理视角下现代质量监管的机制优化

改革开放以来，随着经济的快速发展，物资不再像计划经济时代那样短缺。消费者不再仅仅满足于物品的数量需求，而是更加看重物品的品牌、舒适度、质量。目前，改革进入深水区，经济领域正实施供给侧结构性改革，首要任务就是去产能、去库存，这就意味着过去生产的物品数量太多，但高质量的物品却相对较少。人们的收入和消费水平提高了，但物品供给主要还停留在数量而非质量上，还不能适应社会对物品质量的需求。因此，为了推动经济结构优化升级，加快经济发展模式转变，实现经济发展由低水平供需平衡向高水平供需平衡跃升，必须坚持以质量和效益为中心。要提高产品质量，除了企业需要发挥技术升级、管理创新等主体作用外，更需要发挥以政府为主导的质量监管作用。质量监管是一个复杂和有机体系，需要各组成部分相互协调、密切配合，才能发挥体系的功能。质量监管机制反映的就是该体系各组成部分之间的相互关系和运行逻辑。因此，优化质量监管机制是建立和完善现代质量监管体系的关键。

第一节 监督抽查与定期监督检验机制

产品质量监督抽查是质量监管部门履行产品质量监管职能的主要手段之一。《产品质量法》第十五条规定，国家对产品质量实行以抽查为主要方式的监督检查制度，对可能危及人体健康和人身、财产安全的产品，影响国计民生的重要工业产品以及消费者、有关组织反映有质量问题的产品进行抽查。据有关部门统计，国家监督抽查平均合格率从 1993 年的 70.4% 提高到 2017 年的 91.5%，提升了 21.1 个百分点。

一、监督抽查机制

根据相关法律法规规定，政府对产品质量的监督，实行以监督抽查为主要方式的监督检查制度，对重点产品同时实行定期监督检验制度。监督抽查工作由省人民政府技术监督管理部门组织、协调。县级以上人民政府技术监督管理部门可在本行政区域内组织抽查，所需经费由同级财政拨款。各级人民政府有关主管部门组织的抽查，其计划应报同级人民政府技术监督管理部门协调，抽查所需经费在部门自有资金中开支。

产品质量监督抽查的范围主要包括三个方面：一是可能危及人体健康、人身、财产安全的产品，如化妆品、压力容器、易燃易爆产品等；二是影响国计民生的重要工业产品，如农药、化肥、种子、计量器具、烟草，以及有安全要求的建筑用钢筋、水泥等；三是消费者、有关社会组织反映有质量问题的产品，包括群众投诉、举报的假冒伪劣产品，掺杂掺假、以假充真、以次充好、以不合格产品冒充合格的产品，造成重大质量事故的产品等。

根据《产品质量法》的规定，抽取的样品应当在市场上或企业成品仓库内的待销产品中随机抽样。这是因为产品质量监督抽查活动是产品质量监督部门代表政府进行的一种市场监督管理活动，这种监督管理活动的范围一般应仅限于流通环节，而不能扩大到企业内部，并且对于未进入流通的产品，企业也不负质量责任。要求随机抽取样品，则可以防止生产者、销售者弄虚作假，保证抽样检查的客观性、公正性。

二、监督抽查后的整改机制

通过监督抽查，发现不合格产品，并及时跟踪对不合格产品生产企业后处理的情况显得非常重要。这就要求要完善产品质量监督抽查后处理整改工作现场管理办法。

在分工上，要明确规定不同层次的监督抽查对组织部门的要求。通过明确的分工，使不同层次的整改现场核查工作，既有上级领导部门的精心组织，又有基层人员的参与；既有产品质量监管部门的工作人员参加，又有技术专家到场，现场核查工作真正做到有理有序。

在整改材料上，不合格企业提供翔实的整改材料供核查组审核是较为重要的一环。根据要求，不合格企业应向核查组提供详细材料。这些材料要有助于帮助核查组判断企业的合法经营的身份，企业产品不合格产生的根源以及企业对产生问题原因的判断是否正确，同时要反映出原不合格的产品处置方法是否得当，包括是否采取了合理措施尽可能减少了对社会产生的影响，这些材料是否对企业整改有实效，是否为杜绝类似问题再次发生提供了措施上的有力保障。

在时限上，为了保证核查的时效性，要明确规定整改和核查各个阶段的时间要求。产品质量监管部门在收到企业复查申请后 15 日内必须到现场进行现场核查，同时规定，对整改方案需完善、整改措施需改进的不合格企业，现场核查组应书面提出改进建议，并给予 7—30 天的整改期。

在结论上，核查结论必须规范。整改结论分为三种，即合格、继续整改、不合格。其中整改方案科学合理，整改措施落实到位，整改工作成效显著，现场核查结论为合格；整改方案需完善，整改措施需改进，整改工作成效不明显，现场核查结论为继续整改；整改工作未按要求进行，整改措施不恰当，整改工作未见成效，现场核查结论为不合格。

在抽样上，对现场核查结论为合格的企业，现场核查组按照要求抽取复查检验样品，现场抽样应按产品要求填写抽样单，抽样单上信息应记录齐全，并封好样品，由企业在指定时间内送达受质量监管部门委托的检验机构进行整改复查检验；现场核查结论为继续整改的企业，暂不抽取样品，现场核查结论合格后，方可抽取样品进行复查检验；现场核查结论为不合格的企业，不抽取复查检验样品。抽样复查是现场核查的最后一关，通过抽样检验可以最终验证企业整改措施是否科学有效，整改后生产的产品是否符合标准的要求。

总而言之，现场核查就是要做到细和严，同时切实做到"四个搞清"：不合格产品原因要搞清，不合格产品数量（品种、批次）要搞清，不合格产品流向要搞清，不合格产品处置要搞清。最后，要保证现场核查的严肃性，不能走过场。

三、完善定期监督检验机制

定期监督检验机制依托既有监管体制展开，对应不同的监管体制，可以从不同方向上完善定期监督检验机制。

首先，基于等级性的定期监督检验机制。按照系统层次等级性原理，纵向建立区（县）质量监管部门、质量监管区域责任组、企业（社区）监督员三级网格的递阶式纵向基本体系结构，明晰各层级网格责任，实施网格分级分类监管。其中区（县）质量监管部门为一级网格，负责网格化监管整体工作的组织领导和督察督办，搭建网格化工作指挥协调中枢和综合信息处置平台，统筹兼顾，抓好网格化工作的计划、部署、指导、协调、检查、考核、总结等环节的工作落实；质量监管区域责任组为二级网格，作为整体网格化的关节点，负责指导协调各片区网格监管工作并提供专业业务支持，全面掌握网格内日常监管工作的基本情况，计划、组织落实一级网格部署的各项监管任务，负责抽查重点区域、企业和产品，解决和反馈日常监管中出现的突出问题，并对三级网格日常工作进行督促、检查、考核和评估，组织、协调网格内违法行为的查处工作；企业（社区）监督员为三级网格，构成一线网格单元，负责基础网格监管内容的具体执行（含信息登记、综合评估、日常巡查、跟踪整改、问题反馈等内容），对监管对象实施分类信用监管。

其次，基于开放性的模块监管结构按照系统开放性原理，横向建立企业、基层政府、职能部门、社会力量四类模块，整合各方优势，化有限监管资源为无限网格发展。其中企业模块层面，以强化其网格主体责任为根本，借助企业质量安全主管、行业协会、产业联盟等有形载体，构筑质企网格模块横向对接平台，逐步引导企业以标准、质量、服务和效益为重点，建立健全质量管理体系、质量诚信体系和产品质量安全岗位责任体系，切实全面落实主体责任；基层政府模块层面，以法律法规明文规定基层政府应承担的属地责任为出发点，助推质量监管网格化监管工作纳入基层政府年度绩效考核指标，强化基层政府在质量监管网格化工作中的主导作用，以二级网格质量监管区域责任组设立为切入点，积极争取当地政府支持，实现质量监管与基层政府组织设置上的有机融合，同时优先吸纳村委（社区）工作人员兼职质量监管协管员，最大限度地延伸质量监管网格至监管一线；职能部门模块层面，在当地市区政府的统一组织领导下，在清晰界定各部门监管职能的基础上，积极探索业务交叉覆盖区域的合作机制，强化跨部门业务对接，以信息共享、协同联动为标准，实现质量监管网格监管由单部门治理向多部门综合治理转变；社会模块层面，以发挥社会舆论监督力量为补充，在既有的12365投诉举报系统、行风监督员、廉政反馈卡等监督模式上，结合各网格特点，创新思路，围绕企业违法行为和质量监管廉政履职两条监督主线，拓宽监督渠道，构建多元化监督方式。

最后，基于整体性的综合监管格局。按照系统整体性原理，以构建"大质量"工作机制为目标，改变既往分线监管模式，在三级网格层面，着力推行综合监管模式，优化网格资源配置，即根据监管对象个体需求差异，将质量、标准、计量、特种设备等各项监管任务科学组合、灵活"捆绑"，将日常监管与专项监督有机融合，通过质量监管执法人员、专业技术人员、相关职能部门以及质量监管协管员的灵活配组，构建一支"一专多能"的综合监管队伍，运用法律、行政和技术手段，实施全方位、深层次、多领域的综合监督。

第二节　质量安全风险与分级监管机制

风险管理是研究风险发生规律和风险控制技术的一门新兴管理科学。政府风险管理是包括政府识别、评估和判断风险，采取行动预测风险和减轻后果，以及监控和回复进展等活动的全部过程，体现了政府对社会风险的应急能力、处理能力和控制能力。质量安全风险是社会风险的重要组成部分，直接关系着人民群众日常生活。检验属于事后控制，监管属于事中控制，监管引入风险管理可以做到事前控制。

一、质量安全风险

安全风险在产品生产、流通等领域以及检测方面是广泛存在的，在不同的质量监管领域有着不同的表现，下面以特种设备和重点工业产品为例对之做简要的说明。

特种设备质量安全存在的风险主要表现在以下几个方面：

1.气瓶——非法改造、翻新和报废的气瓶流入使用环节，使用违规充装翻新、改造、报废气瓶，同时在液化石油气中非法掺入二甲醚等。

2.电梯——数量快速增加，采购环节压价竞争、功能简化，安装过程违规操作，使用中超期未检、维保不到位以及设备逐步老化、使用管理混乱和个别乘客的不安全行为、"人机比"矛盾愈加突出、安全责任未完全落实等。

3.大型游乐设施——大多数制造企业技术力量薄弱，加之管理不规范，不重视维护保养，设备使用阶段性频繁、操作人员水平不高，设备老化以及少数假冒伪劣产品流入游乐场所等，导致发生高处坠落、倒塌、挤压等事故的风险增加。

重点工业产品质量安全存在的风险。一是制度风险。监管制度建设滞后于监管工作需要；监管制度之间衔接不够，造成监管错位和缺位；风险应急处置机制不完善，应对突发事件的预见性、前瞻性、防范措施不系统、不完善。二是企业风险。问题主要集中在中小企业，这些企业法制诚信意识差，质量管理基础薄弱，技术水平低，生产工艺水平落后等。三是产品风险。无证生产、超许可范围生产问题仍然存在；产品标识标注问题突出，偷工减料、掺杂使假、以次充好等质量安全问题依然存在。

除了上述直接与产品质量有关的风险外，质量安全风险还表现为对上述风险的监管过程中可能存在的各种非技术性的风险，这直接与对上述风险的检测及监管能力有关。具体讲即管理体系运行不规范、不严格，专业技术人员紧缺，特别是在关键岗位的专业技术人才配置比例偏低；基层检测设备数量不足、陈旧、自动化程度不高。还有极少数机构在利益驱动下，少数工作人员职业道德缺失，弄虚作假，损害了质量监管部门的权威性和公信力。

二、质量安全风险分级监管机制

针对产品质量风险，就需要推行风险分级管理。风险分级管理的目的，是要按照"抓重点、提效率、保安全"的原则，按照风险高低对生产企业进行分级，以抓住监管工作重点，合理配置行政资源，把有限的监管资源用于更需要的地方，使监管更加具有针对性，切实提高产品安全监管工作效能，建立健全生产加工环节产品质量安全监管长效机制。这就需要：

（一）全面科学地开展企业风险等级评估

首先，强调评估的科学性，使评估结果更加准确合理。一是鉴于影响产品安全的危害因素有着不同的来源，需要采取不同的措施加以控制，从原料把关、生产过程把关和产品出厂把关等环节，逐项对企业在生产加工过程中控制危害因素的能力分别进行评估并分级，危害控制能力等级最低者确定为该企业的风险等级。二是应对产品加工风险影响程度有高有低，对不同评估项给予不同权重，使评估结果更加贴合企业实际。三是采取"是"和"否"判断的方式逐项进行评估，避免常规打分评估因人为主观因素容易造成评估结果失准，使评估更加科学合理。四是由于产品抽样检验结果间接反映了企业质量管理水平和危害控制能力，两年内有监督抽检不合格的企业，在风险等级评估的基础上降低一个等级。其次，强调评估的动态性，实行升降级制度。生产企业的生产环境条件、工艺设备、技术基础和质量管理水平可能不断改进提高，也可能出现下滑现象，其对危害控制能力就随之变化，因此，风险等级不是固定的，而是需要动态管理。为准确掌握企业实际存在的风险状况，依据监督检查和抽样检验等日常监管工作掌握的实际情况，每年定期对生产企业的风险等级进行调整，实行升降级制度，以此保持企业风险等级动态，真实反映企业现时风险等级水平，防止出现评级终身制。

（二）抓重点和有针对性地实施风险分级监管

依据风险等级将生产企业分为若干个监管等级，并推行分级管理模式，抓住监管工作的重点，有针对性地开展监督检查和抽样检验等日常监管工作。首先，要强化档案管理。档案管理是产品安全监管的基础。全面掌握生产企业的生产规模、生产条件、产品品种和质量管理状况等基本情况，建立完善产品安全监管档案，实行"一企一档"，并按照风险等级，用红、黄、绿等颜色对监管档案进行分类管理。其次，实施分级监管。对不同监管等级的生产企业实行不同的管理方式，有重点地实施监督管理。A级企业，属于低风险等级，产品质量安全的控制能力较强，实行常规监管；B级企业，属于中等风险等级，产品质量安全的控制能力一般，需要重点监管；C级企业，属于高风险等级，产品质量安全的控制能力较弱，需要严加监管；等等。为从根本上防范产品安全风险，针对社会关注程度较高、消费者投诉较多或覆盖面大、销售渠道广的产品或生产企业，视实际情况适当增加巡查和监督抽查的频次，对高风险产品确保每季度最少巡查一次，每年抽检不低于三次。

（三）抓培训教育和有针对性地开展指导帮扶工作

在质量监管工作中，要将培训教育作为实施风险分级监管的重要补充手段，对出现风险等级下滑的生产企业开展有针对性的指导帮扶，让企业找准差距，及时改进提高。首先，以一级网格为主导，构建企业风险评估管理体系，强化网格内风险的识别、分析和评估，为后续风险预警和风险处置提供数据支持和决策依据。其次，以二级网格为节点，建立风险预警反馈体系。利用风险量化评估体系对本级网格进行风险评级，对存在潜在风险的三级网格实施分类预警，并将风险处置结果及时反馈一级网格，做到"整体掌控、提前预警、实时反馈、快速处置"。最后，以三级网格为核心，建立风险处置体系。风险处置体系的建立要重点推进三项工作：一是要在整个网格层面规范风险处置程序，统一执行标准，为一线网格监督员提供翔实的操作指引。二是以综合监管为手段，整合三级网格横向资源。通过宣传培训、专家会诊、技术帮扶、联合执法等监管措施，以提高企业自身内控能力为根本，充分发挥企业监督员自查自纠的能动性，将网格风险遏制在萌芽状态。三是要建立完善邻近网格互补互查机制，即邻近网格监督员确立为AB角色，二者在执行日常监管的过程同时，复核对方上次综合监管状况，如有发现重大问题，及时反馈上级网格，对风险处置结果实施"二次复核"，增强风险处置过程的实控性。

第三节　质量缺陷产品召回机制

　　缺陷产品召回制度是为了保护作为弱势群体的消费者的利益而设置的一项制度。早在 20 世纪 60 年代，该制度就产生于美国并在许多国家得到推广。而在我国，从 2004 年 10 月 1 日开始实施的《缺陷汽车产品召回管理规定》以来，医疗器械、缺陷消费品等也都出台了一系列召回管理办法。近几年来，随着东芝笔记本电脑事件、苏丹红事件、雀巢奶粉事件等缺陷产品案的频频发生，我们应该清醒地认识到，建立我国的缺陷产品召回制度已是当务之急。

一、缺陷产品召回制度存在的问题

　　从我国现行立法看，涉及缺陷产品召回制度的法律规范主要有《消费者权益保护法》、《缺陷消费品召回管理办法》以及《缺陷汽车产品召回管理规定》等。实践中，产品召回的案例近年来也时有发生。这其中既有国家强制实施的，也有经营者主动实施的召回。缺陷产品召回制度在立法和实践上还存在若干问题：

　　一是现行规范适用范围狭窄，效力层次低下，使我国的缺陷产品召回制度缺乏应有的权威性。《上海市消费者保护条例》作为我国首个将召回制度明确列入条文的地方性法规，仅适用于上海市，适用地域范围狭窄，效力层次较低。《缺陷汽车产品召回管理规定》是我国第一个真正意义上的缺陷产品召回制度。该规定明确界定了"缺陷汽车产品"、"缺陷汽车产品召回"等概念，并对召回义务主体、召回管理主体、召回程序、法律责任等都作出了详细、完整的规定。但只适用于部分汽车产品，且只是一个部门规章，效力层次同样太低。

　　二是现行规范原则性过强，缺乏可操作性，无法在实践中加以具体运用。且不论《消费者权益保护法》第十八条的规定到底是不是真正意义上的缺陷产品召回制度，仅就其规定的内容而言，其对缺陷产品召回的管理主体、召回的程序、经营者的责任等都没有作出明确规定，因而这条规定形同虚设，实际上无法操作。《上海市消费者保护条例》明确使用了"产品召回"概念，但在内容规定上仍然十分粗略，原则性较强，缺乏可操作性。

三是召回管理主体不明以及管理主体不具备专业性，导致缺陷产品召回制度的功能难以真正实现。《消费者权益保护法》和《上海市消费者保护条例》涉及召回管理主体时的用语都是"有关行政部门"、"有关行政管理部门"，指向不明确。长期以来，我国政府部门分工不明、职能不清，数个部门在同一个问题上既都有权管理，又都可以推诿不管。

二、构建统一的缺陷产品召回机制

针对这些问题，需要修改现行立法相关内容，构建以"缺陷产品召回法"为核心的缺陷产品召回法律制度体系和机制。

首先，制定有关缺陷产品召回制度的基本法律，并根据产品分类分别制定相关具体规范。美国是世界上最早确立缺陷产品召回制度的国家，也是缺陷产品召回制度立法较全面的国家。美国于 1966 年制定了世界上第一个有关缺陷产品召回的法律规范《国家交通与机动车安全法》后，又逐步在多项关于产品安全和公众健康的立法中引入了召回制度，如《消费者产品安全法》、《儿童安全保护法》等。这些法案构建了美国的缺陷产品召回制度的法律框架，使美国成为缺陷产品召回制度最为发达的国家。在我国缺陷产品召回制度的构建中，可以采取"拿来主义"，少走一些弯路，借鉴美国的立法经验，并结合我国的立法现状，制定"缺陷产品召回法"，确立缺陷产品召回制度的立法宗旨、基本原则、执法主体、召回标准、召回程序和法律责任，从而保证缺陷产品召回制度具有较高的法律效力。对不同类别的缺陷产品的召回，可以"缺陷产品召回法"为法律依据，制定具体的操作规范。

其次，修改《产品质量法》关于"产品缺陷"的界定，统一产品召回标准。召回产品的前提是产品存在缺陷，因而"产品缺陷"是缺陷产品召回制度中关键性的概念。我国《产品质量法》第四十六条规定："本法所称缺陷，是指产品存在危及人身、他人财产安全的不合理的危险；产品有保障人体健康和人身、财产安全的国家标准、行业标准的，是指不符合该标准。"根据此条规定，产品不符合保障人体健康和人身、财产安全的国家标准、行业标准的，当然构成产品缺陷。如果产品符合国家标准、行业标准，但仍存在危及人身、他人财产安全的不合理的危险，是否构成产品缺陷呢？一般而言，由于某类产品直接关系到人体健康和人身、财产安全，为使这类产品比其他产品更具安全性，国家会颁布一些强制性的标准，而根据这条规定，这些强制性的标准反倒成了这类产品逃避责任的护身符。

再次，建立分工明确、各司其职的缺陷产品召回管理机构体系。在产品召回制度比较发达的美国，有权发布强制召回产品命令并对产品召回情况实施监督的主管部门不止一个。为数众多的一般消费品的召回，由消费品安全委员会负责。而一些特殊商品的召回，则由其他一些专门的主管机关负责。如机动车辆的召回由美国运输部下设的国家公路交通安全管理局负责；食品的召回由美国人类健康与服务部下设的联邦食品药品管理局负责；杀虫剂的召回由美国环境保护局负责；等等。如前所述，我国产品召回管理主体不明，以缺陷汽车产品管理为例，有管理权限的部门有国家质检总局、中国车检中心、海关总署、公安部、国家工商管理局，但又没有一个部门可以一管到底。基于此，我国必须改变政府职能交叉重叠、分工不明的现状，建立起分工明确、各司其职的缺陷产品召回管理机构体系。在具体制度设计上，可以从我国政府职能机构设置的现状出发，并借鉴美国的经验。比如，国家质量监督检验检疫总局负责一般消费品的召回管理；交通部负责对汽车、摩托车及相关设备、轮胎等产品的召回管理；国家环境保护总局负责可能对环境造成破坏或污染的产品，如杀虫剂、鼠药、油漆、黏合剂等的召回管理。

最后，明确法律责任，加大惩罚力度。对缺陷产品召回制度进行立法时，对法律责任要作出明确的规定，借鉴西方发达国家在这方面的惩罚性赔偿制度，在科学设定违法行为的法定成本的基础上，科学设定赔偿数额，增加违法成本，倒逼厂商在处理产品问题时，能更倾向于有利于消费者的措施，避免他们漠视自己该承担的法律责任。同时也可根据不同的违法情节给予不同的处罚措施，加大惩罚力度。但惩罚毕竟不是我们追求的最终目的，关键点还在于预防，要在产品还没有对消费者的人身和财产造成损害前就得到有效的处理。但是在目前的缺陷产品召回实践中，大多数的生产者处于被动地位，在产品缺陷没暴露前，他们不会主动地去预防，召回存在缺陷的产品。甚至在产品缺陷暴露后他们也不会积极地采取有效的措施召回产品以防止损失的进一步扩大。因此，在立法时根据生产者在产品投入市场前召回还是在投入市场后召回，采取不同的处罚措施，再根据缺陷产品生产者对于召回所采取的态度而规定不同的处罚措施，从而激励生产者努力提高产品的质量，将合格的产品投入市场。

第四节　追责与惩戒机制

在对产品质量进行监管过程中发现的问题，除了及时给予引导和规范外，还需要重视追责与惩戒，这需要对产品生产和流通过程中的责任进行追溯，需要从各个环节建立责任惩戒机制。

一、完善监督问责机制

缺乏监督问责的产品质量监管机制容易滋生失职渎职、贪污腐败，易导致产品质量问题解决不力，只有完善产品质量监管问责机制，才能促进监督管理过程公平、公正、公开，才能提升监管成效，维护和增进百姓利益，捍卫和促进社会正义。

（一）改善公众监督机制

公众作为政府治理结果的直接承受者，对政府治理的过程和结果最有发言权，因此，必须完善公众监督机制来保障公共监督权力的实现。公众监督是"普通公民和公民组织，通过合法的渠道参与公共权力机关运行并对公共权力机关及其工作人员的活动进行监督和督促的政治行为"[1]。产品质量监管领域，公众监督的实质是群众对政府机构及其人员的监督，其主要形式有举报监督、信访监督、控申监督等。政府为保障公众监督顺利进行，必须修缮公众监督机制，主要从以下三方面进行：第一，实现群众监督法治化、规范

---

[1] 肖峰：《我国公共治理视野下"公众"的法律定位评析》，《中国行政管理》2016 年第 10 期。

化。通过完善相关法律法规，出台《公众监督细则》等规范性文件，从法律上赋予公众监督政府的权利，从法规上给予公众监督政府的便利，明确公众举报、上访、控申的权利、义务及应负的法律责任，明晰保密原则、检举程序、办理期限等。第二，维护公众参与监督实践活动的权益。建立严格的监督工作保密制度，科学设置举报途径，如电话、信箱、邮箱等相关设施。对打击、抱负举报人的行为要依法追究相关责任。第三，培育公众参与监督的意识。公众监督机制的正常运转以公众的监督意识为支撑，意识决定行为取向，影响行动的深度和广度，是监督的驱动力和信念支持。政府要通过文化教育、政治指导、民意听从等方式大力培育公众的监督意识。通过改善公众监督机制，取得以下进展：一要实现全程监督，任何权力的腐败都有一个滋长产生、发展恶化的过程，只有公众对政府监管的程序、事项、结果的合法性与合理性进行经常性监督，才能及时消除公职人员违法违规现象；二要实现全民监督，每个人从维护社会公平正义的角度，本着社会公共利益最大化的考虑，通过举报、揭发、曝光政府在监管产品质量过程中的贪污、腐败、不公、失职、渎职等违法违规行为，督促政府良性运行权力，为公众谋福利。将监管放在阳光下进行，有利于最大程度保证程序合法、过程公平①。

（二）优化舆论监督机制

舆论监督是人民的一项基本权利。《宪法》第四十一条规定："中华人民共和国公民对于任何国家机关和国家工作人员，有提出批评和建议的权利；对于任何国家机关和国家工作人员的违法失职行为，有向有关国家机关提出申诉、控告或者检举的权利，但是不得捏造或者歪曲事实进行诬告陷害。"这是人民开展舆论监督的基础。舆论监督是宪法赋予人民言论自由、出版自由等权利的体现，它主要通过报纸、杂志、书籍、广播、电视、网络等媒介实施对国家机关及其工作人员的监督，对国家事务及社会事务的监督。

舆论监督基于覆盖面广、迅速及时、震慑力强、聚焦性强等特点，对完善产品质量监管起到强有力的监督作用。政府要从以下方面优化舆论监督机

---

① 崔卓兰、宋慧宇：《论我国食品安全监管方式的多元化》，《华南师范大学学报（社会科学版）》2010 年第 3 期。

制：第一，完善舆论立法。一方面保障舆论正常进行的权利，落实新闻的知情权、采访权与监督权，严禁领导干部出于个人利益、人情关系、地方保护插手舆论监督，对严重阻拦记者暗访、殴打记者、非法限制记者人身自由、压制报道或者给媒体施加压力的人实施责任追究；另一方面明确舆论对真实性、科学性负责的义务。世界上没有不受约束的权利，新闻传媒运用宪法以及法律赋予的权利实施监督，同时承担相应的义务，只有行使权利的同时重视义务，才能使舆论监督符合人民利益、社会要求，才能做到对人民和社会负责①。第二，加强媒体自律机制。提高媒体记者的专业素养，强化职业道德教育，坚持实事求是、依法报道、秉公处理的原则，严禁有偿新闻或者为了金钱利益掩盖事实真相等不良现象发生，切实维护舆论监督的公正性。舆论监督要有重点、有针对，综合专家及权威的意见，为公众消解疑惑，弥补政府部门反应速度不够快等缺陷。第三，加强网络舆论监督法治建设。网络凭借即时性强、方便性强、透明度高、版式多样等特点，越来越成为舆论监督的一种重要形式。但是，网络的虚拟性、无序性难免带来一些负面影响，因此，必须加强网络舆论的法治建设，确保其依法实施。政府可以根据公众关注的焦点话题，及时设置议题，通过引导舆论导向，把握舆论的方向与重点，或者根据群众的兴趣，与其深入交流，同样达到引导舆论的目的。

（三）健全监管问责机制

在质量监管过程中，监管问责机制不可或缺。目前，虽然有部分官员因为监管不到位受到问责，但是由于缺乏程序化的问责机制，问责只是权宜之计，呈现出不公开、不透明、不系统等弊端，曾被追究责任的官员事后悄然复出，引发舆论哗然和公众质疑，责任追究的效果令人难以信服，导致政府公信力下降。健全问责机制从以下三方面着手：第一，引入各级人大作为问责主体，实现问责主体多元化。问责主体有两种，一种是同体问责，指组织系统内部对其成员的问责；另一种是异体问责，指组织系统外部对其成员的问责。目前，我国实行同体问责居多，即同一系统内上级部门对下级部门的

---

① 胡桥：《中国〈食品安全法〉的监管权限漏洞研究》，《浙江大学学报（人文社会科学版）》2013 年第 6 期。

监督。同体问责有许多弊端，如担心系统利益受损而"睁只眼、闭只眼"、彼此相熟而息事宁人，导致问责机制无法正常实施。为解决同体问责不到位的问题，要完善异体问责，异体问责主体包括人大、各党派及人民团体和普通大众等。鉴于国民素质以及问责效率的原因，可以率先引入各级人大机关作为问责主体，通过加强和完善各级人大及其常委会对行政监管机关的质询、审议、调查、追究、罢免等权利，促使问责机制落到实处，真正起到监督制约作用。第二，扩大问责客体范围，全方位监督权力行使。从质量监管的实际情况看，除了行政机关具有监督管理权力之外，质量检测事业单位也具有判定产品质量是否符合标准的职能，二者共同履行对产品质量安全的监督管理职能。因此，在问责客体上，不应局限于行政监管部门，也需要包括相关事业单位，因为它们掌握了部分公共资源，行使了部分公共权力，理应被纳入问责客体范畴，严格防范有权无责或无权有责现象的发生。第三，规范问责程序，防止问责走过场。程序是规范的法治和恣意的人治之间的分水岭，问责程序化对于法治建设具有里程碑意义[①]。问责程序包括启动、实施、救济等阶段及其具体环节。首先，问责的启动，当质量技术监督部门以及质量计量检测所在制定、执行相关决策过程中出现重大失误引发公共利益受损时，任何公民和组织都可以建议启动问责。其次，问责的实施，包括确定问责主体和问责客体，对事件开展组织调查，以及追究相关责任人员的责任。问责机制运行的关键环节是过错责任追究，一切以事实为依据，以法律为准绳，对有过错的行为坚决、严厉追究，防止问责机制变成形式主义。最后，问责的救济，没有救济的权利不是真正的权利，权利的实现必须以有效救济为保障，救济的实施一方面使问责机制落到实处，另一方面防止问责客体被逼就范，能够维护自身合法权利。健全问责机制能给社会带来以下积极影响：一是防止权力滥用，预防官员腐败；二是确保公共资源用于提升公共利益，实现社会公平、公正；三是提高政府效率和社会效益；四是提高政策的透明度与合法性。

[①] 肖海龙：《行政问责程序的作用及其设计》，《法制与社会》2012 年第 14 期。

二、全环节责任追溯机制

企业的质量主体责任落实机制不健全。《质量发展纲要（2011—2020年）》提出从严格企业质量主体责任、提高企业质量管理水平、加快企业质量技术创新、发挥优势企业引领作用、推动企业履行社会责任等五个方面强化企业质量主体作用。然而，在现行《产品质量法》中，"产品质量的监督"位列"生产者、销售者的产品质量责任和义务"之前，企业的产品质量主体责任没有得到充分凸显。该法同时规定：可能危及人体健康和人身、财产安全的工业产品，必须符合保障人体健康和人身、财产安全的国家标准、行业标准；未制定国家标准、行业标准的，必须符合保障人体健康和人身、财产安全的要求。这就可能导致企业将最低准入要求的国家标准、行业标准作为其最高追求，事实上目前也确实是不少企业的生产经营准则。特别是，该法同时规定生产者能够证明将产品投入流通时的科学技术水平尚不能发现存在的缺陷的，不承担赔偿责任。这也可以在一定程度上解释为什么跨国公司针对存在缺陷或风险的同一款产品，在其他国家或地区进行召回而在我国大陆市场往往很少采取召回行动。

建立全环节责任追溯机制，加快建设和完善以社会统一信用代码和身份证号码等为基础的实名制信息共享平台体系，建立产品质量全环节可追溯体系，有效搭建起健全的质量追溯链条，形成质量责任可追溯和联合惩戒机制。深入推进"互联网＋质量治理"工作，充分利用电子信息技术，开发信息系统，建立质量责任首负承诺制信息平台，搭建桥梁，实现数据共享、实时沟通交流，推动企业落实质量首负责任。完善缺陷产品召回机制，建立健全相关法律法规体系，明确企业对投入流通时的科学技术水平尚不能发现存在缺陷的产品承担召回责任，加大缺陷产品召回监管工作力度，督促企业切实履行缺陷产品召回义务。缺陷产品对消费者造成伤害的，企业应进行赔偿。

三、建立追责与惩戒机制的瓶颈

《产品质量法》规定了质量监管过程中对不合格产品的惩戒方式，如生产、销售不符合保障人体健康和人身、财产安全的国家标准、行业标准的产品的，责令停止生产、销售，没收违法生产、销售的产品，并处违法生产、销售产品（包括已售出和未售出的产品），货值金额等值以上三倍以下的罚款；有违法所得的，并处没收违法所得；情节严重的，吊销营业执照；构成犯罪的，依法追究刑事责任。在产品中掺杂、掺假，以假充真，以次充好，或者以不合格产品冒充合格产品的，责令停止生产、销售，没收违法生产、销售的产品，并处违法生产、销售产品货值金额百分之五十以上三倍以下的罚款；有违法所得的，并处没收违法所得；情节严重的，吊销营业执照；构成犯罪的，依法追究刑事责任。生产国家明令淘汰的产品的，销售国家明令淘汰并停止销售的产品的，责令停止生产、销售，没收违法生产、销售的产品，并处违法生产、销售产品货值金额等值以下的罚款；有违法所得的，并处没收违法所得；情节严重的，吊销营业执照。销售失效、变质的产品的，责令停止销售，没收违法销售的产品，并处违法销售产品货值金额二倍以下的罚款；有违法所得的，并处没收违法所得；情节严重的，吊销营业执照；构成犯罪的，依法追究刑事责任。伪造产品产地的，伪造或者冒用他人厂名、厂址的，伪造或者冒用认证标志等质量标志的，责令改正，没收违法生产、销售的产品，并处违法生产、销售产品货值金额等值以下的罚款；有违法所得的，并处没收违法所得；情节严重的，吊销营业执照。拒绝接受依法进行的产品质量监督检查的，给予警告，责令改正；拒不改正的，责令停业整顿；情节特别严重的，吊销营业执照。产品质量检验机构、认证机构伪造检验结果或者出具虚假证明的，责令改正，对单位处五万元以上十万元以下的罚款，对直接负责的主管人员和其他直接责任人员处一万元以上五万元以下的罚款；有违法所得的，并处没收违法所得；情节严重的，取消其检验资格、认证资格；构成犯罪的，依法追究刑事责任。但这些规定还相对零散，缺乏明确的执行主体，对责任的界定还比较模糊，不能很好地为惩戒提供合理依据。当前，建立产品质量监管追责和惩戒机制还存在三个方面的难点。

一是没有明确的法律、法规和政策依据为后盾，制约了责任及追究机制的建立。在现行的市场经济法律体系中，只有《产品质量法》第三十三条"销售者应当建立并执行进货检查验收制度，验明产品合格证明和其他标识"，第六十五条"各级人民政府工作人员和其他国家机关工作人员有下列情形之一的，依法给予行政处分；构成犯罪的，依法追究刑事责任"和《消费者权益保护法》第十八条"经营者应当保证其提供的商品或者服务符合保障人身、财产安全的要求"的条款较为抽象地规定了经营者经销商品质量的要求，但并没有明确规定出"具体操作"的部门和经营者不履行义务时所应承担的相应责任及监管中应采取的措施，同时在对商品经营者的商品质量问题、不良行为的公示及对市场开办者的监督等方面也没有明确的法律、法规和政策作为指导依据，这在一定程度上为责任追究机制建立带来了困难。如果工商执法监管中要求了，而经营者未落实，如何监管操作？如何来界定责任？

二是商品质量监管中各职能部门职能界定不细，影响了责任及追究机制的建立。产品质量监管部门监管涉及面广、内容多，而当前法律、法规授权的却少，"头重脚轻"，在很多领域监管立足不稳，尤其是当前很多经营者加工、经营一条龙，既涉及生产领域又涉及流通领域；既有卫生方面问题，又有经营中违规行为；等等。客观上在监管中造成了职能部门间执法冲突，在监管中与其他职能部门存在较大管理争议。对监管中越位、缺位应如何来界定责任追究？

三是对责任追究的尺度难以掌握，妨碍了责任及追究机制的落实。客观地说，我国产品质量的总体状况隐患很多，监管难度非常之大，不确定因素很多，在追究质量责任时，界定困难，处理的尺度不易掌握。执行过严，会严重挫伤监管人员的工作积极性；执行过松，又会使质量监管制度流于形式。尤其是在目前经济还不发达的地区，经营者、开办者素质普遍偏低，对产品质量监管制度执行不理解，存在抵触，甚至不执行，而质量监督执法中又缺少必要强制手段，出现产品质量问题如何来追究相关人员的监管责任？

四、完善追责和惩戒机制的路径

针对这些问题，就需要重视完善追责和惩戒机制：

首先，加快产品质量监管的立法进程。就目前来看，制定一部对外明确产品质量监管职责，对内界定、细化各相关职能机构监管责任，并明确责任追究的法规应是当务之急。

其次，建立和完善日常监管与事后检查相结合的质量责任监管检查制度。责任追究制度是一种事后监管机制，它是出现问题后的一种补救措施，用以对责任人的警示。但是，我们建立追究机制的目的并不是单纯为了追究责任，其主要目的是为了切实提高监管水平和质量。因此，严格的日常监管和定期的事后检查制度是变事后处罚为事前、事中的防范与化解监管风险的主要措施，使监管工作更加有效地运行。在这方面，我们可以借鉴现代企业质量管理的做法：一方面，加强内部质量监管机制建设，强化过程控制，把事后责任评估的工作前移，为以后明确责任追究奠定基础；另一方面，要定期开展事后监管质量检查工作，可采取内部检查、同业互查、问卷调查等多种质量检查形式，以便能及早发现质量问题，防患于未然。

再次，积极加强产品质量监管的规范化建设。要有理有据地做好责任追究，就要求我们在这些措施执行中建立起规范性标准，如监管过程中要求监管人员详细记录监管日记，对每次巡查内容及发现产品质量问题做好记录，对预警或查处产品质量不合格经营者做好登记，等等。这些规定看似过于烦琐，增加了监管人员的负担，但只有严格规范监管基础工作，质量责任追究制度才能得到真正有效的施行。

复次，全方位积极建立监管工作责任机制，为产品质量监管工作起好保障作用。从实践来看，做好监管工作责任机制建立工作，要坚持从上至下，整体联动，分三个层次来建立：一是在领导层，实行领导包片责任制。从省、市到县（市、区）要建立一级抓一级、层层抓落实的领导责任机制，各级班子成员要层层确定包片（区）联系点。二是在专业层，实行职能机构负责制。对产品质量监管工作涉及的职能机构进行责任细化分解，各职能机构主要负责人作为产品质量监管工作相关任务落实的第一责任人。三是在基层管理层，实行目标考核责任制。按照产品质量监管要求，条块结合，有针对性地制定考核办法和考核细则。

最后，加大监管工作的威慑力。严格追究质量违法企业的法律责任，目的在于确保有关法令、标准得到严格遵守，创造良好的质量环境。法国的农产品认证标志归国家所有，一旦发现认证产品出现问题，该产品的认证标志将被立即取消并通报全国，遭受严厉惩罚，该企业永远不得再次申请认证。一方面，保护、鼓励靠质量赢得市场的生产企业利益；另一方面，为自觉保证质量安全的企业提供一个公平发展的平台。

第五节　质量监管行政约谈机制

近年来，随着我国全面推进依法行政，加快建设法治政府，行政约谈作为一种新型的柔性行政监管制度得以创立、实施和发展。多年的实践表明，行政约谈制度体现了服务型政府的理念，顺应了现代行政监管强调合作的发展趋势，践行了监管与服务相结合的原则，一定程度上弥补了我国现行法律的不足，对转变政府职能、提升监管效率发挥了积极的促进作用。

一、行政约谈制度

作为从行政执法实践中探索总结出的一种新制度，我国的行政约谈制度因不同的行政机关管理实践情况相异而在内容上有所不同。从广义角度讲，行政约谈制度是指行政机关根据行政管理活动的需要，针对行政相对人所进行的宣传、协商、指导、调查、警告、纠正违法等活动，是行政机关履行监管职责的手段和措施之一。

21世纪初，我国税务机关在充分借鉴香港地区及国外的成功经验基础上，开始在税务征收领域探索施行税务约谈制度，以作为法定的税务检查方法之外的管理手段。此后，随着理论研究和工作实践的不断深入，行政约谈制度在我国得到了快速发展，并呈现出以下特点：

一是发展势头迅猛。从实施的部门来看，目前已有包括税务、工商、环保、社保、监察、消防、发改委、国资委、食药监、质监等10余个政府部门尝试推行行政约谈制度；从约谈的内容来看，行政约谈已经由最初的税务稽查逐步扩展到包括城市管理、环境监察、消费维权、社保管理、安全生产、基金运行、人事监察等国家社会经济管理的方方面面，涵盖了政府行政管理的诸多内容，成为政府部门履行职责、强化监管的重要辅助手段；从约谈的对象来看，行政约谈已从最初的企业逐步拓展到包括企业、政府、行业组织等在内的社会管理的各个层面。

二是实践效果明显。行政约谈制度作为政府部门履行监管职责的一种新型手段，在管理实践中发挥了有效作用，产生了积极效果。首先，制度注重将行政监管由以往单一的命令强制方式向多元的柔性化方式转变，体现了服务和法治政府的理念，契合了当今文明和谐社会的发展要求，有助于倡导和优化社会的法制环境；其次，制度在一定程度上弥补了现行法律中的缺失和不足，是行政监管方式在实践中的创新、发展和完善，有助于提升政府部门的行政监管效能；最后，行政约谈制度强调沟通协商和宣传指导，注重发挥企业、行业组织等行政相对人的自我管理作用，有助于改善行政监管关系、提升相对人责任意识，促进行政目的的实现。

三是社会影响面大。行政约谈制度的内容往往是社会关注、政府关心、民众关切的重大事项，涉及国家社会经济活动中的焦点、热点、难点问题。比如，土地资源的利用、消费价格的涨跌、环境质量的保护以及重特大安全事故的查处等。因此，该项制度实行以来，一度引发社会各阶层的广泛关注，"约谈"一词也成为社会舆论和新闻媒体的热点词汇。

二、行政约谈对质量监管的意义

纵观我国行政约谈制度的发展历程，可以清楚地看到，该制度具有旺盛的生命力和现实的可操作性，对转变政府职能、提高行政效率、促进社会发展具有积极的作用。因此，将该项制度引入质监领域，并大力推广实施具有重要的现实意义。

一是质量工作全面发展的需要。质量监管部门承担着包括产品质量监督、特种设备监察以及行政执法、质量综合管理等诸多职能，行政监管内容涉及社会经济发展和民生安全保障的许多方面，职能范围广、职责要求高，迫切需要进一步改进工作方法，加强行政指导、协调和管理，使质量工作更加符合形势发展的需要，符合职能扩展的需要。

二是质量监管效能提升的需要。法律制度通常具有相对滞后的特性。当前随着我国国民经济社会的不断发展，部分质量法律法规难以满足迅速变化的社会现实的客观需要。作为政府行政监管手段的补充和配合，行政约谈制度一方面弥补了法律的空缺，有助于解决法律规定的滞后性问题；另一方面也通过行政部门的"跨前一步、提前介入",使行政监管行为前移,从而实现对可能损害公共利益的质量违法行为防患于未然的目的。从这一点来看,行政约谈制度无疑是行政监管方式的创新,是提高监管效率的有效手段。

三是社会各方落实质量责任的需要。质量工作是一项复杂的系统工程,需要社会各方的积极协作和共同参与。与以往通行惯用的行政强制手段相比,行政约谈制度更倾向于通过道德劝说、法律讲解、业务指导、政策诫勉等柔性化的方式来解决行政监管中遇到的问题,较好地体现了"教育与处罚相结合"的原则。将该制度应用于质量监管与执法中,将有利于提升社会各方的质量责任意识,有利于发挥企业、政府、行业组织等在质量工作上的主观能动性。

三、质量监管领域行政约谈机制存在的问题

通过多年的探索,目前我国的行政约谈制度在实践中逐步积累了经验,在法律依据、约谈内容、运行程序等方面日趋完善。与此同时,自 2011 年以来,部分地区的质量监管部门在行政处罚、特种设备监察等领域探索试行约谈制度。上述的实践经验,为行政约谈制度在质量监管领域的应用创造了有利条件。当然,必须清醒地看到,质量监管领域行政约谈制度起步较晚、发展较慢,在整个制度研究和体系建设方面还存在明显的不足。

一是法律制度不全。目前,在行政约谈制度开展较快的政府部门中,其制度规范多数体现为部门规章和地方性立法。比如,税务、安监等部门先后制定了相关部门规章,对行政约谈事项予以调整。与之相比,质量监管领域行政约谈制度主要散布于部分地区的基层质量监管部门,且多以部门的内部文件或工作措施形式予以调整,缺乏全局系统规范、统一的法律制度体系,法治化水平明显偏低。

二是适用范围不广。如前所述,经过多年的发展,我国行政约谈制度的适用范围已由最初的行政稽查扩展到行政执法、监督检查、纠纷调解、人事问责、事故处理等行政监管领域的各个方面。但目前,受发展速度等的限制,质量监管领域行政约谈制度还仅限于部分基层质量监管部门在行政处罚、特种设备监管等有限的领域内开展,制度适用范围狭窄,综合效果不

明显。

三是程序规定不严。受制度设计层级和法治化水平偏低的影响，目前质量监管领域行政约谈制度的内容和程序比较粗糙，责任不明晰、程序不规范等现象较为突出，特别是对行政相对人权利义务产生实质性影响的行政处罚类约谈缺乏对相对人侵权救济途径的考量和规定，不符合"无救济则无权利"的法治原则。程序规定的不严密，容易引发侵权行为，导致行政风险。

四、完善质量监管领域行政约谈机制的措施

针对当前质量监管约谈制度存在的问题，各级质量监管部门必须高度重视，审时度势，正确认识行政约谈制度在质量监管工作中的积极作用，充分借鉴相关部门在实践中的成功经验，开拓思路、勇于创新，不断推进约谈制度在质量监管领域的发展。

第一，健全法律制度体系。加快法制建设步伐，结合质量监管工作职能特点，按照"统筹规划、重点突破"的原则，加强国家质量监管部门与地方质量监管部门的协同，发挥全系统合力，建立一套符合质量监管工作实际需要的"自上而下、统分结合"的行政约谈法律制度体系。

在国家层面，坚持"统一规范"的原则，尽快制定出台《质量技术监督行政约谈管理办法》（以下简称《办法》），以部门规章的形式对约谈行为进行规范和调整。《办法》应就行政约谈的目的、原则作出统一规定，并明确约谈的适用范围、主体、客体、权限、内容、程序以及后续处理等基本内容。随着社会需求和工作发展到一定程度，当具备立法条件后，再考虑将《办法》上升为行政法规或法律。

在国家层面，坚持"突出重点"的原则，按照部门职能分工，突出重点领域、把握关键环节，有针对性地制定出台如行政执法、产品质量监督、特种设备监察等专业性制度规定，从而形成既统一又分工的约谈制度模式。

在地方部门层面，坚持"地方特色"的原则，在遵照上级部门的统一规定基础上，围绕地方工作实际需要，适度制定地方性的制度规定，从而建立起"共性和个性"相结合的约谈制度体系。

第二，完善约谈制度内容。从目前发展情况看，各部门行政约谈的内容

因适用范围的不同而存在差异，并由此导致行政约谈的性质和法律关系不同，主要有以下四类：

一是行政处罚类。属直接影响行政相对人权利义务的具体行政行为，其内容按照行政执法程序可分为两个阶段：作出处罚决定前，行政机关告知相对人违法行为的事实、拟作出行政处罚决定的理由与依据，听取行政相对人对其违法行为的认识及对行政处罚的意见等。作出行政处罚时，行政机关依据"处罚与教育相结合"原则，对违法行为相对人提出警告（或警示）、要求限期整改、责令停止违法行为、通报违法状况等活动。此类约谈具有强制性，影响双方法律关系，是一种对行政处罚程序的补充。

二是行政指导类。属不直接影响行政相对人权利义务的事实行为，其内容通常是行政机关基于国家法律或政策规定，运用说服、教育、指导、建议、协商、劝诚、提醒（示）等非强制性手段，或以提供支持、帮助等为利益诱导，引导相对人自愿作出或者不作出某种行为，以实现一定的行政管理目标。包括对可能违法行为的事先提醒和对不需要处罚的轻微违法行为进行告诚。此类约谈不具有强制性，不影响双方法律关系，是一种典型的柔性执法方式。

三是行政监管类。属直接影响行政相对人权利义务的具体行政行为，其内容一般表现为行政机关依照职责权限，对法定职责未履行或履行不到位造成恶劣影响、后果严重的，或违法情况比较突出的行政相对人进行质询、训诚。此类约谈具有一定的强制性，影响双方法律关系，是一种政府部门履行监管职责的监管手段。

四是行政协调（调查）类。属不直接影响行政相对人权利义务的事实行为，其内容主要表现为行政机关召集纠纷涉及的相关主体，就纠纷事项进行谈话、沟通、协商，以达到处理纠纷、解决矛盾的目的。此类约谈不具有强制性，不影响双方法律关系，是一种调查情况、解决纠纷的机制。

第三，规范约谈制度程序。行政约谈制度的程序因约谈目的和内容的不同而差别巨大，为此，在质量监管部门层面应就约谈的一般程序作出原则规定，其他专业和地方性制度可在原则规定的基础上适度展开。一般程序可按照约谈的进程分段设计，至少应包含以下内容：

一是约谈前准备阶段。应确定约谈的主题、事由、目的和对象，拟定约谈提纲，制定约谈通知、记录等材料。应明确约谈通知的送达和约谈地点的选择方式，并确定约谈的组织形式、人员安排、内部审批及时限要求。值得注意的是，行政机关履行告知义务（告知行政相对人约谈的相关事实、理由和法律依据），以及尊重相对人自主选择权（如企业授权相关人员参会）也是设计时必须考虑的重要环节。

二是约谈中实施阶段。应明确身份核实、利益回避等制度，如行政机关应向行政相对人出示合法、有效公务证件以表明身份。按照约谈可能涉及的具体事项，分层设计如情况通报、信息沟通、政策宣讲、原因分析、督促整改、意见反馈等内容，并就约谈内容制作记录，签字确认，存档备查。需要注意的是，对影响行政相对人权利义务的约谈行为，还应就保障相对人针对约谈内容所拥有的陈述、申辩等救济权利予以规定。

三是约谈后处理阶段。应区分约谈的内容和性质，确定后处理程序。比如，行政相对人约谈后整改情况的反馈、无故不参加约谈或未认真落实约谈要求的处理等均应有所考虑。必须注意的是，约谈本身不能构成行政处罚的构成要件或加重情节，因此，在设计后处理程序时，行政机关应避免发生与上位法相冲突、随意剪切相对人合法权益的现象。比如，违法增设部门的权力和利益，擅自增加行政相对人的义务或限制，剥夺其权利，等等。

第六节　质量监管信息共享与部门联动机制

对产品质量的监管不是某一个政府职能部门的职责，而是需要多个相关部门的联合行动。在优化现代质量监管机制的过程中，需要大胆探索，勇于创新，打破部门壁垒，力排体制障碍，组建综合性质量监管平台，积极推动质量监管力量整合。实践证明，整合则活，创新则兴。完善质量监管部门联动机制就需要建立大质量工作机制，打造部门联动平台。在通信技术日新月异的时代，信息成为现代国家与社会治理的重要组成部分，掌握充足的信息是实现有效治理的关键。在产品质量监管方面，对产品、企业、生产过程、消费者等各方面的信息掌握得越是全面，越能够全面了解民众对产品质量的要求，越能够发现产品在生产、流通和消费过程中存在的质量问题。因此，建立现代质量监管机制就需要完善质量监管信息共享机制。

一、政府分级、跨界协同监管机制

政府在不同领域、不同阶段的公共事务治理中应当发挥的作用不同。在我国市场经济体制尚不完善、现代社会发育不充分的背景下，政府在产品质量治理中应当充当掌舵者、协调者、服务者的角色[①]。然而，政府内部无论在纵向层面还是横向层面都存在不同程度的治理失灵现象。在纵向层级部门之间，由于各级政府上下级间的行政隶属关系，一般而言，上级部门对下级部门存在业务指导关系，协同治理相对容易实现。然而，政府监管部门在效率和公平问题方面经常面临艰难的选择。目前，地方产品质量监管部门的经费来源主要是同级财政，而且人员编制由同级政府管理，监管部门的上下层级之间的目标仍然可能存在冲突，比如维护规范的市场经济秩序与服务地方经济短期增长之间的目标冲突。越是在经济欠发达地区，这种冲突往往越明显。在横向同级政府部门之间，由于部门职能重叠，部门之间依据的法律规范、红头文件以及决策数据存在相互冲突现象。比如，对于我国产品品牌和质量水平的状况，很难有一个部门可以说得清楚：发改部门倡导设立了中国品牌日，工信部门管品牌、品种、品质，工商部门管流通领域产品质量和商标，质监部门管生产领域产品质量、名牌产品、地理标志保护产品、政府质量奖，检验检疫部门管出口产品质量、生态原产地保护产品、地理标志保护产品等；管生产领域产品质量的质监部门不清楚生产产品的市场主体数量，而统计部门只掌握规模以上企业数量。部门冲突反映的是利益的冲突，相互争夺财政资源和权力地位，争相建设信息系统，人为制造信息障碍，相互之间信息难以实现共享，阻碍着协同治理的实现[②]。

因此，迫切需要实现质量信息的公开共享和政策协调，建立政府在质量

---

① 李洪峰：《试论我国食品安全治理的社会共治原则》，《食品工业科技》2016 年第 7 期。
② 赖先进：《论政府跨部门协同治理》，北京大学出版社 2015 年版，第 60—64 页。

治理中的分级、协同监管机制。信息的公开共享是产品质量各治理主体行动协调一致的基础和纽带，为权力的行使提供了依据和工具，有利于形成对主体责任履行的倒逼。要明确大数据管理部门，强化顶层设计，对数据库的建设进行整体规划，杜绝各自为政、盲目建设、重复建设。建设有公信力的产品质量大数据平台，统一产品质量数据的标准、格式，明确公开共享的时限要求，以消费者容易理解、方便查询的方式，全面、及时、准确发布产品质量法律法规、部门规章和其他信息，形成政府、市场、社会及其内部主体之间相互监督的机制。通过政府购买智库服务方式，深入挖掘、分析产品质量相关政策文本和数据，为各主体提供行之有效的工作建议，从而形成其自愿公开共享信息的激励相容机制，同时使政策不断趋于协调、一致。在信息公开共享和政策协调基础上，构建起分级监管精准统一、跨界协同监管全面有力的新机制。

二、以信息技术为基础的综合信息处置平台

为确保质量监管网格化管理有序开展，基于质量监管立体化网格结构，搭建综合信息处置平台，兼顾对内调节枢纽、对外综合服务的作用。该平台设于一级网格层面，以组织实体的形式存在，运用网格化综合管理信息系统的开发，通过对外五个子平台端口建立，实现网格内部运行电子化、协同化、透明化，外部服务专业化、便捷化、规范化。

对内要运用现代信息技术手段，建立集数据管理、指挥调度、绩效考核、业务再造四重功能为一体的网格化综合管理信息系统。一是数据管理功能。借助先进的数字信息技术，着力推动"法人单位基础信息库"、"企业质量档案数据库"、"技术法规、标准信息库"三个应用信息库为重点的公共资源建设，为信息查询、通报、反馈、溯源提供信息保障。二是指挥调度功能。综合信息处置平台在网上受理事件后，在系统自动分类筛选和人工二次复核筛选的基础上，明确处理事件主体，第一时间将事件分配到相关网格，实现网格资源跨部门、跨区域远程指挥调度。三是绩效考核功能。在各网格监管信息连续采集的基础上，通过数据深层次分析挖掘，以数据或者图示等方式直观呈现各级网格监管状况，量化监管对象、过程、评价，为各级网格

绩效考核提供基本依据，同时运用绩效考核结果有机地促进网格化管理的良性循环。四是业务再造功能。借助信息化手段，在科学综合、分析、评价的基础上，重新梳理业务流程，不断明晰各级网格工作程序标准与细则，规范各环节程序要求，将业务流转全程数字化，使得整个网格化管理的业务处理，沿着网格职能定位，形成上下相接、左右相顾、环环相扣、点面连接、责权相致、层级相促的螺旋上升良性循环。

以深化服务促进发展为主题，搭建五个服务子平台，实现网格内外资源的无缝对接。一是创建标准化政务窗口平台。把对外服务窗口作为网格化对外服务的主阵地来抓，开辟"一站式"窗口服务，简化办事环节，规范办事程序和服务承诺，切实让群众进一个门，办全部事。二是创建质企服务平台。把服务企业需求作为质量监管工作的首要环节，通过座谈会、QQ群交流、网站留言栏、行风评议等多种途径，收集企业需求信息，有针对性地实施服务，构筑良好质企互动平台。三是创建政府对接平台。主动对接基层政府发展思路，以产业调研、政策引导、标杆推动为抓手，发挥自身职能，为政府决策当好参谋。四是创建技术支撑服务平台。在一级网格层面，助推各质量监管技术机构设立业务办理服务点，并派驻骨干人员参与网格管理，增强技术力量对一线网格管理的渗透力，依托"技术助企"工程的实施，做好限时服务、及时服务、超前服务、助推服务、跟踪服务等五大服务。

三、建立和完善信用监管机制

要从根本上治理并消除质量安全问题，靠的是企业自身的行为，因为企业是产品的生产者、流通者。只有企业真正负起责任，产品质量安全才有根本保障。作为质量监督管理部门，我们要深刻认识到"产品质量是生产出来的，不是监管出来的，更不是依靠罚款罚出来的"，我们要充分运用好信用监管的手段才能真正落实质量安全主体责任，才能持续生产出合格的产品，才能不断满足消费者的需求。

一是加强质量诚信体系建设。以规范和服务质量诚信体系制度建设为目的，建立健全质量诚信标准体系，充分利用现代信息化技术，归集质检部门依法履职过程中产生的企业质量信用信息，加快推进全国企业质量信用档案数据库系统和产品质量信用信息平台建设，完善进出口企业信用管理系统。

二是健全质量失信惩戒机制。加强质量信用信息采集和利用，实行质量信用分级分类评价管理，完善质量诚信共享联动机制，在更大范围和领域实施质量失信"黑名单"制度，加大质量失信惩戒力度，探索建立质量违法企业"终身出局"制度和实施办法，营造"一处失信、处处受制"的质量诚信环境。

三是促进企业内部诚信管理。引导和促进企业完善质量诚信内部管理制度，建立覆盖设计、生产和售后服务全过程的质量诚信制度，加强员工质量责任感和质量诚信意识的教育。以重点监管产品为切入点，组织企业开展质量诚信承诺活动，定期发布质量信用报告。以企业质量诚信体系建设为载体，以质量法治意识和质量诚信意识教育为主要内容，加强企业质量诚信文化宣传和教育，引导和推动企业和员工逐步形成以诚实守信、履行责任、持续改进、追求卓越为核心的企业质量文化，自觉抵制违法生产经营行为，牢固树立质量是企业生命的理念，实施以质取胜的经营战略。

四是加快建立社会信用制度。在全国组织机构统一社会信用代码数据服务中心、国家企业信用信息公示系统等的基础上，加快推进政务信息系统整合共享，实现管理从多头到统一、资源从分散到统筹、流程从脱节到衔接的转变，推进信息共享方面推进体制机制和技术创新，以守信激励和失信约束为奖惩机制，提高企业的诚信意识和信用水平。

四、破除条块分割以实现信息共享

当前，银行、商务、海关、税务、工商、质检、工业、农业、保险、统计等各个部门均掌握大量的质量信用信息，但由于受各种因素制约，无法实现互通与共享，形成信息孤岛，阻碍了信息的流动和获取，也阻碍了信用体系的建设。我们应该认识到，各部门所掌握的信息资源是全社会的财富，在不涉及个人隐私和商业秘密的情况下，只有最大限度地实现信息共享，才能发挥信用体系建设的效用，降低社会交易的成本，实现社会财富的增长。

五、拓宽综合平台信息传递渠道

一是强化重大事项通报和报告机制。重点围绕食品、特种设备、质量三大安全发生的区域性、危害性问题，建立限时向上级网格、基层政府报告，向相关职能部门通报的制度。二是强化联席会商机制。会同职能部门、基层政府、行业协会等单位建立定期会议制度，通报网格监管形势，共谋监管难点解决良策。三是强化信息互换和联络人机制。相关职能部门以及基层政府各指定一名工作人员作为网格化监管工作联络人，定期交换监管信息，负责日常行政执法的协作沟通工作。四是强化联动执法机制。通过会议协商、合作备忘录等形式，明晰各职能部门监管职责，针对存在业务交叉的区域，建立联动执法机制，形成监管合力。五是强化信息综合分析评价机制。以综合信息处置平台为主导，采用综合分析评价报告的方式，定期公布各级网格监管情况，旨在明确工作重点，推广优秀经验，指出工作不足。

六、加强与媒体合作以拓宽信息发布平台

产品质量监管工作并非只是对出现质量问题的生产企业进行惩罚，从信息传递的角度看，信息的扩散还在社会上对其他企业和消费者起到引导作用。因此，质量监管部门需要积极与各种媒体合作，通过媒体的报道增加质量监管部门的工作成效。如加强与中央、省、市媒体的合作，为社会各界发送有用信息。通过举行记者节座谈会，策划媒体出口免验企业行，邀请媒体看实验室、看监管模式创新、看工作质量等活动，让媒体更深入地了解质量监管的职能和社会效应。

第七章　治理视角下现代质量监管的技术支撑

从本质上来看，质量监管是一种专业技术监管，它是以标准、计量、检验检测等为技术依托，以认证认可、质量监督执法等为手段，以保障消费者健康和安全为目标的监管[①]。质量监管主要是符合性执法和安全性执法，需要强大的技术基础做支撑。当前，标准、计量、认证认可、检验检测，是世界公认的国家质量基础设施，是科学监管、技术执法、公平交易的技术支撑，主要作用在于使得生产经营服务有依据、可测量，保证产品质量安全，保护消费者利益，促进国际互认和对外贸易，为国民经济和社会发展提供支撑保障。

第一节　现代质量监管技术支撑的理念与思路

国家质量基础设施也是现代质量监管的技术支撑的基础，主要包括标准、计量、认证认可、检验检测，与交通、水利、医疗卫生等基础设施一样，是国民经济和社会发展不可或缺的重要组成部分。质量提升离不开坚实的质量基础设施，质量基础设施多方参与、多元共治的运行体系是构建全社会质量共治格局的重要内容。党的十九大报告指出，"转变政府职能，创新监管方式"，"深化商事制度改革，完善市场监管机制"。

---

① 汤万金、杨跃翔：《关于建设我国国家质量监管体系的思考》，《世界标准化与质量管理》2008 年第 6 期。

一、简政放权与现代质量监管的技术支撑主体多元化

"共建共治共享"是对质量社会共治提出的新要求，这就要求政府跳出大包大揽的传统思路，推进简政放权，充分激发社会组织、社会力量参与质量基础设施建设的积极性，发挥好社会协同和公众参与的作用。2018 年开始施行的新《标准化法》中重要的理念创新之一就是凝聚我国标准化工作的实践与智慧，协调、融汇各方有机力量，构建社会共治机制。探索建立"落实企业主体责任、科学实施合格评定、强化事中事后监管、质量安全社会共治"的现代质量监管制度。这样的理念和思路同样能够进一步拓展到质量基础设施建设的其他方面。

二、从"管商品"、"管体系"到"管风险"

2017 年 9 月 15 日，国务院印发了《关于完善进出口商品质量安全风险预警和快速反应监管体系切实保护消费者权益的意见》，立足质量提升和风险管控，在国家层面首次提出全面构建新型质量安全风险预警管理体系，这是质量监管部门深化改革、完善质量监管体系的重大机遇。以十九大精神为指导，实现从"管商品"、"管体系"到"管风险"的转变，以风险管理为主线，以差异化监管为手段，特别是在进口消费品和民用商品方面，要建立完善风险监测、进口抽查、质量追溯、缺陷召回为一体的质量安全监管模式，综合运用追溯调查、责任约谈、召回管理、事故调查、风险预警和消费警示等后市场管理手段，切实维护国内消费者的合法权益。

三、以新技术驱动质量社会共治

在治理视角下，考察质量监管领域在不同主体之间流通的具体知识及其动态变迁，是质量社会共治的基本问题。具体落实在微观的层面上，追求质量社会共治的治理效能的提升，无论是静态抑或动态都无法回避技术治理。依靠技术进步，并通过技术标准等手段将技术治理的本质要求内化为国家的食品安全风险治理的基本规制，通过强制性标准、法案等方式提升防范食品安全风险治理水平，已成为发达国家提升国家食品安全风险治理能力现代化的普遍规则。技术治理的作用不仅在于成为食品安全风险社会共治体系制度

的赋能者，而且在于通过技术系统化的嵌入、固化以及技术与共治体系的互动，有效地形塑了社会共治体系并推动共治体系的优化完善。

第二节　标准化工作

标准是为了在一定范围内获得最佳秩序，经协商一致制定并由公认机构批准，共同使用的和重复使用的一种规范性文件。标准由主管机构批准，以特定的形式发布，作为共同遵守的准则和依据。政府在监管过程中，必须有公认的安全标准，才有执法的依据。美国质量监管机构为执行法律的需要，通常会制定详细的规章、技术法规（强制性标准），并依据法律法规和标准进行执法，从而行使"准立法权"。我国的标准可以分为强制性标准和推荐性标准。强制性标准具有法属性的特点，属于技术法规，是由人们通过立法形式所赋予的，同时，也赋予了强制性标准的法制功能，从而为行政监管、行政执法提供了依据。推荐性标准由企业自愿采用，企业声明采用后也就成为政府监管的依据之一。

2015 年以来，国务院先后印发了《深化标准化工作改革方案》、《国家标准化体系建设发展规划（2016—2020 年）》等政策性文件，着眼于释放市场活力，提高标准供给质量和水平，构建激励"标准 + 创新"的体制机制，以标准引领打通创新驱动发展的"最后一公里"。这是党中央从"五位一体"总体布局和"四个全面"战略布局的高度，按照创新、协调、绿色、开放、共享的发展理念，对标准化事业发展提出的新要求新任务，也为新时期加快标准引领下的创新驱动发展提供了基本遵循。质量监管基于标准进行，标准化是发展现代质量监管的基本要求，必须以深化标准化工作改革助力现代质量监管的发展。

一、完善标准化管理体制机制等基础性制度

推动标准化管理体制从各方"单打独斗"向整合资源"握拳出击"转变，推动标准化工作全面深化改革的关键所在。要积极探索建立高效权威的标准

化管理体制机制，不断完善并用好用活标准化工作的各种组织领导和统筹协调的制度与机制，强化部门协同和区域协作，将改革着力点放在顶层设计的整合优化上，使标准化改革形成的制度体系更加成熟、更加定型。运用财政资金引导社会加大投入，促进科技成果产权化、标准化、产业化，更大程度激发制标者的创新动力，更有效地发挥出标准化激励科技创新的积极作用。同时，注重顶层设计与鼓励基层创新并重，在谋划国家先进标准体系试点省创建工作的基础上，引导鼓励有条件的地市、科研院所、产业集聚区整合优势资源创建产业技术标准创新基地，支持有条件的地区大胆探索、大胆试验、大胆突破，建立更灵活、更直接的技术创新标准化转化对接体制机制，强化以科技创新为动力，推进科技研发、标准研制和产业发展一体化，提升标准技术水平，努力成为全国深化标准化工作改革的新坐标。

从行政体制角度来看，发展现代质量监管是深化质量监管领域行政体制改革的重要内容，而深化标准化改革则是深化质量监管领域行政体制改革的重要内容。党的十八届三中全会指出，必须切实转变政府职能，深化行政体制改革，创新行政管理方式，建设法治政府和服务型政府。现行标准体系和标准化管理体制是 20 世纪 80 年代确立，在当时对推动经济社会发展发挥了重要作用。但是，从我国经济社会发展日益增长的需求来看，现行标准体系和标准化管理体制已不能适应社会主义市场经济发展的需要。特别是新常态下，创新形态发生重大变化，融合式创新、开放式创新层出不穷，大众创业、万众创新蓬勃发展，社会对标准化综合管理和优质服务的需求日益强烈，现有体系体制已不适应甚至制约着标准化作用的有效发挥。部门职能分散割裂了标准化体系之间的内在联系，多头管理降低了标准体系的实施效果，标准缺失滞后阻碍了产业的快速发展和产品市场竞争，标准交叉重复制约了供给水平提高和标准的有效执行，技术机构分散服务增加了社会成本。只有以自我革新的勇气，跳出条条框框的限制，克服部门利益的掣肘，用深化标准化工作改革的方式破解发展难题，才能更好激发全社会的创新活力，才能更好形成新的发展动力。

二、推动标准化项目建设由多向优、由大到强转变

坚持"数量布局、质量取胜"的发展理念，把握好地方标准数量和质量的关系，着力解决标准化示范试点"大而不强、多而不优"的问题。完善地方标准管理体制，优化地方标准制修订程序，突出创新成果转化，认真落实科研与标准"三同步"，建立科技、知识产权和技术标准协同创新体系，形成满足科技创新、产业升级以及区域经济社会发展需要的先进的标准体系，扩大先进标准覆盖率。特别是围绕战略性新兴产业，开展共性和关键技术标准研发，制定实施产业标准体系规划与路线图。加快建设互联互通的标准化信息公共服务平台，提高标准化信息开放力度，利用大数据技术凝练标准化需求，降低社会创新成本。积极构建以标准为核心的质量基础设施体系建设，形成更加完备的技术链条，凸显标准化对创新发展的引领作用。建立标准实施运用评价方法和评价制度，完善优化标准化示范试点考核评价体系，引导提高全社会自觉运用标准化手段创新创造的积极性，推动创新主体以标准化手段多渠道、低成本、高效率抓好创新成果应用实施，促进形成更多技术含量高、市场效益好的高价值标准化项目。

三、完善标准化实施监督机制

积极探索技术法规体系研究，加快推进《中华人民共和国标准化法实施条例》等法律法规的制修订工作，为强化标准基础性、战略性地位，重点解决好标准层级不清、实施主体责任不明，标准制修订周期长、执行效果不明显等问题。尝试构建技术法规与地方标准优势互补、有机衔接的"并轨式"标准化实施监督模式，不断提升全社会对标准化的认可度和认知度。充分发挥新闻媒体、社会组织和消费者对标准实施情况的监督作用，调动社会公众积极性，共同监督标准实施。

四、推动培育标准化服务业快速健康发展

加快标准化市场运营服务体系建设，从财政、信贷、税收、人才等方面多举措鼓励扶持标准化事务所、标准化中介服务机构等新服务业态发展。尝试探索多渠道盘活以标准化为载体的无形资产，促进标准化效益最大化。培

育造就一批骨干标准化服务机构，提供国内外相关标准比对分析研究、关键技术指标试验验证等专业化服务，加强在标准制定和实施环节中的系统性服务，有针对性地为企业提供标准化技术解决方案，降低企业创新成本、标准化成本，提升市场竞争力。

第三节　计量技术与服务模式

计量是实现单位统一、保证量值准确可靠的活动，与标准、合格评定共同构成国家质量基础设施（NQI），被联合国工业发展组织和国际标准化组织定义为未来世界经济可持续发展的三大支柱。ISO 前秘书长 Rob Steele 认为"计量支撑着标准化的实施，如果没有计量的支持，标准化将是软弱无力的；合格评定是对标准实施结果的系统检查和评价活动；三者相互支撑推动经济和社会活动的发展"。计量是与测量结果的置信度相关、与不确定度相联系的一种规范化测量，具备计量特性的测量活动才能获得有效的测量结果。可见，科技创新活动少不了测量技术的支持，加强计量技术能力建设，可较好地支撑经济社会发展和服务创新驱动发展战略。质量是否符合标准，需要通过检验检测来验证，检验检测的能力水平需要通过计量来进行评价，能否检得出、能否检得准，都需要计量能力和体系来支撑。强化计量基础作用，紧密结合我国产业特别是制造业发展进程，建立并完善以量子物理为基础，具有高精确度、高稳定性和与国际一致性的计量基准以及量值传递和测量溯源体系，是提高质量供给水平、质量监管能力的支撑。

进入 21 世纪以来，随着科技的不断进步和全球化的演进，计量技术在世界范围内呈现出两大趋势。第一，全球计量体系基本形成，保障世界主要国家量值等效，为全球化市场提供支撑。1999 年，全球 38 个国家签订了《国家计量标准和国家计量院出具的证书互认协议》。目前，世界上主要经济体都在努力使本国校准测量能力能够覆盖自身国际贸易和参与国际竞争的需求。美国的校准测量能力数量达到了 2160 项，我国为 1343 项，列亚洲排名第一、国际第四，但仅为排名第一的美国的 62%①。第二，计量技术正在发生重大变革，以量子物理为基础的自然基准取代实物基准，测量准确度等技术指标得以大幅度提高，带动大部分量的测量准确度得到提高，进而对科技的进步和经济社会的发展产生重大促进作用。如长度单位，历史上曾经以一个国家君主的身体尺寸确定，不同君主差别很大；后来确定为地球子午线的四千万分之一，制作的国际米原器保存在国际计量局，准确度可以达到 0.1 微米，也就是千万分之一米，大约相当于一根头发直径的千分之一；现在米定义为光在真空中 1/299792458（接近三亿分之一秒）所走的距离，并建立了自然基准，准确度比国际米原器又提高了几千倍。

正是基于计量的战略地位，发达国家普遍高度重视计量技术的建设。美国、德国、英国等 20 多个国家把计量（度量衡）写入宪法，作为中央事权和统一管理国家的基本要求。美国和德国的国家计量院院长都是由总统任命的。美、德、英等主要发达国家政府对计量技术有统一、稳定的专项经费支持并逐年增长。

一、加强技术研究与能力建设

提升产业核心与关键性技术，是加强技术研究与能力建设的过程中的重中之重。其中，开展新兴产业领域急需的计量技术研究，以及加强产业关键领域关键参数测量技术研究，可以有效地提升计量科技创新能力以及计量测试能力，为突破制约产业发展技术瓶颈、推动和引领产业技术创新做好计量科技创新服务。

（一）开展新兴产业领域急需的计量技术研究

开展急需的计量技术研究，即针对智能控制系统制造、智能制造、电子信息、新能源等新兴产业中的重点领域，开展产业量值溯源关键技术研究。其内容涉及根据产业需求布局研制计量基标准，着力解决产业关键领域的极端量、动态量的量值溯源技术以及流程装备在线实时校准等技术难题，如在

---

① 中国计量网：《我国获国际承认的国家校准测量能力跃居世界第三位》，2019 年 3 月 4 日，见 http://www.syzj.gov.cn/zjj/board-10001-357403495068。

计算与通信芯片领域，急需研究建立纳米尺度计量标准以及校准测量能力，以解决省内价值数百亿的纳米测量设备和半导体制造装备的量值溯源问题。这一系列测量仪器设备的量值传递溯源服务工作的开展，为产业科学的发展提供了扎实的未来保障。

（二）加强产业关键领域关键参数测量技术研究

毋庸置疑，产业关键领域技术水平的提升，对加强技术研究建设具有重要意义。其中，作为关键的参数测量技术研究，在近年来的不断探索与改进过程中取得了长足的进步。关键参数测量技术研究的具体内容，包括加强计量技术机构与创新型企业、科研院所的联合开展新产品、新工艺、新装备的关键参数识别、测量方法研究、专用测量装备研制等工作。其中，重点解决产业核心技术和关键共性测量技术难题，拓宽测量结果量值的科学应用范围，重点内容涉及研究数控机床几何精度与动态特性、微纳制造几何精度及表面形貌、机器视觉传感器量子效率、伺服控制系统控制精度与响应特性、OLED 载流子迁移率等产业关键参数的测量方法与测量装置等。

二、创新计量服务模式

除了加强技术研究与能力建设以外，创新计量服务模式的重要性也不可或缺。创新计量服务模式的内涵，包括在研发阶段掌握产业发展最新动态与服务需求，提供测量控制方案研究服务；通过建立与产业畅通的信息渠道，紧贴产业发展的实际需求，开展全方位的计量技术集成式服务；建立现代服务理念和创新服务模式，提供帮助创业创新企业夯实计量基础的技术服务；等等。

（一）为研发阶段提供测量控制方案研究服务

主动介入基础制造装备、流程制造装备、自动化生产线等关键制造装备的研发阶段，对其开展的制造工艺流程进行分析，明确装备使用过程中的关键参数，并研究提供嵌入式的测量控制方案或校准模块，使制造装备能够对工业流程和加工质量进行有效控制。

（二）按照全溯源链、全寿命周期、全产业链的要求开展产业计量服务

深入调研了解产业需求，为产业提供产品性能和工艺过程关键参数的识

别及测量技术服务，按照"原材料—元器件—部件—最终产品"对产业链条进行梳理，将计量技术服务融入产品设计、研制、生产、试验、使用的全过程所有环节，帮助企业从设计阶段开始考虑所有过程及环节的计量技术保证方案，保证关键参数测量结果的准确性、有效性、一致性和互认性，进而保证产品质量。

（三）帮助创业创新企业夯实计量基础

在互联网信息技术高速发展的今天，对服务创新以及创业创新提出了更高的要求。创业创新要求培养并提升创业基本素质和开创型能力，主动为创业创新企业、中小微型企业提供计量体系建立、计量标准建立、关键参数识别及测量等方面的技术服务，指导创业创新企业建立计量实验室，完善测量管理体系等。

三、建立开放、共享的计量实验室和科技服务平台

打造并创新计量实验室和科技服务平台，可以从以下三方面着手开展：充分调动计量技术机构、产业科研院所的计量服务资源与科技创新资源，共同打造服务产业、开放共享的计量科技公共服务平台；积极将产业、检测、学界以及研究四方面相结合，提高企业创新能力，提升产品质量；为企业在研发、设计和中试等阶段提供实验室、仪器设备、计量测试服务以及产品缺陷整改等环节开展培训，构建完整有效的产业计量培训教育体系。

（一）建设产业计量测试中心，参与并支撑产品质量检测公共技术服务平台建设

产品质量检测公共技术服务平台建设，是为产业发展提供技术服务的支撑体系。一方面，应加强公共技术服务平台的宏观建设与布局，以重点产业集群、国家级和省级高新区为载体，依托龙头企业，以主要城市为重点区域构建植根于当地需求与实际情况的产业公共技术服务平台体系；支持在先进装备制造、电子信息、新能源、新材料、生物医药等领域继续建设一批国家级或省级产业计量测试中心，加强各产业关键领域关键参数测量能力建设，满足企业在设计、研发、试制、中试与质量提升等各个阶段的关键参数测量需求。

（二）建立"产检学研"相结合的计量科技创新体系

加强产业、检验、学界以及研究领域的信息互通与交流合作，推动计量技术机构与创新型企业、高校院所联合开展产业计量领域科学技术研究，共同解决产业计量关键共性技术问题；建立产业计量专家库，吸引高端人才、先进技术及科研资源集聚，共同开展产业前沿技术研究；强化计量科技创新驱动发展综合能力，持续地提高国家计量基标准、标准物质标准等体系建设，满足国家发展与地方实践需求。

（三）探索建立产业计量培训教育体系

加强各项计量管理制度、计量法规、计量器具检定与校准、测量数据处理等全方位的培训与教育，提升计量从业人员的整体专业理论储备与实际操作能力的提升；引导计量技术机构与学会、行业协会、创新联盟等社会组织进行合作，探索产业计量技术人员的培养方式，联合编制产业计量培训教材，开展针对企业高管、研发技术人员与计量技术人员的计量培训和产业计量需求调研，搭建交流与对接平台。

（四）开展国际计量合作

针对"一带一路"建设，加强对国外技术性贸易壁垒、低碳贸易壁垒的分析与预判，加强计量基础能力建设及国际间计量科技合作与交流；积极推进以节能低碳产品为代表的计量检测技术研究，维护国家计量基标准自主权，为企业参与国际市场竞争提供计量保障。

（五）加强国际计量科技合作交流

以关键科技领域合作为交流契机，以国际科技合作交流为科技工作的重要抓手，加强国际间计量科技的合作与交流；充分发挥现有国家计量基准的优势，组织或参与国际计量比对，加强与东盟成员国、"一带一路"沿线国家及地区的计量科技合作与交流，通过国际互认解决量值统一性问题，为企业开展国际贸易、拓展海外市场提供计量保障。

（六）开展节能低碳产品认证及其相关计量检测技术研究

推进低碳产品认证、节能产品认证、碳足迹认证、产品生态设计等工作，重点围绕主要出口产品开展相关的认证技术及计量检测技术研究，并探索建立重点产品生命周期碳排放基础数据库，帮助企业妥善应对国外低碳贸易壁垒。

第四节　认证认可体系

　　解决质量安全问题，首要的就是破解质量信号传递困境。认证认可是由第三方对产品、服务、组织、人员等进行符合性评价并提供公示性证明的现代管理工具。认证认可依据标准和技术规范，帮助企业建立可持续改进的质量管理体系，并通过传递信任机制引导社会各方参与质量共治，对于提高产品、服务、工程质量，都发挥着基础保障和引领提升作用。从微观层面积极运用认证认可手段规范引导市场主体的行为，通过社会信用信息共享、企业信用信息公示等公共信息平台的认证认可信息，向市场和社会传递质量和信用信号，形成有利于企业提高质量效益、维护公平诚信的自我机制和微观环境。

　　从宏观层面积极运用认证认可手段配合支持宏观调控政策和产业政策，大力推广节能低碳、环境污染等方面第三方治理经验；在市场监管、政府采购、公共服务等领域制定政府购买第三方检测认证服务、政府绩效第三方评估等政策，完善决策、执行、监督程序，提高质量治理绩效。德国为了确保产品安全，建立了完善的"法律—行业标准—质量认证"管理体系。通过研究开发新型认可制度，提升认可能力。提高强制性产品认证的有效性、推动自愿性产品认证的健康有序发展。加强信息技术服务、供应链安全体系认证的技术研发，提升管理体系认证水平。建设独立的产品测试第三方组织，为消费者提供产品标准、性能、风险等信息，为放心消费提供指导。逐步建立与认证认可相适应的标识标记制度，探索建立产品质量安全档案和质量失信"黑名单"，适时发布消费提示，引导消费者理性消费。

一、认证认可体系概述

　　认证认可与检验检测一样，都是现代工业化的产物，合称"合格认定"，简而言之就是一种符合性评价。所谓认证，是有关产品、过程、体系和人员的第三方证明，类似于"担保人"、"证人"。所谓认可，是对认证、检测等合格评定机构是否具备第三方"担保人"资格的一种审核。加强认证认可体系建设，不断提升产品、服务、体系认证质量和实验室认可水平，培育和发展具有国际先进水平的认证产品和检验检测技术机构，围绕"一带一路"建设稳步推进国际互认，大力发展具有社会公信力的自愿性认证，充分发挥认证认可对产品、服务和检验检测技术机构进入国际国内市场的规范和引领作用。

现代认证认可体系发端于英国。1903 年，英国工程标准委员会（英国标准协会的前身）创立使用第一个质量标志——风筝标志。当产品贴有风筝标志时，消费者可以确信该产品符合相关标准要求。它作为产品质量认证标志在世界上非常著名，受到尊重。从 20 世纪 30 年代开始，质量认证得到了较快的发展，到了 20 世纪 50 年代，基本上已经普及到所有工业发达国家，除了英国的 BS 认证之外，法国的 NF 国家标志、德国的 TüV 检验和认证标志、德意志电气工程师协会的 VDE 标志、日本的 JIS 标志、美国保险商实验室的 UL 标志以及后来的欧洲 CE 标志、我国的 CCC（强制性认证）标志，都在世界上享有信誉和权威，为规范市场秩序、维护消费者利益、推广和保护名牌产品、提高产品质量作出了重要贡献。

现如今，认证认可作为一种新兴的高技术服务产业，在国际认证市场上十分活跃。大量新产业、新技术、新产品的研发上市，催生出巨大的检测认证需求。世界上知名测试测量公司安捷伦凭借技术创新，始终站在行业发展的前沿，其测试能力已经达到了亚纳克／升（ng/L）或万亿分之几（ppt）的水平。据有关机构测算，2008 年以后全球认证产业年均增幅达到了 6% 以上，远高于全球经济年均增速。国际知名机构如 SGS（瑞士通用公正行）、BV（必维国际检测集团）、INTERTEK（天祥集团）等的发展速度甚至超过了这一水平。国内市场上，检验检测认证是我国大力发展的新兴服务业，到 2016 年，我国检验检测市场规模已约为 2061 亿元[①]。随着我国对外开放的不断扩大，外资检验检测认证机构正快速进入我国市场，目前市场份额约占到了 25%，远超过其机构数量所占比例。瑞士通用公正行 2016 年的在华业务收

---

① 前瞻产业研究院：《2017—2022 年中国检测行业发展前景预测与投资战略规划分析报告》，2017 年。

入已经超过了 50 亿元。

随着全球经济一体化程度的加深，认证认可因其可以公正评价、传递信任，已经成为各国企业及其产品进军国际市场的"通行证"。反之也成为各国的技术性贸易壁垒。目前，世界上许多国家对进口产品都有认证要求，出口产品如果没有得到认证也无法进入国外市场。美国为了对商品的安全性能进行认证，设立了代号为 UL 的"保险商实验室"，外国商品必须通过 UL 认证后才能进入美国市场。目前，认证认可已经远远超出了一般产品质量管理范畴，成为市场监督体系乃至公共治理体系的重要工具。世界上越来越多的政府监管部门正在使用认证认可手段，采信第三方评价结果，促进监管目标的实现。

由此可见，完善认证认可体系，对我国现代质量监管体系的构建具有重要意义。首先，应强化认证认可的创新规范和促进作用。在企业中大力推广强制性认证产品、节能节水产品、低碳产品以及质量管理、环境管理、职业健康安全管理等认证，确保企业研发的准确性和新产品的高品质。其次，应有序推进检验检测认证机构整合，组建具有公益性和社会第三方公正地位、市场化运作的公共检测服务平台。最后，坚守合格评定与认证认可的国家主权。建立健全法律规范、行政监管、认可约束、行业自律、社会监督相结合的认证认可监管体系。通过研究开发新型认可制度，提升认可能力。提高强制性产品认证的有效性、推动自愿性产品认证的健康有序发展。加强信息技术服务、供应链安全体系认证的技术研发，提升管理体系认证水平。在确保合格评定和机构资质认可主权的基础上，加快认证认可制度创新，积极参与认证认可国际规则制定，稳步推进认证认可的国际互认，提高认证认可国际规则制定的参与度和影响力。

二、完善认证认可体系建设

（一）加强法规与标准体系建设

首先，应推动加快"合格评定法"立法进程。尽快完成向国务院法制办送审工作，争取在较短时间能通过全国人大常委会的审议，合理界定合格评定的范围，为统筹解决在认证和其他合格评定中存在的界限不清、政出多门、各种合格评定活动层出不穷和大量准认证行为普遍发生的问题提供法律规范，切实解决我国合格评定领域中存在的诸多问题。完善《认证认可条例》的配套规章和行政规范性文件，加快技术标准和规范性文件的制定，有效解决标准体系相对滞后问题。有计划、有步骤地将相关的国际标准（指南）转化为我国的认证认可标准（指南）；完成检验检疫标准体系表中标准的制定；在资源节约型社会、环境友好型社会、实验室认可、新兴产业和资源综合利用等重点领域形成认证认可技术标准体系；完善标准及技术规范的编制，完善使用和监督统一管理的标准化；结合相关认证认可技术标准的推广应用进行试点。创造有利于认证认可事业发展的法制环境，促进认证认可事业的健康有序发展。其次，应进一步健全和完善国家认证认可法律制度。制定相关细则、程序和办法，适应新形势、新情况和新要求，解决在实际监管中遇到的新问题、新挑战，更好地对认证监管活动进行有针对性的指导，为强化相关责任提供法律依据和可操作的办法，提高认证监管的有效性。应及时修改《中华人民共和国产品质量法》、《中华人民共和国计量法》等滞后法律法规，进一步对《中华人民共和国认证认可条例》的配套规章进行完善。

（二）不断提高认证认可科研、理论体系建设

不断提高认证认可科研水平，推动认证认可向国际先进水平迈进。经过多年发展，认证认可科技已经成为国家科技创新体系的组成部分，以"十二五"期间为例，我国已累计颁发各类有效认证证书 147.9 万张、认可证书 7592 张、检验检测机构资质认定证书 3.96 万张，证书及获证组织数量连续多年位居世界第一。今后，我国应进一步加强认证认可科研探索与理论构建能力，形成鼓励创新的机制，实现重点领域的跨越式发展，自主创新能力显著增强，自主创新的认证认可技术和模式在国际上得到较多采用。

做好标准宣贯的规划与实施准备，为实现我国认证认可和合格评定工作与国际接轨奠定技术基础。要以认证认可标准体系表为依据，以全国认证认可标准化技术委员会为工作平台，推动检验检测资源和信息共享，根据国家科学技术创新和产业经济发展及公共管理需要，集中力量建设一批具有国际知名度和国家权威的基准（参考）实验室和生物安全实验室。建立全国检验检测资源和检测信息数据收集和审核机制，完善和充实检验检测资源信息数据库，建立全国检验检测资源信息网，实现全国范围内的检验检测资源信息共享。开展国内外科技与标准化学术交流、科技成果奖励、科技活动周、组织编写论文集和文献翻译等活动，营造良好的学术氛围，激发社会各界对认证认可科技与标准化工作的参与热情。

（三）巩固发展部际联席会议日常沟通机制

明确认证认可作为国家合格评定基础平台的地位，进一步增强协调部门的权威性和协调能力。明确国家认监委与各行政部门的权责关系，根据国民经济和社会发展的战略需要，协调行业管理制度与强制性产品认证制度，为强制性产品认证制度的实施创造良好的采信环境。

建立部际联席会议的日常沟通机制，提高联席会议解决实际问题的能力。根据部际联席会议成员单位的需求，举办认证认可的知识讲座和培训，参与相关成员单位开展的行业认证需求的调研工作，加强部际联席会议宣传工作。充分发挥认证认可各相关技术委员会的作用，联合部际联席会议成员单位共同开展认证认可技术合作工作。在认证认可和合格评定政策、业务规则和技术规范与标准的制定等方面，加强部门间的交流。充分发挥地方认证监督管理部门的作用，加强业务指导、鼓励工作创新，为地方经济把好关，做好服务工作。

（四）完善认证执法监管体系

一是完善监管制度体系，加强监管能力建设。紧紧围绕"抓质量、保安全、促发展、强质检"的方针，坚持创新发展，依法科学监管，努力增强认证认可公信力。建立科学的认证市场监管体系、认证及相关机构评价体系和认证行业诚信体系；充分发挥认证认可协会的作用，开展行业自律，通过机构间自我约束和相互监督，规范经营。聘请认证认可义务监督员，明确其职责和报告制度，降低监管成本；通过行业协会对认证机构建立的科学、公正、规范的评估体系和评价标准，为认证监管部门加强对从业机构的管理和社会对于认证机构和认证结果的采信提供依据，使认证监管部门及时掌握认证机构和认证人员的业绩和公信评估情况。加强认证认可监管的技术手段和相关基础设施建设，建立准确、快捷的信息网络平台和传输通道，为有效监管和执法提供信息化技术保障。积极开展认证过程全过程监管，建立监管绩效考核及责任追究制度，严格约束认证认可、咨询机构的行为。经常性地开展"回头看"行动，做好对获证企业、认证、咨询机构的回访活动，监督问题企业、认证机构的整改情况，防微杜渐，完善长效认证市场监管机制。

二是加强认证认可监管信息化建设和宣传工作。加强认证认可信息披露和共享的保障机制和调控机制，充实认证认可信息披露内容，完善认证认可信息网络建设。建立准确、快捷的信息渠道，为认证认可相关机构、企业和从业人员创造良好的信息平台。建立统一的数据处理、交换和信息发布平台，打造规范统一的信息化认证工作载体，实现各有关方面的相关数据交换与信息共享，为提高认证有效性，及时推广单项业务管理软件，实现电子化监管、执法信息化提供技术保障。利用信息化手段强化认证认可政务公开和对外宣传工作，及时准确地为全社会提供产品质量和认证认可信息，建立统一的信息平台，将有问题产品的认证机构公之于众，将执法结果向社会公布。

三是建立畅通的认证认可信息通报网络和认证认可信息沟通平台。国家认证认可监督管理委员会应成立一个内设机构，负责全国范围内认证认可信息的采集、加工、分析整理、预测和发布。建立认证认可信息收集、汇总、分析、交流和发布工作程序，建立认证认可档案信息，加强对信息的评估、认定，科学地反映认证认可行业的现状。建立认证认可信息发布的责任体制。通过提高认证认可结果的采信度，整合各类评价资源，避免重复建设，促进资源有效利用和节约。

四是围绕贯彻认证认可中心工作，开展积极的认证认可宣传活动。创新宣传形式，面向认证认可国际组织、各有关主管部门、地方政府、广大企业和消费者，开展形式多样的宣传，创造良好的舆论氛围。充分利用社会媒体，从各个层面开展形式多样的宣传。建立上下联动的认证认可宣传工作机制，充分调动地方认证监管部门在宣传工作方面的积极性。

五是理顺中央和地方监管机构关系，提高监管的有效性。我国认证认可监管机构从中央到地方，已经建立起来。作为一个快速增长的制造业大国，中国未来认证业务量还会继续增长。为进一步改善监管效果，不仅需要加强国家认监委的监管能力、人员、手段建设，还需要调动两方面的积极性。处理好国家认监委与各地技术监督系统和进出口检验检疫系统的认证认可监管机构之间的关系，合理划分国家和地方监管机构的权限，改进监管的实施程序和制度，逐步解决地方认证监管部门机构、编制、经费等方面存在的问题，建立多层次、多渠道的认证认可人员教育培训体系，充分调动后者的积极性。充分宣传认证认可的重要意义，调动广大企业和消费者监督认证认可活动的积极性，扩大政府监管部门的信息来源，也便于政府监管部门找到各个时期和各个地区的问题和监管重点。进一步加大行政执法力度。近年来，国家认监委不断加大对认证机构及其活动的监管执法力度，取得了很好的效果。今后应当继续加大监管执法力度，采取日常监管与专项行动相结合，下移认证市场监管重心，简化监管层次和环节，充分发挥地方认证认可监督管理部门的作用，采取多种形式查处和打击认证机构的违法违规行为。在全国范围内开展执法交流活动，分享认证企业、认证机构信息，交流监管执法经验，推动地区认证执法监管区域合作机制建设。同时加强与工商及其他职能部门的配合，采取联合执法的方式，堵住监管漏洞，严厉打击假冒伪劣产品和虚假认证现象，认真查处违规认证机构及相关组织。

六是按照《中华人民共和国行政许可法》和《国务院推进依法行政实施纲要》的要求，建立权责明确、行为规范、监督有效、保障有力的行政执法体制。以结构合理、配置科学、程序严密、制约有力为目标，坚持行政执法与规范、服务相结合，执法监督与执法考核相结合，不断增强行政执法的深度和力度。完善行政执法监督检查制度、行政执法投诉和举报制度以及行政执法评议考核、过错追究和执法责任等制度。积极推进行政执法行为公开公示制度。加强执法人员培训，有计划地开展专项调研活动，举办专题研讨会。

（五）强化认证行业主管部门的能力建设

认证认可行业主管部门，是推动认证认可发展的重要力量。认证认可作为一项专业知识密集型的活动，对政府部门的相关管理人员有很高的要求，要培养一批既能从事行政主管又熟悉认证认可相关业务的政府行政管理人才。因此，要加大政府的投入力度，加强认证行业主管部门和其他相关政府部门的能力建设，充分发挥信息化技术的作用，切实加强各政府部门的监管能力，无论是认证形式的采用还是行政许可向认证认可的转变，或是自愿性认证种类的拓展，都与相关政府部门的监管能力息息相关，政府部门相关能力的增强是完善认证认可的前提条件。

（六）加强国际互认体系建设，增强国际竞争力

首先，进行国际交流，开展双边、多边国际合作，积极参与国际组织的各项技术活动，促进共同发展。多种形式、广泛和深入参与国际（区域）认证认可组织的活动和相关准则、标准、指导性文件的制定，扩大我国对认证认可组织及国际规则制定的影响。扩大我国认证认可的国际影响力，加强高层互访，组织国际论坛，开展合作研究，增加各国认证认可制度与措施的相互理解。积极推进国际互认，力争更多地使用我国认证认可和检验检测结果。与重点贸易国家和贸易摩擦较多的国家建立认证认可协调磋商机制和突发事件应急处理机制，减少国外技术性贸易措施对我国的不利影响，为我国的对外贸易创造有利的认证认可环境。

其次，充分利用 WTO/TBT 及卫生与植物卫生措施实施（SPS）协议的机制和平台，积极研究和利用其他成员国的合格评定制度，破解、跨越对我国产品的技术壁垒，维护我国的合法权益。同时促进境内认证认可机构参与以国际互认为目标的国际合作和协作，鼓励更多的机构参与国际竞争。在重点领域和行业培育具有国际声誉、规模经营的认证认可品牌机构，为我国认证认可机构树立信用良好、行为规范的国际化认证认可机构形象。在重点领域和行业建设具有国际先进水平的重点实验室，为提高认证认可机构的国际化水平提供技术支撑。

最后，通过国际合作，建立国际化人才教育培训体系，为认证认可管理部门、重点领域和行业培养具有国际对话和谈判能力并可参加认证认可国际组织活动的国际事务人才、认证认可理论与战略研究人才。建立有效的国内网际认证认可信息和资源的沟通交流平台，促进网际交流与合作。将国外先进的认证认可管理理念与具有中国特色的认证认可管理相结合，开创新的适合我国国情的新型认证认可管理模式。

三、规范认证认可机构行为

（一）增强认证机构独立性和能力建设，推进认证市场有效竞争

首先，以增强认证机构独立性、提高监管有效性为目标，推进认证机构与相关主管部门的脱钩改制工作。认证机构从行政部门中剥离出来，成为能够独立承担民事责任的市场经济主体，是认证机构适应形势必须完成的任务。只有实现独立性才能保证认证的公正性，才能树立认证的权威性，认证机构也才能长远发展。

其次，积极探索适合我国国情的认证机构组织形式。大部分认证机构按照公司制原则进行运作，将部分现注册为事业单位的认证机构逐步发展为非营利机构，特别是对于那些主要从事强制性认证业务的机构，可以优先考虑。积极探索合伙制组织形式认证机构。打破行业分割，消除认证领域存在的行业垄断。在明确执业责任和从业活动中应承担的法律责任的前提下，进一步引入竞争机制，鼓励认证机构之间开展有效的竞争。以政府主导和市场推动相结合，通过有效的监管和处罚，保护和鼓励规范高效的认证机构的发展和壮大，促进认证市场形成合理的市场结构。

（二）加强认证机构能力建设，培养高素质的认证专家队伍

实施认证机构走出去战略，占领国际市场，并在认证的国际竞争中，锤炼出一批有全球影响力的国际性认证机构。中国由认证大国走向认证强国，关键在于培育出一批国际知名的、有竞争力的认证和检测检查机构。必须通过加强能力建设、改善内部管理、扩展国际营销途径，积极推动认证认可从业人员的教育培训，培育一大批适应认证大国地位所需要的认证人员队伍。

加强对从业人员的培训和管理，提高其业务水平，通过内部质量审核和管理评审等质量体系管理手段，实现管理水平的持续改进，来不断完善和改进自身的体系。加强认证机构营销能力建设，通过宣传、展览等，为那些认证行为规范、服务质量高的认证机构创造能够脱颖而出的平台和机会。由国家认监委或认证认可行业协会主导，制定并发布认证机构的内部管理导则和认证行为的内部控制规范，促进和引导认证机构自身的内部管理行为标准化、上档次、提水平。

（三）规范认证程序，保证认证质量

首先，要求认证机构加强自身管理，增强遵守国际和国家认证认可准则的意识，依法开展认证活动，督促认证机构规范认证程序。建立相关管理制度，在认证活动中严格按照管理制度安排，认证人员和审核时间严格按照认证基本规则和程序开展。加强对认证人员责任心的培养，在认证活动中遵循公正公开、客观独立、诚实信用的基本原则，开展认证活动。

其次，建立职业素质高、技术能力强、具有社会公信力的第三方认证评价队伍。认证机关部门积极引导认证机构通过科学的手段、严谨的作风、规范的程序、专业的人员、优质的服务和可靠的结果证明机构实施认证活动的能力，提高公信力，取得社会信任和对认证结果的接受与采信。对在审核、检查中发现的问题认证人员应详细记录，并将需要注意和整改的问题写在检查方案里，及时反馈给企业，指导企业改正完善。

最后，建立多元化、全方位的诚信监控机制。通过报纸、网站等主流媒体公布机构信用信息、宣传和表彰诚信机构，对违法违规的认证从业机构、从业人员和企业建立黑名单制度，对其诚信缺失行为进行公开曝光和处理，公布失信机构、失信人员和失信企业名单；聘请认证认可义务监督员，参与对认证机构的检查、评级过程，公开评级依据及评级过程；对认证机构实施分级分类管理规范机构及人员行为，通过建立失信惩罚和退出机制，建立长效的诚信监控机制。

（四）加大认证机构帮扶力度，加强培养高素质认证从业人员

引导从业机构规范运作，培育核心竞争力。强化从业机构建设，推动认证机构建立完善现代企业制度，稳健发展，处理好追求短期利益与可持续健康发展之间的关系，放宽眼界，将眼光放在长远经营上，处理好机构发展与员工成长的关系，保证员工权益，为员工实现自身价值创造条件。

建立多层次、多渠道的教育培训体系。中国作为未来的认证强国，更需要高端认证人员队伍。第一，加大对认证从业人员的教育培训，培育一支适应认证大国地位所需要的认证人员队伍。第二，培养具有熟悉认证认可业务知识的、具有先进管理理念的认证认可人才队伍，培养熟悉世贸规则并精通业务的认证认可专业技术人才队伍。第三，培养一批专业结构合理、知识经

验丰富的有国际影响的高端的认证人员队伍。要通过国内培养、人才引进、竞争选拔等多种方式，使得一批优秀的人才脱颖而出，广泛参与国际机构的合作，以及国内的认证研发活动，培养出能够引领认证行业发展、前瞻性把握国民经济和社会发展需要的多个行业的高端的专家型、权威型的认证人员队伍。

四、加强行风和认证认可文化建设

首先，加强对认证认可知识的宣传，使消费者进一步了解认证认可在促进国民经济增长、提高产品质量、规范企业管理、突破贸易壁垒、降低交易成本、保护消费者权益、在建设资源节约型、环境友好型社会中的作用，提高认证认可的采信度。一方面，加强认证认可自身能力建设；另一方面，还需要全面利用电视、报纸、广播、网络等各种媒体和形式，对认证认可法规和政策加以宣传，提高认证认可结果的采信度。

其次，对于认证认可的宣传，要以正面引导为主，要以提高社会舆论监督的自觉性为主，增强公众参与和监督意识。提高全民的认证认可意识，提高社会舆论监督的自觉性，增强公众参与和监督意识。

再次，积极构建认证市场诚信建设，加大监管部门和从业机构行风建设力度，大力弘扬和培育先进文化，树立认证认可队伍的良好形象。坚持标本兼治、综合治理、惩防并举、注重预防的方针，建立健全教育、制度、监督并重的惩治和预防腐败体系。

最后，在执法监管过程中，充分尊重企业、群众的权利，做到言行举止文明，办事耐心细致，执法与服务并举，公平公正办案，合理行使自由裁量权。做到宽松而不放纵，坚持以教育整改为主，以行政处罚为辅。做到认证执法监管与帮扶企业并举，把执法为民这一根本要求贯彻于认证监督执法工作全过程。大力建设"诚信为本、技术立业、维护交易秩序"的认证认可文化。

第五节　检验检测

检验检测指的是在商品交换活动中供需双方出于各自利益需要或产品质量判定，依托技术机构按相关标准、方法对产品进行检验、测试的活动[①]。质量检验检测阶段主要是对产品的生产标准进行检验检测，判断产品是否符合生产标准，属于事后检验的质量管理方式。随着企业生产规模的扩大和产品复杂程度的提高，产品有了技术标准（技术条件），公差制度也日趋完善，各种检验工具和检验技术也随之发展，大多数企业开始设置检验部门，有的直属于厂长领导，这时是"检验员的质量管理"。

检验检测机构是高技术服务业的重要组成部分，在加强质量安全、促进产业发展、维护群众利益、服务民生工程、保障国家安全等方面发挥着重要作用。在我国，检验检测认证作为一种资源，70%—80%检验检测认证机构拥有政府背景，无疑其资源配置主导权是在政府手里[②]。2017年质检总局首次将认证认可和检验检测一并纳入国家统计制度后向社会公布，并发布了2016年度全国认证认可检测服务业的统计情况。根据最近发布的资料显示，截至2017年底，全国认证认可检验检测机构达到36797家，数量较2016年底增长9.44%；认证认可检验检测机构实现营业收入共计2632.52亿元，较上年增长13.51%；全年吸纳就业人口121.3万人，较上年增长8.69%；全员劳动生产率达到21.70万元/人。统计数据表明，2017年我国认证认可检验检测服务业继续保持强增长态势，从业机构数量和营业收入快速增长，科研投入显著加大，高新技术企业数量持续增加，为加强全面质量管理、推动企业产品和服务质量提升、扩大就业容量、服务经济发展作出了积极贡献。[③]

---

① 乔东：《中国检验检测体系发展思考》，《中国科技投资》2012年第19期。
② 郝丽娟：《检验检测认证整合蓄势待发》，《质量与认证》2014年第3期。
③ 《2017年全国认证认可检验检测服务业统计信息发布》，《质量与认证》2018年第8期。

一、准确定位检测机构，先整合再改革

2015 年 3 月初，《全国质检系统检验检测认证机构整合指导意见》（以下简称《指导意见》）正式印发。按照《指导意见》的要求，明晰质检系统3500 多家机构是公益性政府检验检测机构和经营性社会检验检测机构，到2020 年基本完成质检系统检验检测认证机构政事分开、管办分离、转企改制等改革任务。

（一）明确功能定位

目前来看，检测检验机构定位不明确的现象依然十分常见，不仅依靠政府开展法定的检验检测业务，而且还开展一部分经营性业务。实际情况表明，检测检验机构市场化运作的需求与这样的职能定位是具有矛盾性的。因此，有必要进一步明确细化公益性"商业性检验检测职能分类标准和目录清单，有序推进经营类"公益类检验检测机构分类认定和职能剥离工作，分类推进检验检测机构整合优化。

（二）整合检验检测服务业务资源

同时，加快检验检测服务业务资源整合，重点做大做强一些专业检测机构和综合平台，形成一批具有知名品牌的综合性检验检测认证集团。一要推进专业化提升，提高检验检测、科研创新、标准研制和综合服务等四种核心能力，做专做精检验检测认证机构，促进检验检测认证机构由提供单一检测认证服务向提供面向设计开发、生产制造、售后服务全过程的分析、测试、检验等综合服务发展；二要推进集团化整合，整合业务相同或相近检验检测机构检测资源，通过集团化整合方式做强做大检验检测认证机构，引导各类检验检测机构集聚发展，推动检验检测产业规模化发展。

（三）精简检验检测机构

质监系统部分检验检测技术机构的成功整合，也将为其他领域的检验检测技术机构改革提供经验借鉴，并为下一步打破区域界限、部门所有，推动事业单位性质检验检测技术机构按照专业进行跨区域、跨部门的进一步整合，最终打造成为跨区域、跨部门的公共检测服务平台提供探索思路和改革雏形。

建设一批高水平的实验室和检验中心，推进检验检测数据库建设，数据

统一管理、共享，推动全国的检验检测机构数据共享，搭建检验检测认证服务平台，为各行各业提供高效便捷、基准统一、权威可信的认证认可、检测服务，加快我国检验检测认证服务业发展。积极参与国际认证认可活动，与国际组织合作并签署互认协议，提高我国的认证认可的国际参与度和国际影响力。

二、创新服务方式，提高服务效率

在检测市场化趋势的大潮中，国有检测机构、外资检测机构和民营检测机构之间的竞争越来越激烈，谁能为客户提供更多更好的检测服务，谁就能赢得客户，谁就能占领更多的市场份额。因此，国内质检机构要想获得更好的发展，必须专注于为客户创造价值，能够大大领先对手优质服务。国内检验检测机构要主动出击，走向国际市场，了解国外检验检测环境，开拓国际市场检测业务，积极开展深层次的相互合作交流项目，熟知并广泛宣传自身品牌，实施"走出去，请进来"两手抓发展战略。品牌知名度高的企业，得到企业和消费者认可，出具的报告具有较大影响力。品牌提高不能单靠广告效应，而需要专业的核心竞争力来培养良好形象，重视检测和服务质量，重视客户提出的投诉意见，及时改进存在的问题，报告准时发出率高，报告差错率低，投诉复检频率低，在同行中也具有影响力。立足于长远发展，良好企业形象形成品牌效应，品牌所创造的价值相当惊人。口碑需要经过长时间累积，只有时时刻刻都以客户为中心，才能赢得客户信赖，企业才能长久发展。

三、大力引进人才，创新驱动科研技改

检验检测机构要对每种样品进行各方面检验检测，还需要各种检验检测技术作为支持，有些技术本身很复杂，在落实过程中，是不容许出现一丝差错的。基于此，机构也要为检测任务配备合理的资源。[①] 在检验检测机构中，

---

① 陈江城、何劲松：《县级检验检测机构的发展与思考》，《食品安全导刊》2016年第3期。

人员层次比较多，有技术人员、市场开发人员、管理人员以及其他岗位人员，这些人员在检验检测机构发展中是不可或缺的，机构要合理规划分配人员，使其在发展中发挥最大优势。不同人员所需要担负的职责不同，机构都要按照职责规范和标准，对人员进行高要求。对于技术人员，机构要求这些人员都要向高端人才方向靠拢；对于市场开发人员，机构要求这些人员能为机构在市场上的发展贡献力量。基于检测服务市场化，机构在对人力资源进行配置时，要以市场需求为导向。人力资源在数量和质量上满足市场要求，机构发展前景才好。

四、形成产学研用协同机制，驱动检验检测发展

明确检验检测服务业的技术创新由低水平向高水平转变，业态创新由以行政区划为导向向以市场需求为导向、不断向产业链前后端延伸转变，模式创新由证后监管模式向证前证后科学的分级评价与分类管理模式转变的发展方向。一是质检机构要加强与国内高校、科研院所及国际组织的交流合作，构建产学研检标相结合的技术创新体系，积极开展对国外相关技术法规、标准和合格评定程序制修订情况的跟踪研究，提升检验检测机构的标准研发能力，积极参与主编或参编各类标准，进一步完善高新技术领域标准与国际技术标准的接轨。通过参与标准制定，掌握检测核心技术。二是完善检验检测服务业集群式发展软环境，依托各区域高新技术园区产业联盟，加快开展关键共性技术的合作研发，建立产业技术信息和标准信息交流平台，着力解决科研成果产品化以及战略性新兴产业发展、产业升级换代对检测技术发展的需求。

第六节　质量安全风险防控

面对新的形势，政府必须创新质量监管工作理念和方式方法，改革传统的事后监督手段，利用风险监测引导监督抽查，增强质量监管的针对性、及时性和实效性。随着我国的体制转轨、社会转型，我国经济进入一个增速换

挡速度变化、布局结构调整优化、驱动换新动力转化、风险累积挑战常化的新常态。传统的"消防式"的管理模式，已经无法适应新时代的"质量安全问题，关键在防范"的监管要求。在日益关注安全的背景下，产品涉及生命健康和财产安全，对于危害社会安全，可能形成系统性、区域性危害的情况，需要及时进行识别、研判、处置，进行风险预警，进行前瞻性精准监管。要实现精准监管，需要充分利用政府监管部门、生产经营单位、新闻媒体、消费者协会、相关行业协会等在舆论监督、维护消费者权益、行业自律等促进质量治理方面形成的大量数据。

一、健全信息采集系统

第一，推进风险采集的信息化建设，提高风险收集和分析的有效性。第二，推动建设"智慧质监"，构建大数据平台，充分利用现代信息化技术手段，对网络媒体、微博、微信舆情信息进行捕捉和分析，建立舆情信息监测数据库，及时发现、密切追踪质量安全敏感信息。第三，有效整合质量监管内部信息资源，注重从监督抽查、执法打假、质量申投诉、检验检测、产品伤害检测等工作中发现风险信息，及时甄别产品质量问题。第四，加强与其他监管部门、消费者保护组织、行业协会等单位的联系，不断丰富风险信息来源。搭建全国产品质量安全风险信息公告平台，实现风险信息的共享共用。第五，认真做好风险监测方案(包含监测样本的选取、监测方法的确认、监测结果准确度和精密度的验证等）论证工作，严格风险监测方案评审，认真合理确定监测项目、依据和方法，提高风险监测工作的科学性、有效性和可操作性。

二、构建风险评估体系

质量安全风险的诱因有很多，有法律层面的故意违法、逃避监管，管理层面的监管不到位、管理制度不完善，以及企业自身生产工艺水平不高、操作环节失误等。

因此，要加强风险分析，根据风险发生的概率和风险危害程度，综合分析风险源、风险事件后果及其发生可能性、影响范围等因素，合理确定风险性质、类别和级别，及时对倾向性、苗头性、疑问性以及重大产品安全信息进行风险评估，作出科学判定。建立风险评估专家库、探索专家参与机制，加强与系统外行业、高校专家的合作，不断充实风险评估专家队伍。同时，加强与国外风险评估实验室的交流与合作，推进风险评估实验室建设。

三、完善风险控制方式

风险控制是否及时有效直接影响社会舆论的导向、政府的话语权和公信力。从国外经验来看，风险处置有消费警示、产品危害明示、标准修订、产品召回、下架退市、市场准入、监督检查、执法查处、行业整顿、强制淘汰等多种方式。因此，对于风险预防与准备阶段，要根据法律规定赋予的职责，结合风险评估的结果，及时向社会发布风险信息，指导社会公众有效防范风险；对已发生的风险，在第一时间启动风险应急预案，及时移交风险源头监管部门处置，引导和督促企业最大限度地消除风险因素。主动协调各相关职能部门，联手解决系统性、标准性、技术性难题，着力完善质量安全标准体系；此外，对风险监测中发现的系统性、区域性产品质量安全问题，通报有关地方政府或行业协会，推动相关部门共同应对风险或采取长效措施。

四、注重技术能力建设

检验检测机构是开展风险监测工作的重要技术保障。要推动设立产品质量安全风险监测中心，收集、整理从监督抽样、许可检验、委托检验等日常工作中获取的产品质量安全风向信息，加快互联网、物联网、大数据等技术在质量监管领域的应用；对疑似的有危害的危险物质进行有目的性定量、定性分析、积极研究开发检验技术方法，实现从单纯的检验检测能力提升向检测技术研发方向发展的转变；注重不同专业背景的人才储备工作，加强技术人员的业务能力锻炼，重点抓好报告编制工作，促进检验技术骨干人员实现从检验人员向科研人员的转变。

第七节 构建质量诚信体系

信用是市场经济的基石，质量诚信是建立优胜劣汰市场竞争机制的基础，是加强企业事中事后监管的重要手段。所谓信用管理，正如李克强总理在中国质量（北京）大会上的比喻一样，将其称为质量管理的"牛鼻子"。近年来，在加强质量诚信体系建设方面，我国做了很多工作，建立了全国企业质量信用档案，采集了很多信用数据，部分地方和领域开展了信用分级分类管理，取得了一些效果，但是还没有真正发力。信用建设是一项管根本、管长远的系统工程，要做好非常不容易。信用管理是根本性的措施，信用管理跟不上，假冒伪劣天天查也查不完，还可能越查越多。信用体系建起来以后，就可以实现从源头上、根本上管理。

现在，经过多年努力，国家层面，由发展改革委、人民银行牵头，正在大力推进社会信用体系建设，加强部门间信用信息的互联共享。质量信用体系建设面临难得的机遇，要主动融入到国家总体工作部署中去，要体现职能、发挥作用。在各级质量监管部门的实践中，也应明确由一个部门牵头，统一归集汇总各业务部门的信息数据，并将其录入全国企业质量信用档案数据库和国家质检总局相关业务统计系统，为整个质检业务数据资源整合、利用好质检"大数据"资源奠定扎实的基础。其中，数据的准确性是关键，准确统一的数据，将有利于未来统一对外公布并发挥作用，这也对各地各部门的协同合作提出了更高的要求。此外，国务院于2016年6月12日发布了《关于建立完善守信联合激励和失信联合惩戒制度加快推进社会诚信建设的指导意见》（国发〔2016〕33号），国家层面的联合惩戒机制已经开始实施了，效果不错。我们要充分用好这个手段，与信用体系建设和标准自我声明公开互动起来，做到优势互补、相互促进，不断深化质量诚信体系建设。

一、制定质量诚信体系建设长远规划

首先，应充分认识质量诚信体系建设对规范市场经济秩序、建设社会诚信体系的作用。其中，完善的质量诚信体系才是让市场经济秩序规范化的最

根本方法。政府部门为了净化全社会的信用环境，使资源得到合理分配，并且提高经济的运行效率，不断出台有关信用的法律，并且利用多种措施完善评价体系，有效加大对失信行为的惩戒力度，降低了整个社会的质量信息成本。而质量诚信体系的完善有利于整个社会的现代经济体系健康运转，是规范全社会市场经济秩序的根本措施。其次，要确定以质量诚信体系为核心的产品质量监管理念。将生产企业质量诚信体系建设提到战略的高度，纳入到质量监管事业发展的远景规划和战略目标中，明确生产企业质量诚信体系建设的目标和责任。关注质量诚信体系建设的经济环境、社会文化环境等外部环境的影响，寻找最佳发力点和合作点。了解质量监管部门在生产企业质量诚信体系建设中的优势和劣势，存在的机会和可能遇到的威胁。努力运用现有的公共资源、对生产企业的监管职能等优势抢抓发展机遇，把优势发挥到最大。明确质量诚信体系建设的工作思路，制定企业质量诚信体系建设长远规划，确保在相当长的一段时间内有的放矢，按照规划逐步落实诚信体系建设的各项工作，最终完成规划预期，实现质量诚信体系的良好运转。最后，应大力构建质量诚信体系，推动实现产品生产的全过程监管，提升质量监管的效率。企业质量诚信水平的提高有力地促进了产品质量监管工作。质量诚信体系建设是产品质量监管工作的重要组成部分，并且为执法检查和产品监督检验提供依据。相应地，政府部门通过行政及技术手段不断对企业产品质量进行监管，督促其遵纪守法，逐步实现诚信经营。要想全面提升质量监管水平，打造地方质量信誉品牌，质量诚信体系建设是关键环节。质量监管部门应厘清产品质量监管与生产企业质量诚信体系建设的关系，达成对企业产品质量监管的目标和任务。

二、主管部门整合有效资源，健全激励机制

企业在生产发展中，会受到来自生产许可、强制性认证等由质量监管部门主管的一系列行政许可的规范。质量监管部门将质量信用情况作为考核企业的标准之一，从制度上将企业规范化，有利于促进企业诚信发展。日常管理工作中，对待不同性质的企业要给予不同的态度，比如可根据质量信用由好到坏将企业依次区分为 A、B、C、D 四等。对 A 等企业，要大力扶持和

保护，对于这部分企业只要是符合相关条件，相应的减少监管频次，帮助其评审中国品牌产品等荣誉，质量奖励或行政许可等评审时，也要对这类企业优先考虑；对 B 等企业尽管没有 A 等企业优秀，但是也基本遵守各项规章制度，质量信用状况良好，有针对性地对其进行监管，强化这类企业的质量信用意识，提高信用水平，向 A 类企业看齐；对 C 等企业，应当是各部门监管的重点企业，可能偶尔出现过失信行为，因此应当加大检查力度和频次，督促其整改，对于经过整改逐步杜绝失信行为的企业，还给予一定的奖励，帮助企业良性发展；对连续两年被评为 D 等企业，这类企业已经纳入黑名单中，并依法对其进行曝光，对情节十分严重的，甚至已经威胁到社会稳定的企业，应当及时反映到有关部门，作出依法取缔的制裁。要求申报各级政府质量奖、中国名牌产品、全国质量管理先进单位、国家地理标志保护产品和国家名牌产品的企业，近年来质量信用必须达到 A 等。

产品质量监管部门应该利用好现代信息化技术，逐步建立统一的信息管理平台和查询披露系统，将在依法履职中产生的企业质量信用数据及时上传到管理平台。有效利用产品质量信用网站，实时更新企业产品质量信用记录，严格执行管理制度，做到依法采集和披露企业诚信信息，有效服务社会监督。通过平台上的数据，让征信、税务、工商、金融等相关部门都通过平台得到企业有关质量信用方面的信息，让这些信息得到共享，并及时向全社会通报。让企业的质量信用信息逐步公开、共享。制定相关的管理规定，对公开的内容和范围制定细致的规范，保障企业质量信用信息资源的开放和有效应用。除了我国相关法律法规另有规定外，各部门都应当在对企业进行监管时得出的关于企业质量信用的记录公之于众，有利于引导社会舆论，从社会舆论的角度约束企业行为。建立失信行为联合惩戒机制，将失信的企业纳入到"黑名单"里，并对这些企业进行曝光，从市场管理到法律手段联合惩处企业的失信行为。让企业从事其他市场活动时，都会受到失信行为的影响，并且在管理过程中，加强有关部门的情况通报和沟通合作，最大限度地对严重失信企业进行惩处。

三、增强企业主体意识，积极参与体系建设

通过政府曝光制度的完善、消费者参与途径的健全，让企业自身感受到，如果没有良好的质量信用，发展起来举步维艰。将企业生产的重点产品作为管理重点，严格执行出厂检验、定期检验和抽检制度，定期发布质量信用报告。为了切实让企业履职尽责，实行产品追溯制度，一旦出现质量问题，找到源头。对于央企等在诚信体系建设中的佼佼者，可做成试点工作，在整个行业中起到引领和示范作用。通过政府部门的努力，增强企业建立质量诚信体系的主体意识。企业要想长远发展，必须要树立自己的品牌形象，要想树立起一个企业的形象，诚信建设就显得更为重要。要想在市场上提高占有率，提高同行业的市场竞争力，企业就应当不断赢得消费者的青睐，建立一个注重产品质量、讲诚信、树品牌的良好形象，杜绝质量欺诈，规范经营行为，严格遵守承诺。质量好、出精品、讲信誉都让企业的诚信优势转换为经济效益。这就要求企业管理者自发地加强企业内部管理，而质量诚信的内部管理制度对于企业来说至关重要，包括加强企业员工的质量诚信意识，培训教育员工树立一定的诚信观念；出厂产品符合标准等。在生产全过程及售后服务等方面制定全方位的质量诚信制度，全面推进企业的发展。

四、拓宽参与途径，增强社会公信力

第一，政府部门在诚信建设中起一定的主导作用。从市场经济体制规范的角度看，政府有必要建立一套完善的诚信规则和信用管理体系，并让这些制度与规则发挥应有的作用。让每个参与市场竞争的企业在一个公平的环境里竞争，实现优胜劣汰。但是，质量诚信体系作为一个开放、动态的体系，单靠政府部门是绝对不够的，信用评价机构、媒体及社会大众的参与也必不可少。第二，信用评价机构作为第三方组织，站在最为中立的角度进行信用评价，解决政府管不好、管不了的事务，在政府与企业间起到润滑剂的作用，增强信用评价的权威性和公信力，提高市场主体自律的效应。第三，媒体是诚信体系建设与社会大众相连接的桥梁和纽带，引领舆论导向。信用信息、"黑名单"等质量诚信体系的输出信息需要通过媒体向社会发布，引起社会关注，让质量诚信成为百姓茶余饭后的议论焦点。即使质量诚信体系再

缜密、再完美，不通过媒体让社会知道，体系就发挥不出作用。只有将质量诚信体系的输出信息广为人知，在潜移默化中成为消费者的购买依据，才会给生产企业形成压力，努力提高自身的质量诚信水平。第四，社会大众是质量诚信体系建设的直接受益人。要启发大众在质量诚信体系建设的主人翁意识，自觉参与到体系建设当中。拓宽消费者参与诚信体系建设的途径，在手机应用平台上加入质量诚信频道，使消费都便捷地将产品质量信息反馈到质量主管部门，反馈的信息经过处理后所形成的数据作为企业质量信用评价的依据。形成全社会关注质量诚信体系，"以诚信为荣、以失信为耻"的社会氛围。真正让质量诚信体系成为大众重视质量、支持质量监管工作的标签。可见，只有社会各界都参与到质量诚信体系建设中来，质量诚信体系才会被广泛认可，诚信体系的公信力和全社会的诚信水平才能提升。

第八章 治理视角下现代质量监管的法治保障

"法者，治之端也。"法治是治国理政的基本方式，也是全面深化改革的基本遵循。有了法治的护航，改革才能不走样、不变道、有章法，真正做到蹄疾而步稳、勇毅而笃行。在推进构建现代质量监管体系的过程中，法治建设发挥着基础性的作用。法治既是手段，还是底线。在建设法治国家的大背景下，于法有据是推进监管改革的基本前提。推进质量监管体系改革，必须在法律框架下实施、法治轨道中运行，法治建设到哪，改革推进到哪，这样才能经受住法治标准的检验。

第一节 质量监管法律制度基本理念的变迁

新中国成立以来，我国质量监管法治建设从无到有，从不完善到基本体系建成；从一元治理到多元治理，并非简单的数量增加，而是随着质量监管的理念的发展而变迁。

一、计划经济时期的质量监管制度

计划经济时期，政企不分，生产活动完全由政府通过行政命令的方式开展，全国实行高度垂直的计划管理体制。将市场需求预测、确定产品技术规范和质量标准、成品质量检验、新产品研制、工艺以及人员培训等与质量管理有关的全过程，都置于政府的控制之下。在这种计划经济体制下，对于保障产品质量的激励方式，多以运动和教育的精神激励来代替物质激励。1949

年 10 月成立中央技术管理局，负责管理工业生产所必需的计量和标准。同年 11 月，中央人民政府贸易部国外贸易司商检处成立，在天津、上海、广州、青岛、汉口、重庆等主要口岸恢复设立商品检验局，开展针对进出口货物的检验工作。与进出口相关的动植物和卫生检疫专门机构，也相继设立。从 1953 年开始，在主管部门牵头下，国有和集体企业内部开始学习苏联质检模式，强调用行政干预来保障产品质量。随后，各主管部门在行业内都相继制定自己的生产标准，对所辖企业的产品质量进行管理和抽查。[①]1957 年，国家标准局成立，设立国家技术委员会后改为设在国家科学技术委员会内，归国家技术委员会管理，开始对全国的标准化工作实行统一领导。各主要工业部门也先后建立了标准化管理机构，加强了标准化工作的领导和管理。[②]这个时期的质量监管法律主要是行政法律、法规，对质量只要求"合用"，而不追求顾客满意，因此，也不可能有《消费者权益保护法》之类的法律，市场根本无法形成对企业质量管理的压力。

二、现代质量管理法律体系初步形成

改革开放后至 20 世纪末，政府逐步放开对经济的管制，国民经济迅速发展，对产品的需求急速上升。市场一方面展现出无限的活力，另一方面也出现了"野蛮生长"的"失灵"状态。在 20 世纪八九十年代，由于法律制度的缺失，再加上当时企业多缺乏品牌和知识产权的保护意识，假冒伪劣产品盛行，如曾一度成为"质次价廉"代名词的温州皮鞋，消费者对此深恶痛绝。

为加强对产品质量的监管，国家进行了一系列的机构改革。1998 年，国家技术监督局更名为国家质量技术监督局，实行省以下垂直管理。2001年，国家质量技术监督局与国家出入境检验检疫局合并成立国家质量技术监督检验检疫总局，主管全国产品质量监督工作。与此同时，工业产品生产许

---

① 程虹、李元平：《中国质检体制机制的历史沿革及内在规律》，2016 年 4 月 22 日，见 http://www.cqn.com.cn/zggmsb/content/2016-04/22/content_2837612.htm。

② 何家旭：《产品质量监管体制：问题与对策》，硕士学位论文，复旦大学 MPA，2009 年，第 21 页。

可证的行政许可职能也由行业主管部门陆续划归国家质量技术监督部门，并出台了《工业产品生产许可证管理条例》。

在对外开放、引进国外先进技术的同时，我国也大量引入了西方的质量管理法律制度。在这一时期，我国制定了一系列的市场管理法律制度，形成了以《计量法》、《标准化法》、《产品质量法》、《消费者权益保护法》、《进出口商品检验法》、《进出境动植物检疫法》、《国境卫生检疫法》、《节约能源法》、《特种设备安全法》等法律为核心、13 部行政法规为主干、190 部部门规章为基础、200 余部地方性法规规章为补充的质检法律法规体系，这些法律制度以"市场失灵"为理论基础，通过法律手段调节市场，以发挥政府那只"看得见的手"的作用。这一时期的法律制度是典型的经济法，以政府监管为主要手段。

三、质量监管制度不断完善向产品多元治理发展

21 世纪初至今，随着国民经济不断发展，尽管我国产品质量有很大的提高，但是，总体水平仍不能满足人民的物质文化生活水平不断提高的需求，与经济发达国家相比还有很大差距，国务院于 1996 年出台《质量振兴纲要（1996—2010 年）》，2012 年出台《质量发展纲要（2011—2020 年）》，把提高产品质量放在兴国战略地位。在此政策引导下，我国的质量监管法律制度也在不断完善。

这一时期，《产品质量法》、《消费者权益保护法》等法律、法规都陆续进行修改，一方面是为了适应现代经济社会发展的新情况，另一方面也是为了不断完善，弥补之前法律的漏洞缺陷，加强对质量的监管，向科学化与技术化发展。《标准化法》的修改也被提上日程，以满足加强对产品质量提升的要求。

除了修改传统质量监管法律之外，我国还计划制定《质量发展促进法》、《消费品安全法》。这些法的修改与制定，不断地适应现代质量监管多元化治理的需求，标志着质量监管法律制度从强调政府监管的一元治理向多元的社会治理发展。计划制定的新法与已有的质量监管法重新构建出新的质量监管体系。

第二节　完善企业自主监管的法律制度

在整个质量监管体系中，企业自我监管是基础，也是最关键的环节。长期以来，我们的法律制度把企业仅仅作为监管对象，而没有视其为监管主体，把企业与政府部门对立起来，没有激发企业加强质量建设的主动性。

1993 年制定的《产品质量法》是我国第一部关于产品质量监管的法律，也是我国产品质量监管法律体系的核心法律，因此承担着最主要的质量监管的法治任务。该法于 2000 年做了较大的修改，修改后的《产品质量法》在强调生产者应当对其生产的产品质量负责，销售者应当在保持销售产品质量的前提下，增加规定了生产者、销售者的质量监管责任：（1）要求生产者、销售者必须建立健全内部产品质量管理制度，加强内部产品质量管理，保证产品质量。（2）对产品质量监督部门依法组织进行的产品质量监督检查，生产者、销售者不得拒绝，否则给予严惩。（3）规定了对产品质量监督抽查中发现的质量问题的处罚办法。（4）对企业使用认证标志的情况跟踪检查，对不符合认证标准而使用认证标志，情节严重的撤销其使用资格。[①] 该法的修改，配合 1996 年出台的《质量振兴纲要（1996—2010 年)》，对提高我国整体质量管理工作发挥了积极的作用。

然而目前，我国的产品质量与世界发达国家水平仍有差距，产品质量事件仍然频发，就企业自我监督方面来说，由于仍然存在着法律规定不完善、违法成本过低、没有形成全社会监督等原因，仍然处于不理想状态，亟须完善。

一、鼓励企业开展质量体系认证和质量认证

2000 年修改的《产品质量法》中已规定鼓励科学管理方法，鼓励企业开展质量体系认证和质量认证，但《产品质量法》毕竟是以政府监管为主的

---

① 《国家质量技术监督局局长李传卿就新修改的〈产品质量法〉答记者问》，《大众标准化》2000 年第 4 期。

经济法，对激励企业自律有限。因此，一方面，应以质量政策配合法律、法规进行，国家、地方政府可以出台政策，奖励积极参与质量体系认证和质量认证的企业。另一方面，相关的法律法规应以"企业主抓"为基础的正向激励新模式，[1] 应在该法中重点强调企业的科学管理方法，鼓励企业进行质量体系认证和质量认证，并制定相应的实施细则。

二、完善对缺陷产品的认定

目前，我国追究企业产品质量责任的前提是产品有缺陷。根据《产品质量法》第四十六条规定，判断产品缺陷有两个标准：一是产品存在危及人身、他人财产安全的不合理的危险；二是产品有保障人体健康和人身、财产安全的国家标准、行业标准的，而不符合该标准。当有国家标准、行业标准时，优先适用行业标准。该条规定在实践中造成追责的困难，首先，由于现代新产品、新技术层出不穷，国家标准、行业标准的制定严重滞后，有大量的产品没有任何标准；而已有的标准也因陈旧不能适应现代市场的需求。有些标准超过十年都未修改，产品即使符合标准，也有可能产生危及人身和财产安全的情况。其次，对于"不合理的危险"难以认定，使被侵权人处于举证不能，从而面临败诉的不利境地。而现行法律并没有对于产品责任的举证责任分配作出明确规定，根据《最高人民法院关于民事诉讼证据的若干规定》第四条的体例安排，生产者免责事由的举证责任由生产者一方举证，往往被称为"举证责任倒置"，在实践中关于产品责任的举证责任有多种做法：一些案件中，审判法院明确指出构成产品责任所必须证明的产品存在缺陷，应有原告方予以证明；在另一些案件中，法院将产品是否存在缺陷的举证责任分配给生产者[2]。立法上的缺失，再加上司法实践中的不确定性，给被侵权人寻求救济带来很大的困难，再加上《产品质量法》第四十一条第二款规定的三项免责事由，给了生产经营者逃避产品质量责任的可乘之机。

---

[1]　蔡峡成、王嘉：《质检总局将加快推进〈质量促进法〉立法》，《中国质量报》2016年6月28日。

[2]　杜文曲：《〈侵权责任法〉第41条适用问题研究：以被侵权人的权利救济为视角》，硕士学位论文，天津商业大学民商法学专业，2015年，第8页。

针对以上问题，我国产品质量监管立法的一个重点是完善产品质量标准。目前我国标准制定主体分散、交叉重复，缺少对标准制定、实施、评价等进行监督的措施等问题。《标准化法》于 1988 年制定后迎来首次修订，新修订的《标准化法》对我国标准化工作进行完善，建立强制性标准实施情况统计分析报告制度制定标准的行政主管部门、社会团体和企业应当定期对标准进行复审，并根据科学技术进步的状况和经济社会发展的需要及时开展标准的修订、废止工作，同时将免费向社会公开强制性国家标准。意见稿将制定标准的范围扩大到农业、服务业和社会管理领域。意见稿扩大了制定强制性国家标准的范围，除了原来涉及人身健康和生命财产安全的内容外，还增加了国家安全、生态环境安全及社会经济管理基本要求；意见稿还鼓励依法成立的社会团体制定团体标准，供社会自愿采用。在《标准化法》和国务院《深化标准化工作改革方案》、《国家标准化体系建设发展规划（2016—2020年)》等政策性文件的指导下，我国应尽快完善质量标准体系的建设，弥补产品标准空白所带来的执法、司法上的困惑。以广东省为例，对于广东这种制造业大省，该省一些主打产品应组织制定高于国家标准的地方性标准，并结合名牌战略，鼓励企业制定高于国家标准、行业标准和地方性标准的企业标准，以及团体性标准。

对于"不合理缺陷"，学界公认"缺陷"分为"设计缺陷"、"警示缺陷"、"制造缺陷"，对于制造缺陷尚可以国家标准、行业标准等作为认定标准，但对于设计缺陷和警示缺陷，就显得捉襟见肘了。在实践中，有法院已有判例对于虽然符合国家标准、行业标准的产品，但设计有缺陷或警示有缺陷而认定产品缺陷。[①] 但对于我国这种非判例法的国家，应在立法中明确认定"缺陷"产品的标准，不应把符合国家标准、行业标准作为优先适合的标准，如被侵权人能够证明产品存在"不合理缺陷"，生产者就应当承担责任。同时，应对"不合理危险"进行明确解释，应以消费者合理预期的安全性作为标准，即以产品相应的消费者的知识、技能和经验判断产品的合理安全性。因为生产者在设计、制造产品时已经充分考虑到产品的缺陷，并采取措施预防产品

① 姚建军：《产品质量检验合格并不等于产品无缺陷》，《人民司法》2014 年第 1 期。

缺陷。这样规定，可以平衡生产者与消费者之间的权益。

三、完善产品质量诉讼的证据规定

由于法律没有明确规定，对于产品责任的诉讼证据规则，一直也是学界争议的焦点，在司法实践中，各法院也常是灵活处理，这对质量监管的法制化非常不利，因此，应该对产品责任中的举证责任进行明确规定。目前，关于产品责任的举证责任规定应结合《侵权责任法》第41条、《产品质量法》第41条、《消费者权益保护法》第23条第三款、《民事诉讼法》一般举证规则和《最高人民法院关于民事诉讼证据的若干规定》第4条第六款的规定，显得比较散乱，对于举证责任分配没有统一而明确的规定。结合司法实践与市场需求，应该在《产品质量法》或《最高人民法院关于民事诉讼证据的若干规定》中明确规定举证责任：（1）一般产品举证责任仍然按照"谁主张，谁举证"，由原告举证证明产品有缺陷；（2）当原告举证证明产品有缺陷，被告举证证明产品存在可免责事由，这并非"举证责任倒置"，仍然属于证据一般规则；（3）对于技术复杂，"原告无法通过一般途径，如一般技检途径检测出缺陷的存在，或者没有专门的检测机构进行这项检测"①的产品应实行"举证责任倒置"规则，法律应该细化认定标准。

四、完善产品质量惩罚性赔偿的规定

加强企业的自主质量监管，一方面需要正向激励机制；另一方面应加大对违法行为的处罚力度。长期以来，产品质量问题频频发生，很大程度上在于企业的违法成本过低，企业通过"成本收益法"核算发现违法赔偿加处罚比改进质量、采取预防措施成本还低，因此，很多企业不会选择主动采取措施提高产品质量或发现问题不积极采取措施补救，而宁愿等事故发生后进行赔偿。因此，学界一直呼吁我国建立产品质量惩罚性赔偿制度。目前，我国《消费者权益保护法》规定了四倍赔偿，但该法规定是针对经营者或服务者存在欺诈行为时才能适用，其规定的适用惩罚性赔偿的范围太窄，而且由于

---

① 黄春艳：《论我国产品责任纠纷中的举证责任问题》，《天津经济》2008年第2期。

如消费品的产品价格比较低，即便是十倍赔偿也非常低，而对于商品房这种高价大宗商品，却被排除在惩罚性赔偿之外。

惩罚性赔偿具有惩罚与阻遏不法行为的功能，而补偿功能和鼓励私人执法功能只是惩罚性赔偿在以阻遏为最终目的；对加害人实施惩罚所产生的附带性的效果。英美国家在实践中证明惩罚性赔偿制度对惩罚并遏制企业不法行为、提高产品质量具有明显的效果。我国应该在现有制度的基础上完善惩罚性赔偿，扩大惩罚性赔偿的范围和力度。对于危害人身健康、生命和财产安全、破坏生态环境，以及违反产品召回规定的，都应该科以惩罚性赔偿。对于赔偿金额，应在现有基础上大幅提升，其赔偿金额应远大于违法获利，但也要注意平衡利益，以防违法企业难以承受而破产，从而使保护被侵权人的目的落空。

五、完善缺陷产品召回制度的规定

我国最早的产品召回法律制度是上海 2002 年通过的《上海消费者保护条例》，最早的全国性法规是《缺陷汽车产品召回管理规定》，目前适用产品召回制度的产品还有食品、药品、儿童玩具等产品。2009 年，国家质检总局向国务院报送了由其起草的《缺陷产品召回管理条例》（送审稿），并向全社会征求意见。但该《条例》尚未生效。目前我国产品召回制度存在立法层次低，产品适用范围太窄，对未进行缺陷产品召回的企业处罚力度不够等问题，以至于一些跨国企业对同样的缺陷产品在国外召回而不在中国召回。

对此，我国亟须完善缺陷产品召回制度。首先应提升立法层次，有人建议专门制定"缺陷产品召回法"，但这样做割裂了企业的产品责任。因此，更合理的立法例应该是在《产品质量法》中规定缺陷产品召回制度，可以统一适用《产品质量法》对"缺陷"产品的规定，而且可以完善企业对缺陷产品的责任。其次，扩大召回制度的产品适用范围，将召回制度的产品范围适用于所有缺陷产品。最后，加重对违法不召回的惩罚，并适用惩罚性赔偿。

以上制度彼此联系，相互影响，应一并进行改革与完善，任何单独一项不足以达到提升质量管理的效果。

第三节　推进政府质量监管的法治化

产品质量是生产出来的，也是管理出来的，加强质量监管，提升行政执法的能力与力度是问题的关键，从以往的经验来看，正是由于我国行政监管不力导致我国产品质量问题非常严重。特别是在我国市场经济还不发达，社会各方面力量还较弱，没有形成多元治理的情况下，行政监管更是在各种监管中处于核心地位。改革开放以来，我国进行了多次质量监管体制改革，为我国的产品质量工作起到了积极的作用，但不可否认的是，我国行政监管还存在着很多问题。从现代质量监管的法治保障来看，当下我国质量监管体制改革的一个重要方面是要推进政府质量监管的法治化，以法治化的政府质量监管来保障现代质量监管的长远发展，为此在进一步理顺管理体制基础上，加快标准化和改进产品监察、优化行政审批等工作。

一、理顺产品质量管理体制

2001 年，《国务院办公厅关于印发国家工商行政管理总局职能配置内设机构和人员编制规定的通知》规定：生产领域的产品质量监督由技术监督部门负责，而流通领域的产品质量监督由国家工商行政管理部门负责。往往职责不清，管理效率低下。对于不同的产品，又分不同的部门监管，这种分段式的安全监管模式存在职能交叉、权责模糊的问题，容易形成管理的真空。应明确质量技术监督管理部门的质量监管牵头部门地位，其他部门在各自领域负责监督管理，明确各职能部门的职责分工，界限清晰，防止监管真空出现，牵头部门负责统一协调。另外，各级政府搭建统一信息平台，各级政府、各部门实现信息共享，防止重复执法或出现执法真空。

二、加快组织标准的制定与实施

质量监管的基础是标准。对于关乎生命健康、财产安全和生态安全的产品实施强制性标准，由政府统一制定，鼓励地方政府制定高于国家标准的地方性标准。对于不是涉及人体健康和人身财产安全、生态安全的产品，可以不制定强制性标准，鼓励社会团体或企业制定标准，通过市场机制进行调控。政府重点监管第一类产品质量，并且全面掌握产品的市场信息，做好风险防控工作。对于第二类产品，政府应对标准进行有效管理，评估检测标准的科学性、合理性。无论是强制性标准，还是非强制性标准，都应做到及时更新，适应技术发展和市场需求，并紧跟国际标准，甚至超越国际标准。

三、改进产品检查制度

以往运动式的抽检对长期产品质量监管收效不大，而且会出现重复检查，干扰正常生产秩序的问题。产品质量监管部门的监管应实行"双随机，一公开"方式，以减少对市场主体正常经营活动的干扰，营造法治化、便利化的营商环境和公平竞争的市场环境。交办事项或上级部门有特殊要求等情形外，市场监管检查事项和其他执法检查事项，原则上均采取"双随机，一公开"的方式进行，减少对市场主体正常经营活动的干扰，营造法治化便利化的营商环境和公平竞争的市场环境，推进大众创业万众创新。新监管提出"避免检查过多和执法扰民"，要求明确抽查比例和频次。对存在投诉举报多、列入经营异常名录、有失信行为和严重违法违规记录等情况的检查对象，或风险较高的区域和行业，应适当提高抽查比例和频次；对守法经营、信用良好的检查对象，或风险较低的区域和行业，可适当降低抽查比例和频次。

四、完善行政审批制度

目前，质量监管行政审批还存在如下困境：一是企业申报手续比较复杂。二是现场技术审查自由裁量权较大，增加了审查的不确定性。三是产品抽样检测数据有时不真实，具体表现为产品抽样方法不科学，事关产品质量的检测报告要求企业送样检测，检测机构只能对来样负责。四是各种收费项目繁多。复杂的行政审批手续伴随着诸多项目的收费，企业负担较大。办证搭车收费的现象普遍存在，产品委托检验合同签订后执行普遍不规范。五是行政审批监管薄弱。由于质量监管行政审批事项过多、流程烦琐，导致系统内上下忙于应付具体事务的办理，审批行为不规范，自由裁量权过大，重审批轻监管，服务意识不强、服务质量不高等问题，群众和社会反应较大。

针对以上问题，应该推行一系列深化质量监管行政审批制度改革的措施：

（一）审批事项数量

凡公民、法人或者其他组织能够自主决定的，市场竞争机制能够有效调节的，行业组织或者中介机构能够自律管理的，政府都要退出，放权于市场及社会中介组织，按照精简下放和有效治理的原则，把大部分行政审批权下放给市县局，只有这样才能集中精力把该管的事管好。凡可以采用事后监管和间接管理方式的，一律不设前置审批。以部门规章、文件等形式违反行政许可法规定设定的行政许可，要限期改正，从源头上减少行政审批事项的数量。

（二）公开行政审批事项目录

要坚持依法清理的原则，对保留的行政审批事项实行目录管理，即坚持《行政许可法》效力至上，除目录内事项外，质量监管系统一律不得审批。按照《行政许可法》的规定，保留的项目必须是国家法律、国务院条例、决定以及省人大发布的地方法规设立的审批项目。而各级文件设定的审批项目，可以取消。对依法可以不采用审批方式管理的项目，转变为监管或服务。建立并公开行政审批事项目录清单，在清单之外的，一律不再审批。同时，目录向社会公开，接受社会监督。

（三）对行政审批项目进行动态清理

探索建立审批项目动态清理工作机制。按照应减必减、该放就放的原则，进一步取消和调整行政审批项目。认真开展清理工作"回头看"，重点抓好涉及实体经济、民间投资和影响小微企业发展等方面的行政审批事项的清理。开展行政事业性收费专项检查，将已经明令取消的真正执行到位。进一步规范中介收费，加强法律监管，坚决清除行政审批中介服务中的"灰色地带"。

（四）严格控制新设审批项目

新设审批项目，必须于法有据，并严格按照法定程序进行合法性、必要性、合理性审查论证。没有法律法规依据，任何部门不得以规章、文件等形式设定或变相设定行政审批项目。研究制定非行政许可审批项目设定和管理办法，确保在取消了相关行政审批程序后项目工作能够顺利开展。

（五）提高行政审批效能，优化行政审批流程

进一步再造优化行政审批流程。按照便民高效的原则，对保留的行政审批事项实施程序化和流程再造，确保行政审批行为公开化、有序化和效率化。减少环节，取消没有法律依据或不必要的办理环节和申请材料；合理确定办理时限；降低行政审批自由裁量权，减少行政审批的随意性；推行联办联审，建立政务大厅或服务窗口，推行网上审批、并联审批；推行服务质量公开承诺等做法，不断提高行政审批服务水平。

（六）加强事中事后监管

坚持市场宽进严管的改革定位，由事前审批更多地转为事中事后监管。对取消和调整的行政审批事项，要明确监管责任，制定后续监管措施，强化工作衔接，避免出现监管真空。各地区、各有关部门要将依法监管作为工作重点，切实履行职责，制定政策法规、标准规范，加强日常动态监管，进一步改进监管方式，进一步提高监管能力，保证市场秩序，保障人民群众生命健康安全。

（七）加强行政审批绩效考核

建立行政审批绩效考核评价机制，加强对行政审批全过程的监督管理，定期通报审批事项办理情况，严肃处理违法违规审批等问题。

第四节　充分发挥消费者法律维权的作用

消费者作为经营者提供产品和服务的对象，本来应该对产品质量监督起着关键性作用。但是由于我国市场经济还不完善，法律制度不健全，消费者相对于生产者处于较弱的地位，再加上信息不对称、救济成本过高等因素，消费者的监督功能远没有发挥出来。《消费者权益保护法》作为规定保护消费者权益和消费者进行产品质量监督的最重要的法律，于 1993 年制定后，先后于 2009 年和 2013 年两次修改：（1）加大了对消费者的保护力度，

增加或强调了消费者的权利、经营者的义务；（2）针对网购或其他市场出现的新问题作了专门的规定；（3）规定了消费者公益诉讼；（4）同时增加了著名的"三倍赔偿"的规定，即经营者提供商品或者服务有欺诈行为的，应当按照消费者的要求增加赔偿其受到的损失，增加赔偿的金额为消费者购买商品的价款或者接受服务的费用的三倍，增加赔偿的金额不足五百元的，为五百元；（5）新消法还规定了缺陷产品的处理办法，包括停止销售、警示、召回、无害化处理、销毁、停止生产或者服务等措施；（6）规定了新三包制度，即退货、更换、修理，由消费者选择；（7）对特殊产品进行举证责任倒置；等等。《消费者权益保护法》的修改对加强消费者的权利保护，提高消费者的地位和抗衡的力量起到了重要作用，但是我们也不得不面对的现实是，在实践中消费者维权仍然困难重重，大规模侵犯消费者权益的事件时有发生，消费者在产品质量监管中并没有发挥出应有的作用。对此，我们提出以下改进的措施。

一、落实消费者的参与权

2013年修改后的《消费者权益保护法》规定消费者协会参与制定有关消费者权益的法律、法规、规章和强制性标准；参与有关行政部门对商品和服务的监督、检查的权利，但是并没有具体的细则。消费者协会性质上是消费者组成的社会组织，代表消费者维护消费者利益，但是我国消费者协会主要是官办的，其工作人员具有国家事业单位编制，与消费者具有相当远的距离，很难让消费者感受到"娘家"的感觉。因此，消费者协会参与并不能完全替代消费者参与。应该在《标准化法》、《产品质量法》、《消费者权益保护法》和将来要制定的"产品质量促进法"和"消费品安全法"明确规定消费者在制定产品标准和质量检查等活动中的参与权，并规定具体的参与方式、程序。消费者参与权是消费者九大权利之一，应在法律制度中予以落实，一方面让消费者参与到规则的制定中，增强消费者的力量；另一方面也可以培育消费者的维权意识。

二、完善消费者的监督制度

《消费者权益保护法》规定了消费者享有对商品和服务以及保护消费者权益工作进行监督的权利，即向消费者协会就产品质量问题进行投诉、检举、控告侵害消费者权益的行为和国家机关及其工作人员在保护消费者权益工作中的违法失职行为，有权提出批评、建议。但实践中，相关部门或者出于不重视、没有利益可图；或者出于地方保护主义，对消费者的监督或置之不理，或敷衍了事，这样不能很好地保护消费者权益，也很大地打击了消费者积极参与产品质量管理的积极性。应该在《产品质量法》、《消费者权益保护法》和今后出台的"产品质量促进法"中明确政府部门对消费者的检举、控告与投诉必须记录并处理，并规定具体的程序。这样才能在制度上激励消费者参与到质量监管中，也节约了消费者权益保护的成本，让产品质量问题可以在进入到诉讼阶段之前就解决。

三、完善消费者的诉讼制度

诉讼是消费者寻求救济的最后一道防线，也是消费者争取权利的重要方式，如果消费者诉讼制度设计不合理，不但消费者的权益得不到很好的保障，也会对产品质量缺乏监督作用，最终损及社会公共利益。消费者诉讼具有诉讼标的额小、案件事实简单清楚等特点，但我国的民事诉讼制度并没有专门针对消费者诉讼的简易程序，很多消费者出于成本收益的考虑，虽然遭受人身与财产损害，但由于诉讼成本大于损失而选择忍气吞声。可见，合理的诉讼制度是实现消费者实体权益和公平正义的基础。

（一）简化消费者诉讼程序

对于争议事实清楚、关系简单、涉案金额不高的消费权益纠纷，应设计专门的消费者诉讼程序，优先安排开庭，简化诉讼程序，根据双方提交的证据或对于显而易见的事实，不经检验径直进行裁判。对于针对同一被告的众多类似诉讼，可以合并受理。

（二）制定对消费者诉讼费用的优惠政策

由于消费者纠纷往往是涉及人数众多利益，但损失额不大，消费者个人因考虑到成本问题，不愿主动起诉，导致权力被搁置，经营者趁机法外，使社会秩序充满非正义。为了鼓励消费者对产品质量问题提起诉讼，应规定基于消费者的申请，对诉讼费、检验检疫费给予缓交批复，待判决结果出来后由败诉方支付。有限制地实行举证责任倒置，在消费者与生产者对产品信息获取能力悬殊的情况下，应规定产品是否有缺陷实行举证责任倒置。

（三）建立消费者公益诉讼制度

消费者公益诉讼是指由于商品、服务经营者的不法经营行为，使整个社会的正常商业秩序和消费者公众利益遭受现实侵害或侵害威胁时，法律允许个人或者组织为维护消费者公众利益而主动对其进行司法追诉的制度。[①] 消费者公益诉讼维护社会公平正义，提高司法公信力，超越传统诉讼理念，积极发挥司法正义，维护消费群体的公共利益，恢复群体消费者的损失。

从 1996 年，邱建东因 0.6 元电话费起诉邮电局，告其夜间多收半价的电话费胜诉结案以后，各地陆续出现了大量的消费者公益诉讼，虽然胜诉的不多，但很多公益性诉讼起到了维护消费者整体利益和社会利益的效果，如2006 年 7 月上海市民邓维捷起诉中国工商银行、中国交通银行、中国建设银行、中国银联收取 ATM 跨行查询费 0.3 元的事件发生后，引起社会广泛争议的 ATM 跨行查询费从 2007 年 4 月 20 日起停止收取。这一措施惠及所有的消费者。[②] 鉴于消费者公益诉讼的社会实践的示范性效果，2012 年《民事诉讼法》修改时第一次对消费者公益诉讼作出了原则性的规定；2013 年修改的《消费者权益保护法》也规定了消费者协会具有公益诉讼的资格。学界也有越来越多的学者对于消费者公益诉讼关注，多数学者支持消费者公益诉讼，认为该制度对维护消费者权益和社会公共利益、提升社会产品整体质量有着积极的作用。只是对于消费者公益诉讼具体制度设计有些不同的观点。

因此，有必要建立完善的消费者公益诉讼制度。首先，应明确诉讼主体。借鉴其他领域的公益诉讼和司法实践，消费者公益诉讼主体应包括：检察院、消费者协会、行政机关，如质量技术监督管理局和消费者个人。其

---

① 何文景：《我国消费者公益诉讼制度研究》，硕士学位论文，重庆大学经济法学专业，2010 年，第 5 页。

② 何文景：《我国消费者公益诉讼制度研究》，硕士学位论文，重庆大学经济法学专业，2010 年，第 23 页。

次，消费者公益诉讼的受案范围应为消费领域公共利益起诉时，受害人涉及广大不特定消费者，才适用消费者公益诉讼。再次，案件管辖问题。管辖问题分为地域管辖和级别管辖。现行《民事诉讼法》规定公益诉讼的地域管辖为侵权行为地或被告所在地。这里有可能包括原告所在地，但我们认为，应该明确规定消费者公益诉讼的地域管辖包括原告所在地。对于级别管辖，应根据案件的涉案金额、涉案人数、影响力大小、复杂程度等因素，分别由基层法院和中级法院受理。最后，关于消费者公益诉讼的诉讼费用。出于鼓励消费者公益诉讼的原则出发，对消费者公益诉讼的诉讼费用应与一般"原告预交，败诉者承担"规则不同，而应该采取轻度有偿主义原则，对于检察院与行政机关提起的诉讼，由国家承担；对于消费者协会提起的诉讼，可由消费者协会成立诉讼基金，由基金承担；对于消费者个人提起的诉讼，可以给予减免和缓交，以鼓励消费者为了公共利益而提起诉讼。对于消费者公益诉讼的具体程序，应由《民事诉讼法》加以明确规定。

四、对"知假买假"的立法倾向

在 20 世纪 90 年代，出现了"王海现象"——职业打假人利用《消费者权益保护法》的双倍赔偿规则专门到各地购买假货，然后通过诉讼等方式获得超过实际损失的赔偿。对于"王海现象"民间与学界一直褒贬不一，争论不止。赞成者认为，"知假买假"的行为是对公权力监督产品质量的一种有益的补充，在法律和行政监管力量不足的情况下，职业打假人对打击制假售假起到很有力的作用。反对者认为，职业打假人知假买假，不是《消费者权益保护法》中所称的消费者，其购买行为不是为了消费，其自身也没有使用产品并因此遭受损害，支持"知假买假"行为违背诚信原则。各地法院的判决结果也各不相同，法律对该行为一直没有定性。而从二十多年的司法实践来看，职业打假人对惩治不合格产品生产者与销售者，提高产品质量的作用非常有限，他们往往以牟利为目的，并不是出于公共利益的考量，因此对于产品价值不高，但又关乎民生的产品并不感兴趣；而他们的行为也并没有带动真正的消费者对抗不法经营者的社会效应。反而，一些"知假买假"行为对社会正常市场秩序、社会诚信起到了破坏作用。立法应该通过各种机制，激发真正的消费者的监督意识和行为，而抑制职业打假人的"知假买假"的牟利行为。

第五节　为社会力量发挥作用提供法律保障

基于现代社会治理的理念，产品质量监管主体不应只是政府一元化管理，而应该发挥企业、市场、社会和政府多元主体的力量，形成多元治理体系，提高治理水平和效率。在质量监管体系中，除了企业、消费者和政府这三极外，还有一些社会力量可以发挥重要监管作用。法律一方面要赋予它们法律地位和权利，另一方面又要对其进行引导与规制，以防其产生不良作用。

一、充分发挥行业协会的自律作用

在产品质量监管中，行业协会发挥着非常重要的作用，往往比强制性法律更具效率。行业协会自明末清初资本主义经济萌芽时期就已产生，在行业自律、维护市场秩序、保证产品质量、惩治违规企业发挥着非常重要的作用。由于参加行业协会采取自愿原则，而且行规是由入会企业协商制定，因此执行起来更具有主动性，而出于维护行业秩序和行业整体发展，行业协会及其他企业也会对会员企业进行有效监督，发现问题及时处理。

通过相关的法律法规建设，对行业协会加以规范，并给予其充分的自治权，鼓励引导行业协会在打造品牌、保护知识产权和提升产品质量中发挥重要作用。

二、转变消费者协会的职能，发挥社会监督作用

在企业与消费者两极中，单个消费者处于极其弱势的地位，尽管有《消费者权益保护法》对消费者的权益进行特别保护，但因为力量对比的悬殊，使得消费者处于不利地位。消费者协会是消费者组成的民间组织，可以使消费者联合起来，为消费者抗衡企业发挥作用。《消费者权益保护法》第32条

规定了消费者协会八项职能，即提供信息和咨询服务、参与监督检查、沟通协调、受理投诉、进行调查调解、提请鉴定、支持起诉、揭露和批评。新消法还赋予消费者协会进行公益诉讼的权利。但是实践中消协的实际作用并不尽如人意。众所周知，中国的消费者协会是由政府出资建立的，其工作人员来自于政府指派，具有事业单位编制，行政依附性很强，往往迎合行政部门和政策，为消费者服务的功能相对较弱。在帮助消费者解决纠纷时，主要用的手段是与经营者调解，而最终目的不在于区分是非曲直，而在于纠纷的解决和消弭，调解程序也多不规范；采用其他手段，如向行政部门申诉、仲裁和诉讼的比例很低①。从各地消费者协会的人员构成来看，学历较低、专业化水平不高，再加上工作主动性不够，导致其为消费者提供的服务质量十分有限。消费者协会与行政部门有着千丝万缕的联系，可以调动各部门资源为其解决问题；利用自身优势，动用司法资源和媒体资源为消费者解决纠纷，但是恰恰没有理顺消费者协会与政府和消费者之间的关系，行政官僚化严重。

在产品质量的多元治理中，消费者协会占有很重要的位置，为了发挥其应有的功能，应该对消费者协会进行改革，对其去行政化，逐步让其独立起来；人员构成上，应招募具有专业背景的、文化水平高的工作人员，如律师等兼职；经费来源与开支应公开透明，不得收受来自企业的捐赠；可以通过支持消费者个人诉讼或提起公益诉讼，从胜诉案件获赔金额中抽取一定比例资金设立纠纷调解基金，并且广开资金来源，在资金无法完全独立的情况下，来自政府的资金支持也是必要的。

目前各地也在尝试对消费者协会进行改革。以广东省为例，消费者协会探索出了基于司法救助维权的创新型工作模式，既增强了其社会监督权威性，又加强了自身与公安、检察院以及法院等司法部门的沟通联系，通过协会和司法部门联合稽查，相关维权案件的案件移交、证据提供、法院受理等工作都实现了密切联动，办案流程归于标准化。同时，通过建立维权申诉

---

① 吴卫军、王建萍：《纠纷解决视域中的消费者协会——基于实证视角的分析》，《云南大学学报（法学版）》2008 年第 4 期。

"绿色通道"和提供专业化法律顾问咨询服务，广东消费者协会的工作效率实现了成倍的提升①。

三、合理发挥媒体的质量监管作用

媒体在质量监管体系中是一支重要的社会力量，特别是在中国目前质量监管法制不健全、消费者维权意识不强的情况下，媒体往往充当质量监督的先锋，很多产品质量事件首先不是政府部门查处，而是由媒体曝光，然后引起社会广泛关注，政府部门才介入调查。因此，充分发挥媒体的监督作用是产品质量社会监督的应有之义。

但在现代网络技术快速发展的今天，媒体不仅仅包括传统的电视、报纸、广播和主流网站，还有成千上万的自媒体和社会组织的网站，人们获取信息的渠道多种多样，因此，法律应对其加以引导和规范，既让媒体发挥质量监督职能，又要让其保证真实性，避免误导广大民众。

第六节　加强知识产权保护

知识产权是人们对智力活动创造的成果依法享有的权利，对于一个企业来说，是商誉、产品质量、社会形象、品牌等诸多方面所凝结的无形资产。改革开放初期，我国经济发展主要是粗放型经济增长模式，模仿、假冒成为常态，企业既没有品牌意识，也没有知识产权保护的意识，因此产品质量低、技术含量低。随着我国经济转型，政府越来越重视产品质量问题，并把提升产品质量放在战略地位。而提升产品质量，一是要技术创新，二是要推进品牌战略，从而使中国在世界舞台上占有一席之地，这都离不开知识产权的保护，因此知识产权的保护也日益受到政府的重视，从加强立法到出台各种鼓励性政策，逐步推进我国知识产权保护工作。从 2010 年 10 月开始，在

---

① 陈金先：《消费者协会组织变革路径探析——基于转型背景下的非营利视角》，《商业时代》2014 年第 14 期。

国务院的集中部署下，全国范围内持续开展了打击侵犯知识产权和制售假冒伪劣商品专项行动，取得了积极的成效。该项行动的一个重要目的即在于"提高消费者识假辨假能力，形成自觉抵制假冒伪劣商品、重视知识产权保护的社会氛围"。①

当前，我国处在经济转型升级、新旧动能转换的关键时期，迫切需要更好地发挥知识产权激励创新的保障引领作用，为创新驱动发展和供给侧结构性改革提供有力支撑。为此，应当从如下方面加大知识产权保护力度。

一、加强知识产权管理

建立健全技术、标准、专利协同机制，推动专利在产业关联企业和研发机构之间的协同管理、许可使用及价值实现。深入开展主导产业专利导航、分析、预警，优化产业全球知识产权布局。推动实施企业知识产权管理国家标准，提升企业知识产权制度运用水平。推动专利技术转化，加快知识产权创业、孵化和产业化基地发展。充分发挥知识产权运营基金的引导作用，推动一批专利联盟集聚创新资源。实施专利资源军民融合计划及国防专利申请资助计划，探索建立军民融合专利技术试验区。搭建知识产权大数据应用平台，面向全社会免费提供基础数据，面向中小微企业开展专利信息推送服务。到 2020 年，每万人发明专利拥有量超过 20 件。推进版权事业，完善版权制度，推动版权输出数量与质量提升，提高版权创造、运用、保护和管理能力。

二、加大知识产权行政执法力度

建立省、市知识产权保护责任制。建立重点产业和重点专业市场知识产权保护机制，实行知识产权重点案件挂牌督办制度，组织开展执法维权专项行动。建立重点企业知识产权保护直通车制度。健全知识产权行政执法机关与公安、海关的保护协作机制，提高行政执法效率。建立健全知识产权行政

---

① 何华:《知识产权与消费者权益保护: 新〈消费者权益保护法〉的进步与遗憾》,《宏观质量研究》2014 年第 3 期。

执法体系，提升执法人员的执法能力和办案质量。

三、加强知识产权司法保护

依法严厉打击侵犯知识产权犯罪行为，重点打击链条式、产业化知识产权犯罪网络，加大涉嫌犯罪案件移交工作力度。加强知识产权行政执法与刑事司法衔接，强化刑事审判惩治和震慑知识产权犯罪。完善知识产权案件审判机制，促进激发创新活力和维护市场竞争秩序。推行知识产权审判"三合一"改革试点，优化知识产权案件管辖法院布局。

四、完善知识产权海关保护制度

加强海关知识产权监管，制止侵权货物进出口，维护公平的外贸秩序。创新海关知识产权执法工作模式，推广"知识产权易保护"制度。加强海关知识产权执法队伍建设，组织开展知识产权保护技能专题培训，提高知识产权海关保护水平。

五、构建高效的知识产权快速维权援助机制

全面提升知识产权快速维权中心服务能力，不断拓展完善快速维权中心功能。围绕知识产权快速维权，探索扩大知识产权快速维权区域和产业覆盖面。建设专利复审巡回审理庭全网管理系统，建立重点企业专利复审无效案件的远程审理和快速确权等工作机制。

六、建立重点企业知识产权保护直通车制度

建立重点企业知识产权保护快速通道，加快知识产权行政执法案件处理，加强定期走访调研，帮助企业协调解决知识产权保护问题。高新技术企业以及专利、商标申请量或拥有量在30件以上的知识产权成长型企业，可申请为市知识产权保护重点企业。重点高新技术企业以及专利、商标申请量或拥有量在100件以上的企业，可申请为省知识产权保护重点企业。拥有一定数量软件著作权企业，可参照申请成为省市知识产权保护重点企业。各地要鼓励符合条件的企业积极申报成为知识产权保护重点企业。

七、加快建设完善知识产权维权援助机制

高度重视知识产权法治工作特别是维权工作，充分利用已经建立的知识产权法院，进一步加强知识产权的执法监管，加强知识产权案件的诉讼审判，努力营造良好的法治氛围。支持高新区、专业镇等重点产业集群依托现有资源建立知识产权快速维权机制，培育建设省级知识产权快速维权中心，建设国家级知识产权快速维权中心，形成专利快速授权、快速维权和快速确权通道，同时构建司法、行政、调解、举报投诉多元的知识产权纠纷解决机制。依托现有资源建设知识产权海外维权中心。凡由省市组织的海外经贸活动，主办方应事前进行知识产权风险防范培训和辅导，为企业应对海外知识产权纠纷提供必要的技术、人才和经费支持。

八、推进知识产权提质增量

完善省市财政知识产权申请资助和奖励政策，逐步消除规模以上工业企业"零专利、零商标"现象。对企业首件发明专利授权、首件 PCT 国际专利申请和国际商标注册给予一定的申请费补贴。企业可将专利申请、代理、维持、商标注册和版权登记等知识产权费用按照国家税法规定纳入研发费加计扣除范围。大力开展《企业知识产权管理规范》辅导，推动企业加快实施知识产权标准化管理。

第九章　现代质量监管的社会共治格局及其实现路径

　　现代全社会质量共治，不仅强调多元主体的共同治理，而且强调多元主体之间要实现协同；不仅要在政府、市场、社会内部实现既包括纵向又涵盖横向跨部门的协同，而且要发挥政府在多元治理中的作用，强化实现协同治理的基础和机制，形成一致的集体行动的逻辑，构建起社会共治的基本格局。国家质量监督检验检疫总局在质量强国工作中积极推动企业落实质量安全主体责任、推进质量诚信体系建设、加强质量安全监管、加强质量法治建设措施，并提请建立全社会质量共治机制，努力实现宏观质量和微观质量的有机统一。这都表明了全社会质量共治理念正在成为政府健全产品质量监管体制的关键手段和美好蓝图。

第一节　现代质量监管的社会共治格局

　　社会共治是政府开展公共事务管理的一种新模式。社会共治主体的界定与职能划分，关系到社会共治制度的构建及其实效，反映出一个国家治理的能力和水平，也是社会文明程度的重要标志。社会共治本质上要求所有治理主体在应对社会公共事务的合作性实践中，凝聚共识，融合公共利益与私人利益，把共治理念付诸实践，通过广泛参与，提升社会治理水平，提高社会供给质量水平。社会共治不由大规模、强制性的结构所控制，而是一种各社会治理主体通过各种形式的沟通与互惠建构起来的集体行动所达成的合作秩序。要实现质量由全面依赖政府监管向多元社会主体共治的转型，必须在明确现实国情的基础上，以治理为导向，培育社会资本，再造政府、企业、社会、消费者等主体之间的关系，构建质量网络化治理的信任机制、连接机制、多元主体参与激励机制。逐步构建起"以企业主体责任落实为核心、以维护消费权益为监督基础、以市场技术基础建设为支撑、以保险救济和社会救助为保障、以政府依法监管监督为重点的现代质量社会共治格局"。

一、以企业主体责任落实为核心

在质量安全社会共治体系建设中，企业是质量的提供者，是最重要的市场主体，也是产品质量和安全的第一责任主体。对质量安全监管改革而言，发挥好市场配置资源的决定性作用，最重要的就是让生产者和消费者权利对等、责任到位。落实企业主体责任的核心是首负责任，从消费者的角度考虑，消费者不管责任最终是谁的，只要被侵权了，跟消费者构成直接利益关系的就应该承担首负责任。市场产品的供应者，包括产品的生产者及经营者，应在对最终流向消费终端的产品或服务享有生产、经营权利的同时，承担对下一环节的产品质量安全首负责任，形成产品质量安全全程可追溯的责任链条。当发生质量安全事件时，可在责任链中逐环追查，即根据产品或服务各供应方的首负责任制确认应当承担治理安全事件后果的具体责任方，为质量安全的持续性保障提供可查、可追、可溯源的责任追究体系。明确了首负责任就会激励商家对自己的上家负责，建立完备的进货验收制度等方式自主地去进行质量监管，以免自己承担损失。要引导企业树立在市场竞争中"以质取胜"的理念，主动自觉履行质量安全管理义务，为市场提供安全有效的产品。健全企业信用体系，通过"红黑名单"和诚信档案等办法，为诚信经营创造良好环境，对失信行为予以警示惩戒。同时，要逐步在大型企业推行风险信息报告制度，加强风险信息分析和交流。

二、以维护消费者权益为监督基础

消费者权益维护是构建现代质量监管体系的基础，消费者维权意识的培养、维权能力的提升、合法消费行为的养成，应当被当作现代质量监管体系构建的重要任务。消费者作为市场交易的直接主体，应发挥对生产、经营企业的倒逼作用，产品的质量安全、使用信息由产品提供方流出后，经过市场的若干环节，最后形成的实际消费使用体验信息再次回到市场供应主体上，有利于促进产品质量安全水平的进一步提高以及形成产品市场良性竞争，优化市场资源配置。首先，要建立起高额的赔偿制度，高额的赔偿制度可以激发消费者的监督积极性，这样消费者既愿意为了高额的赔偿去提高维权意识和监督商家，商家又因为惧怕支付难以承担的高额赔偿而进行自律，形成这样一种社会氛围。消费者对质量信息的及时反馈及其对自身权益的积极、主动维护，不仅仅有助于个人消费权益的实现，而且形成了质量治理的闭环机制。在开放、法治的市场环境下，消费者的主动维权、主动维护质量治理环境，能够形成对产品服务生产经营主体最直接的约束，是现代全社会质量共治的应有之义。其次，法律规定行政处罚法规定的行政处罚就是教育与处罚相结合，核心是教育为主而不是处罚为主，所以侵权成本对于商家而言小于所获得的利润，商家并不会终止这种侵权行为。因此，有必要增加法院的惩罚性赔偿，可以向新加坡学习，凡是滥用司法资源的，在原来处罚的基础上还要惩罚性赔偿。

三、以市场技术基础建设为支撑

2017 年 9 月，党中央、国务院印发的《关于开展质量提升行动的指导意见》中就明确提出加快国家质量基础设施体系建设。标准、计量、检验检测、认证认可等国家质量基础设施既是政府发挥监管职能的技术支撑，也是实施国际贸易政策的重要内容。在现代全社会质量共治中，要建立以国家质量技术基础为技术支撑的体制，处理好市场与政府之间的关系。当产业发展成熟后，质量技术基础便从政府主导转变为市场主导。一方面，用好政府"看得见的手"，政府主要履行好"兜底线"、"保基本"的职责。各国在产业发展之初，质量技术基础主要由政府主导推动建立。改革创新质量体制机制，增加质量技术基础的有效供给，促进宏观质量水平提升，使质量工作更好地"顶天"。引导新闻媒体加强舆论宣传，广泛传播质量技术基础建设的重要意义和功能效应，大力普及质量技术知识，使推进质量技术基础建设深入人心，营造良好的社会氛围。另一方面，用好市场"看不见的手"，通过简政放权强化企业的市场主体地位，有效激发企业建设和利用质量技术基础的内生动力，将质量工作更好地"立地"。一是培育发展团体标准。鼓励学协会、企业联盟等团体自主制定适应市场迅速变化、科技快速进步的标准，政府对团体标准不搞许可和准入，着力积极引导、营造环境、提供服务、进行监督。二是放开搞活企业标准。建立企业标准的自我声明公开制度，逐步替代企业标准备案制度。

四、以保险救济和社会救助为保障

构建和完善符合市场规则的产品服务质量安全多元救济机制和产品服务侵权责任保障体系。深入推进产品质量安全责任保险工作，切实保障产品服务质量安全事故受害者能够得到合理、及时、到位的补偿。要建立社会救助包括行业自律为保障的机制。企业通过以买保险的方式来支付一旦发生侵权行为产生的高额赔偿费用，通过保险机制来建立社会救助，来支撑救助体系或者赔偿体系。保险机制的建立可以给消费者营造一个放心大胆的消费环境，一旦消费者被侵权的话还可以获得高额的赔偿。保险机构的理赔都是建立在严格规定的条款下的，只有商家建立了完备的进货验收制度、规范的日常管理制度等才会赔偿，这样就给质量监督增加了社会组织（保险机构）的监督。通过专业评估的行业自律，加上保险这里有一个风险共担，政府就可以将整个风险压下来。保险机构可以不断研发产品质量安全责任相关保险品种，构建服务产品服务生产经营全产业链的责任保险体系，逐步实现由事后赔偿为主向风险评价、预警控制、应急救援、事故评估等方向转变。

五、以政府依法监管监督为重点

政府依法监管首要职责就是制定规制，来营造一个好的氛围。我国仍处于社会主义初级阶段，产品服务质量总体水平不高，社会信用体系不健全、不完善，政府在质量安全监管中的主导作用需要得到进一步的发挥，使市场经济运行规律得以正常发挥作用，确保市场各主体能够在各自的权利责任范围内开展市场交易活动。具体来说，政府可以通过制度安排及政策供应，为社会主义市场经济体系的正常运转提供合理、高效的制度环境；通过规范各市场行为主体的权利与义务，明确市场主体的权利责任和主体定位，使产品服务质量安全的具体相关责任能落实到市场主体本身上面。建立健全产品服务质量信号传递反馈机制，鼓励消费者个人或组织、行业协会、第三方机构等现代全社会质量共治主体开展产品服务质量比较试验、综合评价、体验调查来强化现代质量社会监督和舆论监督，引导理性消费选择模式形成。政府作为制度的供应者，对市场体系的有效运作应当发挥立足于并高于其他市场主体的作用，成为现代质量监管体系中质量安全监管的秩序维护者，在清晰的职能定位中发挥积极的作用，有效地推进质量监管改革的进程。

第二节　现代质量监管的社会共治格局的实现路径

在信息不对称的产品质量治理中，共治强调的不仅仅是共同治理，而且关键在于各个共治主体要实现协同；不仅仅是政府、市场、社会等现代全社会质量共治主体之间简单的协同，而且更重要的是政府要发挥"元治理"的作用。首先要在政府内部实现纵向跨层级、横向跨部门协同，提高政府监管的能力和水平。在当前公共事务管理主体多元化的趋势下，政府监管在社会管理过程中居于并将长久居于主导地位，这是由政府自身的性质所决定的。虽然在现代质量社会共治结构体系中，各个主体应当是平等赋权、相互依存、共同合作的，但政府必须在其中发挥着"元治理"的作用，这就使得政府必然需要在协调和维护现代质量监管体系中扮演积极主动的引导者角色，提供各种机制设计、形成共同愿景，促进多元治理主体质量治理力量的凝聚与行动的协调。

一、建立多元主体间的互信

主体间的相互信任是多元共治的基础，包括政府与政府、政府与企业、政府与民众（包括社会组织、消费者和其他公民等）、企业与企业、企业与民众、民众与民众之间的信任，各行为主体之间要形成共同的愿景。政府与企业本来属于监管与被监管的关系，企业与企业之间是相互竞争的关系，企业与消费者之间是零和博弈关系，在这种情况下各现代社会质量共治行为主体之间如何形成共同的愿景呢？可行的解决措施在于使各产品服务市场利益相关方认识到，提升产品服务质量水平是降低资源浪费、提高社会效益、提高企业效益、提升社会整体生活水平的内在要求和实现路径。要通过理论宣讲、实例说明、参观考察等各种教育方式，让企业认识到，监管不仅仅是处罚，处罚只是手段而不是目的，更重要的是进行事前预警，帮助企业避免因违规而被处罚，避免出现产品服务质量安全事故导致对企业造成更大的损失和浪费；同时市场各企业要认识到企业之间不仅仅只有竞争，更存在着在合作竞争基础上的共同发展。各级政府部门要充分发挥媒体、教育、文化等的宣传引导作用和意识形成作用，提高消费者维权的意识和能力，强化企业对法律的敬畏之心，在社会上形成提升产品质量、提高生活品质、建设美好世界的共同愿望和良好氛围。

二、实现多元主体间的联结

协同，强调的是在清楚明晰划分职权与责任基础上的协调一致，强调的是各监督监管部门跨层级之间、跨部门之间的联动，强调的是政府、市场、社会共同参与治理过程，形成纵向到底、横向到边的无缝隙治理格局。政府必须从"划桨"向"掌舵"转变，从管"微观"向管"宏观"转变，从管"全面"向管"重要"转变，退出那些不该管、管了也管不好而应由市场竞争来决定的细微环节，转而构建起现代全社会质量共治多元主体之间的联结机制。

一是设计现代全社会质量共治主体联结网络。政府和企业、社会团体一样，是现代产品全社会质量共治中的平等主体，不同之处在于政府是治理网络的设计者、集成者和信息共享的推动者。政府在设计网络时，必须跳出传统的思维模式，将自身置于平等一员的身份地位，合理选择正确的合作伙伴，保持网络结构良好的弹性和张力。治理之网要强化信用监管，构建信用监管制度、信用承诺制度、信用使用制度，实施信用分类监管处理，建立跨部门联动快速响应机制和失信惩戒强制执行机制。

二是推动现代全社会质量共治信息共享制度。政府要不断提高号召能力，凭借政府特有权威和人力优势，借助广泛技术资源，将现代社会产品服务质量共治各治理主体联结到一起，实现高速化、跨平台、无障碍沟通。同时，整合社会相关信息资源，建设全国统一、稳定、权威的产品服务质量信息公开平台，及时发布产品服务质量监督监管检查信息、流通领域商品质量信息、风险预警反应信息及安全事件处理信息。利用现代信息技术，自动收集、聚合、分析互联网上与产品服务质量相关的信息，经认真研究判断证伪之后在相关信息平台上公布并发布预警。产品服务质量信息以公开为原则、不公开为例外，建立行政执法与刑事司法相衔接的信息公布平台，形成以资源共享为特征的信息运行机制，使现代质量社会共治格局中各有关治理主体乃至全体大众能够及时掌握相关产品服务质量信息，使得各主体能够高效参与产品服务质量监管决策。另外，在实现信息共享过程中，不但要做到各级政府部门之间相互共享信息，而且要以人为本，以消费者可以解读的方式提供公共信息。

三是实施现代全社会质量共治政府更新工程。现代质量监管体系实施网络化治理后，政府的监管重点将从管微观向管宏观、管体制机制法制设计转变，将从具体的行政执法监管向协调各方利益主体、向社会购买监管服务转变，工作重心将集中在组织协调、合同管理和与其他部门、社会组织等现代全社会质量共治主体的谈判上，需要的中低级层次员工将会缩减。因此，必须对工作人员进行宣传与培训，更新思维方式方法和知识结构水平，使之成为知识型员工，使得他们能够进行宏观思考、灵活处理复杂问题，特别是能够使现代全社会质量共治之网得以高效、迅速运转，避免出现节点阻碍的现象。

三、促成多元体间的协同

现代社会共治之网络将各产品服务市场利益主体联结到了一起，关键的还是要进一步构建多元主体的参与体制、机制与法制，激励各行为主体积极参与到现代全社会质量共治中来。

一是完善产品服务质量治理的法律体系。及时修订、完善《中华人民共和国产品质量法》，制定"产品责任法"、"消费品安全法"、"中华人民共和国质量促进法"等法律法规与规章制度，推动产品服务质量相关法律法规与刑法的衔接。

二是推进政府由全能型监管向治理型监管转变，建立权利责任协同一致的现代质量监管体系。政府应积极主动从管微观向管宏观转变，将有限的政府监管资源配置到对高风险或者涉及人身财产安全的产品服务质量监管中，同时明确政府在产品服务质量安全监管中的法律责任，加大对政府官员监管失职的问责力度。应突出强调政府对重要消费品的安全性监管的必要性，强化现代质量监管体系制度设计和风险预警机制建设，建立消费者权益保护机制和救济机制，建立市场纠纷调解处置机制。

三是落实企业主体责任。深入推进社会征信体系建设，将企业及其法人代表或者主要经营负责人的守法经营情况记录在案，形成信用档案，通过网络等形式进行公开，并和企业融资、保险等制度挂钩，反逼迫使企业不得不增强信用意识，从而切实创建诚实守信的社会信用环境。对存在产品服务质量问题的企业进行处罚，对存在严重安全问题的企业要在进行严厉处罚的同时追究有关人员的刑事连带责任。同时，建立完善举报奖励机制，积极鼓励企业员工和社会大众举报企业实实在在存在的产品服务质量问题，并对提供有效、重要线索者进行物质、精神奖励，使市场企业处在内外双重监督之中。扎实实施缺陷产品服务召回制度，对存在质量安全问题的产品服务要求企业主动召回、快速召回、有效召回。

四是明确检验检测机构和认证组织在现代社会质量共治中的地位。检验检测机构和认证组织发展的方向应该是努力成为重要的社会第三方组织，为人民大众传递信任感。因此，必须规范检验检测机构和认证组织行为，加强对其管理，明确检验检测、认证认可人员在履行工作职责过程中的法律责任，确保公平有序竞争，培育现代全社会质量共治中真正独立、公平、公正的第三方组织。

五是充分调动消费者保护自身权益的积极性。要积极培育、扶持消费者权益保护组织，提高消费者保护自身权益的意识、能力和水平。引入惩罚性赔偿制度，支持消费者对企业提出惩罚性的赔偿要求，提高消费者维护自身权利的净收益和积极性。

六是充分发挥社会组织的作用。行业协会要充分发挥自律精神，通过沟通、协调、监督、研究等手段，预防产品服务质量安全风险，提高行业质量安全水平，将不合格的产品驱逐出市场。社会团体要借鉴集团诉讼制度的经验，积极推动产品服务质量安全公益诉讼制度在我国的落地生根和深入实施。支持和保护新闻媒体及其从业人员对产品服务质量安全事件、行业潜规则的曝光，发挥其对产品服务质量的监督作用。

四、搭建多元共治的数据支持平台

对于企业来说，大数据平台的质量除了掌握好与自身相关的质量数据外，还可以对行业内其他企业的质量数据以及整个行业的整体情况进行详细分析，以真正了解自身的定位。同时，还可以通过大数据平台查询供应链企业和行业上下游企业的质量数据，提高企业防范质量风险的能力。

对于政府而言，大数据平台汇集了所有相关的质量数据，包括基本信息、质量监督和数据管理、消费者对信息质量的投诉信息、信息的数据共享和整合、打破现行质量管理体系的屏障、促进质量监督工作有效展开、为政府质量监督模式创新提供技术支撑。同时，将多维数据贯穿于政府质量监督工作的全过程，并利用这些数据，通过构建模型的分析，对现代质量监管工作质量、现代社会质量共治风险进行更科学的评估工作。

对于消费者来说，在大数据平台上，消费者可以方便地获取企业的基本信息、质量状况、消费情况等信息，在发生质量纠纷后，还可以准确发起投诉举报，从而更好地保护消费者的权益。反过来也会倒逼企业不断提高产品和服务质量。

另外，大数据平台还可以解决数据源质量问题，同时也为现代全社会质量共治相关信息材料提供载体，这必将进一步推动现代社会质量共治上升到新的水平。

质量大数据平台应该包括收集数据、建立数据库、开发和应用功能等几个方面。在质量大数据平台的数据源中，以下几类主要数据应该被收集和发挥作用。

第一，政府部门在履行职责过程中收集的质量相关数据。比如市场监督管理部门、建设管理部门等的监督抽查数据；企业基本信息；产品信息等。这类信息主要服务于企业、公众等，为质量分析工作提供基础数据。

第二，行业组织、技术机构和公益性第三方机构在行使职能过程中产生的相关质量数据。例如：企业质量信誉、客户满意度等信息。这些信息主要服务于政府、企业和公众等，是分析评估现代质量监管工作的重要参考数据。

第三，通过爬虫技术从互联网上主动收集的质量相关数据。比如：舆论、客户产品投诉等信息。这类信息主要服务于政府、企业等，并为质量分析提供补充资料。

数据采集完成后，大数据平台需要进一步形成可以为有关方面提供支持的应用功能，主要包括以下几个方面。

第一，质量信息的查询功能。政府、企业和消费者可以利用这个功能来满足自己的需求，查询信息包括企业基本信息、产品质量信息、服务质量信息等。

第二，质量评估功能。可以对区域、行业和企业进行质量分析，进行相应的评估。通过区域分析，政府可以评估区域的质量水平，企业可以评估其质量信息、品牌价值和服务满意度，并了解其在行业中的相对位置。

第三，质量风险的预警功能。政府通过质量监督和风险评估来预测国内和国外市场的风险；企业通过预警信息作出相应调整，减少损失。

五、营造多元共治的文化氛围

积极的质量文化有助于激励更多的制造商生产高质量的产品。一是在全社会倡导，企业的利益只有为社会创造有价值的服务，提供优质的产品，才能得到社会的认可，否则就会受到社会惩罚的价值观念，并使之深刻进入人们的思想观念当中，进行有意识的行动。二是加强职业技术教育，培养高素质的消费者和产业工人，提高全社会的质量意识和素质、能力。三是建立公正廉洁文件档案，在全社会营造崇尚诚信的新气象，使厂家因为诚实守信而受到鼓励，让不诚实的厂家被社会所淘汰。四是开展政府质量奖励活动，建立质量标杆，鼓励和引导企业积极生产优质产品。五是运用现代信息技术，为社会治理特别是消费者投诉打造全面、便捷、高效的平台，最大限度地方便市民参与质量监督。

实施质量改进项目。鼓励有条件的高校设立质量管理工程、标准化工程等专业，加强基础理论研究和人才培养。大力发展与之有关的专业教育，培养优秀的工程技术人才。加强质量管理人员的继续教育。鼓励有条件的企事业单位在质量领域建立博士后科研工作站。开展素质教育培训，提高企业员工的质量意识和素质能力。

附录：典型案例

案例一：以"首负责任制"为核心的
广东省电梯安全监管体制改革

　　电梯是与人民群众生产、生活最为息息相关的特种设备之一。电梯能否安全、平稳运行事关人民群众生产能否有序、有效，生活能否便捷、舒适。作为确保电梯安全、平稳运行的重要途径和抓手，电梯安全监管对此扮演着重要角色、承担着重要使命。广东省是特种设备大省，电梯保有量位居全国第一。尽管多年来广东省对包括电梯在内的特种设备安全监管方面持续重视，取得了很好的工作业绩，但由于经济发展起步早，对电梯的大规模使用开始也较早，目前存在大量 20 世纪 80—90 年代安装的电梯，这些电梯已逐步进入老化进而事故多发期，这就决定了广东所面临的电梯安全监管任务存量巨大的特殊现实，另外在救助和赔付等事故处置方面也存在着一些不尽如人意之处。对此，从 2012 年 5 月开始，经国家质检总局和广东省政府批准，广东省以广州市和东莞市为试点展开电梯安全监管体制改革，改革在其后逐步推向全省。作为广东省深化改革的重大举措之一，电梯安全监管体制改革取得了重大成效，突出表现是万台电梯事故率和事故亡人率接近发达国家先进水平，得到了人民群众的广泛认可。本章以广东省电梯安全监管体制改革为对象，梳理、分析其开展背景、过程与成效，并指出进一步落实和深入推进电梯安全监管体制改革的思路与方向。

一、电梯安全形势严峻与既有监管体制面临的困境

（一）电梯安全形势严峻

广东省在全国范围内经济发展起步较早、经济发展水平较高，大规模使

用电梯时间较早、在用电梯规模较大，这就从客观上决定了广东省电梯安全风险形势会相对更为严峻；而原有电梯安全监管体制方面存在的一些不合理因素则更进一步加剧了这种局面。截至 2012 年，广东省在用电梯数超过 33 万余台，且仍在以每年 10% 的速度增长。广东省质监局于 2012 年根据《特种设备监察条例》、《关于电梯安全监察工作若干问题的指导意见》（国质检特函 2011370 号）和《电梯使用管理与日常维护保养规则》等法规标准和文件的要求组织实施的年度在用电梯监督抽查工作结果显示：抽查在用电梯共 33319 台，不符合规定项目发现率为 39.64%，严重事故隐患以上发现率为 18.65%，移交稽查立案查处 16 宗；发现的不符合规定项目主要集中在电梯维护保养和使用管理环节上，如电梯未及时办理使用登记证、维保记录不齐全、未与有资质的维保单位签订维保合同等；发现严重事故隐患项目主要是发现有人为短接安全回路违规行为、电气安全装置失效等。

严峻的电梯安全风险形势导致各类电梯安全事故层出不穷：2008 年 3 月 25 日上午 8 时许，东莞市区地王大厦商务中心一电梯发生故障，乘电梯上班的 20 名乘客被困电梯一个半小时，导致其中一名女子出现晕厥[1]。2009 年 8 月 12 日 11 时许，广州市站西路某商厦内一台电梯位于 5 楼的梯门在轿厢尚处于 6 楼时开启，导致一名 5 岁半男童未看清冲了进去，从 5 楼摔落至 1 楼，当场死亡；而该商场租户则表示"出事故并不意外！"因为大楼内的很多商户都知道电梯经常出故障[2]。2010 年 7 月 6 日晚上 9 时 40 分左右，7 天连锁酒店东莞东城店载客电梯突现故障，16 名乘客被困梯内 27 分钟之久。酒店员工解释故障原因是梯门被超载乘客挤压脱轨所致，住客则称电梯里没有超载报警器和提示音，是因电梯管理不善才出问题[3]。2011 年 7 月 10 日晚，由港铁运营的深圳地铁 4 号线清湖站上行扶梯运行过程中突然停顿逆行，乘

---

[1]　张迪：《电梯突发故障 20 人被困 90 分钟》，《南方日报》2008 年 3 月 26 日。

[2]　《5 岁男童坠电梯井死亡　商户称电梯经常出故障》，2017 年 8 月 20 日，见 http://news.qq.com/a/20090813/001884.htm。

[3]　《广东东莞某酒店电梯无超载提示　住客被困 27 分钟》，2017 年 8 月 20 日，见 http://news.sohu.com/20100708/n273365307.shtml。

客猝不及防摔下，造成 4 人受伤①。2011 年 8 月 8 日 20 时 14 分左右，广州市花都区金湖大酒店大厅左边的电梯从 14 楼正常下到 8 楼后突然失去控制，从 8 楼直坠而下，造成 3 人受伤，其中 1 人重伤②。2011 年 9 月 9 日零时 40 分左右，东莞市康大建材有限公司 20 名员工(7 男 13 女) 乘坐 1 号电梯下楼，电梯自 19 楼正常下降到 8 楼后稍停顿，随后急速坠落至 1 楼，当场造成 20 人不同程度受伤③。

（二）电梯生产及安装、改造、维护和使用失序

电梯安全需要通过对电梯质量的控制、对电梯的安装及使用过程中的维护的规范加以保障。电梯安全风险隐患的形成及事故的发生直接源于电梯生产、安装及维护中存在的失序现象，即部分电梯质量得不到保障，安装和使用过程中的维护不规范。一方面，一些不法厂家非法生产、加工的不符合质量要求的电梯及配套零件、设施从源头上滋生了电梯安全风险隐患。2010 年 4 月 7 日，广东省汕头市质监局根据举报线索，组织执法力量在该市郊区查处一非法制造电梯工厂，现场查获用于生产电梯的接触器 20 只、行程开关 52 套、控制面板 13 套以及电梯零部件、原材料一批。经调查，该工厂没有任何电梯生产许可等相关手续，属未经许可擅自制造电梯行为。这类不法厂商及其非法生产的电梯及相关零件、设施一旦进入市场流通和使用环节，必将增大电梯安全风险隐患，导致更多的事故发生。

另一方面，虽然不法厂商非法生产的不符合质量要求的电梯及零件、设施的危害直接、明显，但现实中的电梯安全风险隐患及事故主要还是源于安装和使用环节。广东省质监局据多年来接报的事故情况分析发现，电梯事故直接危害使用者的占事故的 56.5%，其他 43.5% 的事故均是在电梯安装、改

---

① 《深圳地铁扶梯又逆行致四人受伤　这次是 CNIM》，2011 年 7 月 11 日，见 http://www.gd.xinhuanet.com/newscenter/2011-07/12/content_23219604.htm。

② 《广州市一酒店电梯从 8 楼直坠 1 楼致 3 人伤》，2011 年 8 月 11 日，见 http://www.gd.xinhuanet.com/newscenter/2011-08/11/content_23436758.htm。

③ 《广东东莞发生一起电梯坠落事故致 20 人受伤》，2011 年 9 月 9 日，见 http://news.163.com/11/0909/22/7DHVH07200014JB5.html。

造、维修过程中发生的，其危害不涉及直接使用者①。对此需要做更进一步的认识。首先，电梯安装、改造和维修过程若存在不符合操作规范要求的行为或现象，将首先给相关技术和施工人员以及电梯使用者带来直接的安全风险。2007年6月29日下午，深圳罗湖区水库新村某小区一电梯维修过程中，因维修工人违反电梯维护操作规定，在楼层未设置维修警示的防护措施下将电梯置于正常运行状态，导致一女性乘客在进入电梯时因电梯下行而被夹身亡的惨剧②。2010年12月23日下午1时许，东莞松山湖科技产业园区内一在建楼盘内3名正在16楼安装电梯的工人因为操作失误，从楼盘的楼顶摔下，其中2名工人当场死亡，另1人身受重伤③。其次，电梯在使用阶段未按照规定要求定期维修、保养或维修、保养操作不规范会导致电梯性能受损、形成并集聚安全风险隐患，导致后续使用过程中安全事故的发生；对此曾有专家表示，80%的电梯事故产生于电梯维修、保养环节④。前文提及的2011年8月8日广州市花都区新华镇建设路旁的金湖大酒店发生坠落事故的电梯在事故之前不久才更换过刹车皮，之所以出事原因"很可能是刹车皮没有按照正常标准调整，比如应该拧紧10圈的才拧了5圈，导致电梯内人多时'刹不住车'"⑤。最后，即便是按照规范要求定期维修、保养的电梯也可能因使用者的不当行为等原因导致安全风险的形成和事故的发生。九三学社上海市静安区委基于十年统计数据的分析发现，上海市的电梯事故"仅有2%是单纯由电梯设备本身造成的，28%由于设备存在缺陷且使用不当，70%是直接源于使用不当"⑥。

---

① 《广东已全部停用北京"7·5"事故电梯》，2011年7月23日，见 http://news.xin-huanet.com/politics/2011-07/23/c_121710939.htm。

② 《电梯工维修时违章操作致女子被夹死》，2008年5月22日，见 http://news.qq.com/a/20080522/000330.htm。

③ 《安装电梯出事故两死一伤》，2010年12月24日，见 http://news.sun0769.com/dg/sh/t20101224_961694.shtml。

④ 《八成电梯事故发生在维保环节》，《新华日报》2012年9月25日。

⑤ 《八楼急坠电梯事故追踪：电梯保养合同过期》，2011年8月11日，见 http://news.southcn.com/g/2011-08/11/content_28102232_2.htm。

⑥ 《七成电梯故障源于使用不当》，2012年4月11日，见 http://news.ifeng.com/gun-dong/detail_2012_04/11/13806537_0.shtml。

浙江省质监局的数据表明，在该省从 2002 年到 2008 年间发生的电梯事故中，有 79% 是因为电梯使用不当引起的[①]。如前文提及的 2011 年 8 月 8 日发生于广州市花都区新华镇建设路旁的金湖大酒店的电梯坠落事故虽有维修、保养方面的原因，但也反映了部分公众安全使用电梯意识淡漠——"在此次坠梯事故中，电梯安全运行的核定人数为 10 人，而实际乘梯人数达 14 人，超载增加了事故发生的危险因素"[②]。使用不当导致电梯安全事故发生的情形在地铁、商场等人流密集的公共场所的在用公共电梯中尤为突出。如据深圳市轨道办负责人介绍，在 2004 年到 2011 年 5 月期间，该市地铁在用电梯共发生 85 起故障，其中手扶电梯 21 次，除 2010 年底龙华线国贸站电梯逆行事故与设备有关外，其他的均是乘客使用不当所致[③]。乘客的使用不当行为导致电梯安全风险的形成和集聚以及安全事故的发生对电梯所在单位对电梯的使用与安全的日常管理提出了要求。实际上，相比做到规范的电梯安装和定期维修、保养，对在用电梯的日常管理的重要性同样不容低估。

（三）电梯安全监管困境

如果说电梯生产及安装、改造、维护和使用中的失序现象形成并集聚了电梯安全风险、触发了电梯安全事故，那么对这些失序现象的监管便是消除或降低电梯安全风险、防范电梯安全事故的基本途径；反过来讲，电梯安全事故频发也就说明了电梯安全监管中存在问题或者说存在监管失灵，而这些问题在很大程度上也反映了实践中的电梯安全监管一度面临的诸多困境。可以说，这些监管困境及其导致的监管失灵是电梯安全风险形势严峻和事故频发的重要的制度根源。

首先，相比于在用电梯数量规模的持续、快速增长，电梯安全监管人手不足问题严重。监管人手不足是电梯安全监管所属的特种设备监管领域普遍

[①] 《省质监局统计显示：近八成电梯事故源于使用不当》，2008 年 7 月 8 日，见 http://zjnews.zjol.com.cn/05zjnews/system/2008/07/04/009693655.shtml。

[②] 《广州花都电梯急坠事件调查　酒店与维护单位推责》，2011 年 8 月 12 日，见 http://news.xinhuanet.com/2011-08/12/c_121850916_3.htm。

[③] 《深圳地铁发生手扶电梯运行故障致 24 人受伤》，2010 年 12 月 14 日，见 http://www.gov.cn/jrzg/2010-12/14/content_1765605.htm。

存在的现象①。国家质检总局 2012 年 12 月发布的《关于进一步加强电梯安全监察工作的意见》（征求意见稿）中明确指出，"近年来，电梯等特种设备数量急剧增长，但各地检验人员编制数量还基本停留在十几年前的水平，检验检测力量不足"。湖南省截至 2011 年拥有各种电梯 5 万余台，而"省市质监部门的在编监管人员只有数十人，平均每人要监管 1000 多台电梯"②。就广东省而言，包括电梯安全监管在内的特种设备监管任务繁重与监管人手不足的矛盾在省会广州市得到了最明显的体现。截至 2016 年 8 月底，广州市全市共有特种设备 255144 台，其中电梯 123880 台，而全市监察人员仅 90 人③。在在用电梯规模数量持续、迅猛增长的背景下，由于质监部门编制限制，监管人员规模增长的速度有限且必然存在一个天花板，很难适应现实需求，直接制约了电梯安全监管的有序、有效开展。

其次，电梯安全监管制度不健全，对相关主体的监管乏力。电梯生产和使用环节涉及的相关主体包括电梯生产厂家和设置、安装和使用单位以及电梯维修、保养单位等。有效的电梯安全监管必须落实到对上述各个环节的各个主体与电梯安全有关的责任上，但现实中一方面受制于前文指出的监管人手的不足，另一方面受制于既有制度设计存在的问题，对上述各类主体的责任却未必能落实到位，这集中体现在对电梯设置、安装和使用单位以及电梯维修、保养单位的监管上。就电梯设置而言，问题主要出在新建住宅建筑的电梯设置上。现行《住宅设计规范》规定总层数在 12 层及以上的住宅，每栋楼设置电梯不应少于两台。但符合这个下限规定的电梯设置却未必能满足户数比较大的住宅楼的需求。一些房地产开发企业为节约成本，可能不顾新建住宅楼的实际户数及需求而仅按照上述国标规定的下限设置电梯，这不仅导致住户需求得不到满足、出行不便，还会导致电梯负荷过重，加快电梯老

---

① 《我国特种设备监管处困境》，2011 年 7 月 8 日，见 http://view.news.qq.com/a/20110708/000018.htm。

② 《湖南 5 万台电梯监管人员仅数十人》，2011 年 7 月 22 日，见 http://roll.sohu.com/20110722/n314194129.shtml。

③ 《广州计划成立市特种设备安全执法分局》，2016 年 9 月 13 日，见 http://news.163.com/16/0913/20/C0SBP87V00014AEE.html。

化，形成并集聚电梯安全风险。就电梯安装而言，电梯安装应由厂家负责，但由于大多数电梯生产厂家因经营成本考虑会将电梯安装业务对外委托或外包——在电梯安装地点相对偏远情况下尤其如此，只要承担电梯安装业务的施工方具备相应资质，这种行为并不违背现行监管制度的规定，但问题是电梯的生产与安装主体不可能形成技术风险；作为典型的委托—代理关系，电梯生产厂家并不能确保作为被委托方的施工方的道德风险行为。这些可能情形都会导致在现行体制下难以有效监管的电梯安全风险。

目前电梯维保主要是由电梯生产企业负责，但与在电梯安装中存在委托安装情形一样，电梯生产厂家实际上也无法做到对全部出厂电梯的维保，尤其是在在用电梯数量迅猛增长的背景下，单靠电梯生产厂家根本满足不了对电梯的维保需求，因此现实中大量的电梯维保是由专门的维保企业负责的。根据《特种设备安全法》第四十五条规定，专门从事电梯维修、保养的单位/企业应当依照该法规定取得从事维保业务的许可，换言之必须具备相应资质。但现实中相当一部分实际开展电梯维保业务的单位并不能符合法定要求且不具备法定资质，使得电梯维保市场存在一定的混乱。广东省特种设备协会于2010年发布的《广东省电梯维修保养调研报告》[①]中指出了广东省电梯维保市场存在的"挂靠、低价维保和假证"等"三大"问题：所谓"挂靠"指的"一些有资格证书的维修人员通过挂靠方式，游走在几家企业之间，俗称'维保游击队'；一些维保企业为了获取某种等级的资质，长期租（借）用一些具有维保资格的人员证书和工程技术人员的职称证书应付评审和监督检查。""低价维保"指的是维保企业之间的低价、恶性竞争。"假证"现象则是从事维保作业人员"花钱买证"。《调研报告》指出，由于现行监察体制设计和电梯维保立法不完善以及缺乏有效的监管手段，如缺乏有效的市场准入和退出机制、证后监管机制以及有力度的惩戒机制，是上述"三大"问题的重要成因。上述"三大"问题导致维保市场中存在大量无证作业、无资质经营现象，使得电梯维保质量很难得以保障，形成并集聚大量电梯安全风险

---

① 广东省特协（广东省特种设备协会）：《广东省电梯维护保养调研报告》（上），《特种设备》2010年第1期。

隐患。

最后，电梯所有权、使用权、物业管理权、技术管理权（维修、维保、检验权）和具体使用者往往是多个主体，使得电梯安全责任分配不清、归属不明。国家质检总局 2012 年 12 月发布的《关于进一步加强电梯安全监察工作的意见》（征求意见稿）中明确指出，"目前，住宅电梯是问题和矛盾最突出的，由于住宅电梯是'多业主共有财产'，所有权涉及众多业主，使用管理也涉及业主、物业公司、维保单位等多个主体，各主体在电梯使用管理上相互推诿，安全管理责任无法有效落实"。实际上，虽然上述问题在住宅电梯中最为明显、普遍，在其他电梯中也不同程度存在。而在相当长一段时期内对于上述问题并无明确的制度设计与安排，从而并无确定的办法予以解决。上述问题导致了现实中在用电梯出了故障无人负责，正常的维修、保养无人组织，或由于所有权、使用权及具体使用者与物业管理权、技术管理权的分离给前文提及的无证人员和无资质单位从事维保业务提供了空间等诸多问题。由于多主体之间在电梯安全方面的权责不清，也使得电梯维修保养基金的提取和使用面临各种困难，还使得政府监管部门的安全监管找不到对象或为相关主体规避安全监管创造条件。上述问题都会直接或间接形成并集聚电梯安全风险隐患，最终可能导致电梯安全事故的发生。

二、广东省电梯安全监管体系的改革探索

（一）改革历程简要回顾

广东省电梯安全监管体制改革始于 2012 年，至 2015 年《广东省电梯安全使用条例》通过，前后共经历 3 年时间，最终形成了具有广东地方特色的电梯安全监管立法和政策体系。

2012 年 4 月，广东省质监局根据《特种设备安全法》、国家质检总局《关于电梯安全监察工作若干问题的指导意见》（国质检特函〔2011〕370 号）等法规和相关文件精神，制定了《广东省电梯安全监管改革方案》，并决定在广州和东莞两市展开试点，由此拉开了广东省电梯安全监管体制改革的序幕。

2013 年 6 月 29 日，全国人民代表大会常务委员会通过《中华人民共和

国特种设备安全法》并于 2014 年 1 月 1 日起试行，为广东省电梯安全监管体制改革提供了更为坚实的法律基础。2014 年 5 月，根据《中华人民共和国特种设备安全法》、《特种设备安全监察条例》、《国务院关于同意广东省"十二五"时期深化行政审批制度改革先行先试的批复》（国函〔2012〕177 号）、《质检总局关于进一步加强电梯安全工作的意见》（国质检特函〔2013〕14 号）等法律法规和政策规定，广东省人民政府制定了《广东省电梯安全监管改革方案》，该方案充分总结了广州、东莞前期试点经验，并结合国家质检总局关于加强电梯安全工作的要求，进一步取消和下放行政审批事项，在全省范围内取得了显著成效。

2014 年 11 月，广东省人民代表大会启动《广东省电梯安全管理条例》的第三方起草工作。2015 年 1 月 9 日，广东省人大常委会召开《广东省电梯安全条例（专家建议稿）》评估会，就建议稿中争议较大的电梯使用管理者首负责任制进行评估。2015 年 5 月 28 日，广东省第十二届人大常委会第十七次会议审议通过了《广东省特种设备安全条例》和《广东省电梯使用安全条例》。至此，此次广东省电梯安全监管体制改革形成立法成果。

（二）明确责任、引入社会监管的改革基本思路与初步举措

电梯安全风险形势严峻对加强监管提出了现实要求，而现实中可能存在的监管失灵则意味着这一现实要求可能得不到很好的满足。就监管失灵的原因而言，既有监管人手不足等监管能力局限，又有相关立法不完善，监管体制、机制设计不合理。在传统的政府管理理念下，对电梯安全监管这类公共管理和服务事务中存在的失灵现象的解决思路基本上都是强化管理和服务力量；由于公共管理和服务基本上为政府所垄断，所谓强化管理和服务力量实质上便是强化行政力量，就电梯安全监管而言便是强化行政监管力量，如增加监管人员编制和经费开支。但如前文已说明的：一方面，相比于在用电梯使用量的持续、迅猛增长，监管力量的强化必然相对滞后且终将面临天花板；另一方面，电梯安全涉及生产、设置、安装、使用、维保等多个环节以及生产厂家、所有者、管理者、使用者、维保单位等多类主体，安全风险可能源于其中任一类或几类主体的行为、形成于其中任一或几个环节，这就决定了电梯安全监管链条较长。面对这样一类长链条监管任务，政府部门主导甚至垄断的行政监管必定力不从心,单纯强化行政监管力量所能起到的效果必定有限。正是基于上述认识,广东省电梯监管体制改革在 2012 年启动之初便形成了不同于以往的思路,概括起来,即明确责任、引入社会监管。这个思路直指电梯安全监管链条较长的现实并基于这一现实谋划监管体制改革,而不再单方面地关注对行政监管力量的强化而不顾监管对象的现实。

2012 年发布的《广东省电梯安全监管改革方案》最早提出了明确责任、引入社会监管的改革思路。所谓"明确责任",指的是明确电梯安全相关主体各自权责,确定电梯安全风险与事故的责任主体,尤其是"第一责任人";所谓"引入社会监管",即基于对政府质检部门之外的其他不同社会主体各自对电梯安全的责任的确定,将这些主体整合进电梯安全监管之中,并建立、运用市场和社会监管机制,通过各类社会主体的社会监管来弥补政府行政监管能力的不足,保证电梯安全监管质量。明确权责、引入社会监管的改革思路的具体内容如下①:

关于明确责任。首先,明确权责的核心内容是确定"使用权者"的"首负责任"。确定电梯的"使用权者"并在办理特种设备使用登记时明确其权利与责任和义务;在此基础规定电梯"使用权者"对电梯事故或故障及其损失承担第一赔付责任,即"首负责任",规定只有电梯事故或故障受害者自愿直接追究其他相关责任者的责任时,作为第一责任者的电梯"使用权者"才免于承担首负责任。电梯"使用权者"有权开展如下工作:聘请有资质的维保单位依法开展电梯维保和检验工作;收集可能影响电梯安全运行的制造、安装、维修、检验和使用相关资料并要求相关单位和个人予以确认;对造成电梯事故的制造、安装和维保企业以及检验单位、使用者追索相关损失。其次,电梯所有权和使用权既可以统一也可以分离;当所有权和使用权统一时,"所有权者"享有和履行"使用权者"的权利和责任、义务;当所有权和使用权分离时,"所有权者"必须通过授权或委托方式指定"使用权者"并通过格式化合同明确"使用权者"的权利和义务。电梯安装后,开发

---

① 岳志轩:《打破传统监管模式　建立科学发展体制——解读〈广东省电梯安全监管改革方案〉》,《广东经济》2012 年第 8 期。

商或建设单位尚未将电梯交付电梯产权所有者的，该开发商或建设单位或其聘请的物业管理公司为电梯"使用权者"，必须承担《特种设备安全监察条例》和格式化合同明确规定的"使用权者"的各项责任和义务。再次，明确将电梯维保工作纳入制造企业售后服务范畴，规定电梯制造企业应在产品随机资料中明确电梯维保的注意事项，以指导"使用权者"选择的维保企业对电梯进行正确维保；规定制造企业应在产品出厂说明书中明确电梯或重要部件的正常使用年限，"使用权者"在电梯运行接近正常使用年限时有权向原制造企业咨询，制造企业应就电梯更新、改造、移装、报废提出建议并向行政监管部门报告，电梯"使用权者"不采纳制造企业意见和建议时，免除制造企业的相应安全责任。最后，规定由特种设备安全监管部门负责制定统一格式的电梯检验合格标志，列明电梯的设备注册代码、使用单位、制造单位、维保单位、检验单位、下次检验日期、应急救援电话，由检验机构填写后交"使用权者"，并由"使用权者"责任人签名确认后在电梯内张贴和按时更换。

关于引入社会监管。通过对电梯安全相关的上述各类主体各自权责的明确界定，便可将政府监管部门（特种设备安全监管部门）之外的市场和社会主体纳入电梯安全监管之中，这是进一步引入和实行行政监管之外的社会监管的基础。具体讲，引入社会监管是通过"改革两种模式"、"建立两个制度"来具体实现的。"改革两种模式"指的是改革电梯维保运作模式和电梯检验模式：一方面，针对前文指出的电梯维保市场中存在的种种乱象，《广东省电梯安全监管改革方案》提出将电梯维保工作纳入电梯制造企业售后服务范畴：第一，鼓励和提倡电梯制造企业直接从事或授权、委托其他公司对其产品进行维保，并由电梯制造企业领取维保资质证书，逐步建立电梯制造企业从设计、制造、安装、改造和维保全过程的终身服务负责制，构建以制造企业为主的维保体系。第二，电梯制造企业或其授权、委托的维保企业在向电梯所在地行政监管部门备案后，无需获得行政许可、无需领取维修资质证书便可维保本企业制造的电梯，维保质量由电梯制造企业负第一责任。第三，"使用权者"选择未经制造企业授权的维保公司从事电梯维保的，维保质量由签约维保公司负责，制造单位对因维保不当造成的电梯损害、安全隐患和事故不承担相应责任。第四，电梯制造单位对在设计、制造、安装过程中存在质量瑕疵和安全隐患的电梯应采取积极措施主动召回和改正，及时消除安全隐患；政府监管部门发现电梯存在质量瑕疵和安全隐患的，应当责令电梯制造企业强制召回改正并依法实施查处。

另一方面，由于一直以来都是由政府检验机构负责电梯定期检验，导致了现实中以定期检验代替监督检验的状况，混淆了政府监督检验职责与社会法定检验职责以及社会检验责任和与此有关的社会矛盾焦点向政府监管部门转移的问题。对此，《广东省电梯安全监管改革方案》对行政监管部门的监督检验职责与社会法定检验职责做了区分界定并将此作为改革的重点环节，规定允许具有社会公益性质、不以营利为目的的社会第三方技术机构在获得政府许可的电梯定期检验资质后开展电梯定期检验工作；并将这类定期检验定性为社会技术服务，按技术服务要求协商收费。电梯"使用权者"有义务依法按时约请有资质的检验机构对电梯进行定期检验，"使用权者"使用超期未检验电梯和检验不合格电梯的应承担法律责任。行政监管部门对发现的使用超期未检电梯或检验不合格电梯情形应责令"使用权者"立即停止使用并依法作出相应处理。行政监管部门主要通过抽查方式对在用电梯实施监督检验以发现并查处与电梯安全有关的单位和个人违法违规行为；抽查检验费用纳入政府预算，不向"使用权者"收取任何费用。

"建立两个制度"指的是构建电梯安全责任险制度、形成以保险公司为主体的电梯事故社会救助系统和制约机制，并建立电梯维修改造资金落实制度以解决电梯维修资金短缺甚至空缺的问题。一方面，我国在电梯领域长期未能建立起事故责任险制度，导致在事故发生后对受害者的赔付成为耗时、困难。对此，《广东省电梯安全监管改革方案》借鉴其他国家经验，在电梯安全监管中引入保险机制，建立以"使用权者"为参保主体，特种设备生产企业、检验机构和维保单位参与，为社会广泛认同和接受的电梯事故责任保险制度，建立以保险公司为主体的电梯事故社会救助系统，提高救助赔付能力。更具体地讲：其一，积极推动技术机构和专业人员参与保险公司的理赔工作和对承保人的安全风险评估，通过安全风险的量化分析和保费费率的调整，促进电梯"使用权者"加强内部管理，积极防范安全风险。其二，方案并未要求对所有电梯实行强制保险，而主要通过扶持措施来鼓励和支持电梯事故责任保险，同时也通过保险公司——其可根据电梯的日常管理维护和管理水平来调整保险的费率以及承保意愿等——监督、制约电梯"所有权者"或日常管理维护者以促进其提高管理水平。

另一方面，电梯维修、更新资金的提取和使用一直缺乏制度和程序设计，导致这方面的资金需求难以得到保障。对此，《广东省电梯安全监管改革方案》根据《住宅专项维修资金管理办法》的相关规定，将电梯维护纳入住房维修范畴，提出了完善电梯维修资金制度。规定住房城建部门应会同财政、质监部门专门规定电梯维修、更新、改造费用的使用比例和使用程序。方案要求，为确保电梯保持良好的运行状态，必须适时对电梯进行维修或改造、更新。电梯维修基金不足以支付电梯维修、改造、更新时，由"使用权者"向电梯所有权者提出、由后者协调解决。

最早体现于 2012 年发布的《广东省电梯安全监管改革方案》中的明确责任、引入社会监管的改革思路及"改革两种模式"、"建立两个制度"等初步改革举措是对既有单纯重视行政监管的改革思路的重大突破，从电梯安全监管的实际出发，通过相关主体权责、引入市场和社会机制等着手破解电梯安全监管困境，为其后电梯安全监管体制改革的深入和发展奠定了基础。

（三）基于"使用管理人首负责任制"建立新型电梯安全监管责任体系

2015 年 5 月 28 日审议通过的《广东省特种设备安全条例》和《广东省电梯安全使用条例》形成了具有广东地方特色的电梯安全监管体制，以地方立法形式总结并确立了此次广东省电梯安全监管体制改革的成果，其内容概括起来便是以"使用管理人首负责任制"为核心建立完整的电梯安全监管责任体系。

1. 提出"使用管理人"概念并据此构建完善的电梯使用安全责任体系

"使用管理人"是对前期提出的"使用权者"概念的发展，是《广东省特种设备安全条例》和《广东省电梯安全使用条例》对《特种设备安全法》中的电梯使用单位、运营使用单位、共有人、接受共有人委托的受委托人、实际管理人等表述的概括和统称。上述两个条例首先确定了使用管理人，以解决实际中使用管理人不明确造成主体责任难以落实的问题：第一，新安装特种设备未移交所有权人的，项目建设单位为使用管理人；第二，自行管理的，所有权人为使用管理人；第三，委托物业服务企业或其他管理人管理的，受委托方为使用管理人；第四，出租配有特种设备的场所的，可以约定特种设备的使用管理人，没有约定的，按照上述第二、三项确定使用管理人。基于以上对使用管理人的确定，两个条例明确了使用管理人作为首负责任人的共计13项义务，其中突出电梯使用管理人有别于其他特种设备使用管理人的首负责任义务包括：确保电梯紧急报警装置有效使用和值班人员在电梯运行期间在岗、及时制止不安全乘坐电梯行为、在电梯制造单位指导下方可对电梯轿厢进行可能影响电梯使用安全的装修等。需要指出的是，上述两个条例中并未明确写入先前改革中提出的"首先赔付"内容，但这并非对首先赔付的否定，而主要是出于民事基本制度立法权的归属考虑对首先赔付实现路径的改变，即将首先赔付由使用管理人的义务转为安全事故受害人的权利。实际上，上述两个条例都充分体现了使用管理人的首先赔付精神：首先，《广东省电梯安全使用条例》第九条明确规定了电梯使用管理人是电梯使用安全管理的首负责任人，并具体规定了十三项义务；其次，《广东省电梯安全使用条例》第十一条明确了使用管理人及相关责任人是建立电梯公众责任保险制度的责任人，而建立电梯公众责任保险制度目的便是为了保证赔付；再次，《广东省电梯安全使用条例》第三十二条第三款明确规定因电梯事故造成人身伤害的，电梯使用管理人应做好受害人的救助安置工作，而赔付便属于救治安置工作范畴（尤其对于未投保电梯发生事故造成人员伤害的）；最后，使用管理人首付责任制并非只强调使用管理人一方的责任，而是要以此为核心构建责任追溯的完整链条，其中首先便是借此促使使用管理人严格选择、聘用维保公司，以有效解决电梯维保中的无证从业、无资质营业等问题，这就涉及构建新型电梯维保体系的问题。

2. 构建以制造企业为主体的维保体系

《广东省特种设备安全条例》提倡特种设备制造单位从事对本单位制造的特种设备的维护保养工作，并选择以大型游乐设施为突破口，规定这类特种设备使用管理人应当在整机或重要部件使用年限届满前约请制造单位进行完全评估。只有当制造单位不存在或使用管理人不认可制造单位评估结论时，方可约请具有相应资质的制造单位、检验机构或承保该设施公众责任保险人组织评估。通过这样的评估，引导大型游乐设施使用管理人选择制造单位作为维护保养单位。在上述规定基础上，《广东省电梯安全使用条例》更进一步规定制造单位或其委托单位维护保养期制造的电梯无需再取得相应许可，只需书面告知负责登记的特种设备安全监督管理部门；此外，还倡导制造单位将首次安全评估作为售后服务免费项目，要求制造单位始终对产品负责，落实电梯制造单位企业主体责任。

3. 实行电梯定期检验社会化

《广东省电梯安全使用条例》鼓励非营利性、公益性、具有公正地位的社会机构经依法核准后从事电梯检验工作。为保证社会机构公正性，规定从事电梯检验工作的机构不得从事特种设备生产、经营、监制、监销等活动；即虽然不反对技术机构市场化运作，但一定要确保从事法定检验——包括政府监督检验——的第三方技术机构具有公益性而不完全是市场运作，以确保其检验的社会公正性。

4. 完善电梯修理资金制度

《广东省电梯安全使用条例》将电梯更新、改造、修理维护等纳入住房维修范畴，明确规定电梯评估、检验认为存在严重事故隐患、可能发生危及人身财产安全的紧急情况的，应当立即停止使用，进行更新、改造、修理，更新、改造、修理费用按照发生危及房屋安全的情况处理，不需要由住宅专项维修资金列支范围内占建筑物总面积三分之二以上的业主且占总人数三分之二以上的业主讨论通过方可申请列支。如：已交存住宅专项维修资金但未划转业主大会管理的，由使用管理人持有关资料直接向住房和城乡建设部门申请列支，住房和城乡建设部门审核同意后，向专户管理银行发出划转住宅专项维修资金的通知。上述规定旨在充分利用沉淀于银行账户上的大量住宅维修资金，确保电梯更新、改造和修理需要得以及时、充分满足。

（四）改革的特色

《广东省特种设备安全条例》和《广东省电梯安全使用条例》这两部地方性立法对电梯安全监管所做的规定凝结了过去三年多时间里广东省电梯安全监管体制改革的成果，以使用管理者首负责任制为核心，通过明确电梯安全监管链条中各类主体的相应责任，构建完整的电梯安全监管责任链条，充分体现了广东省在全面深化改革中先行先试的地方创新，形成了具有广东地方特色的电梯安全监管新型体制。

1. 广东省电梯安全监管体制改革体现了以人为本的改革理念

《广东省特种设备安全条例》和《广东省电梯安全使用条例》都以防范和化解风险、预防事故发生为目的。由于实践中不可能完全消除风险、完全避免事故的发生，两部条例也就事故发生后如何实施救援、事故受害人如何及时得到救助等做了安排。《广东省特种设备安全条例》将"建立应急救助机制"作为县级以上人民政府的职责，建立电梯公众责任保险制度，鼓励、支持按照国家和省的有关规定投保电梯公众责任保险。《广东省电梯安全使用条例》明确规定"县级以上人民政府及其特种设备安全监督管理部门应当依法组织制定电梯事故应急预案，并在接到事故报告后依法启动应急预案"，"事故发生单位以及使用管理人应当按照应急预案采取措施，通知电梯维护保养单位组织抢救，防止事故扩大，减少人员伤亡和财产损失，保护事故现场和有关证据"，"因电梯事故造成人身伤害的，电梯使用管理人应当做好受伤人员的救助、安置工作。已经投保公众责任保险的电梯，电梯使用管理人应当通知电梯保险人及时启动电梯事故应急垫付、支付机制"。上述制度设计与安排为电梯事故发生后受害人得以及时、妥善救助提供了制度保障，充分体现了以人为本的改革精神。

2. 广东省电梯安全监管体制改革强调并体现了社会多元共治

作为此次改革成果的两个立法文件之一的《广东省特种设备安全条例》明确规定了特种设备安全监督管理部门及其他相关部门、乡镇人民政府、街道办事处的特种设备监督管理职责以及政府对上述各部门、机构的协调机制，明确规定了行业协会、基层群众自治组织、学校和新闻媒体的宣传职责；另外如前文提及的，上述条例还明确规定了县级以上人民政府建立健全应急救助机制的职责，为政府随着经济社会发展逐步承担起推动建立特种设备事故损害救助基金、推动完善特种设备公众责任保险制度责任等做了制度上的铺垫。《广东省特种设备安全条例》鼓励从事特种设备相关活动的单位推行科学的管理方法、采用先进技术、提高特种设备安全性能和风险管理水平；鼓励特种设备节能技术的研究、开发、示范和推广；同时考虑到节能工作专业化强的特点，从资源共享、市场调节的角度出发，鼓励有能力的单位以合同管理等方式提供特种设备安全节能专业服务。为便于公众监督，使公众真正成为责任主体履行安全主体责任的监督者，《广东省特种设备安全条例》要求特种设备使用管理人履行一系列公开义务，包括在特种设备的显著位置设置使用登记标志，使用登记标志应当载明使用管理人、应急救援电话、使用登记编号等内容。在上述规定基础上，《广东省电梯安全使用条例》还创新性地明确要求维护保养单位公开维护保养情况。经由上述制度设计与创新初步构建起了电梯安全监管工作的社会多元共治格局。

3. 广东省电梯安全监管体制改革体现了地方立法以解决问题为导向的务实精神

自国务院《特种设备安全条例》到《特种设备安全法》，有关什么是特种设备"交付使用"的争论一直未能得以解决，这导致在使用安全责任何时转移这一问题上的不明确。《广东省特种设备安全条例》首先明确了特种设备安装、改造、修理竣工后，施工单位应当在验收后三十日内将有关技术资料移交给所有权人或者其委托的使用管理人，并明确了应移交的技术资料的具体内容，还明确了施工单位将技术资料移交给特种设备所有权人或者其委托的使用管理人即为交付使用。此外，申请特种设备的使用登记属于行政许可范畴，但相关上位法和安全技术规范对于这类行政许可应当具备什么条件都没有作出规定，对此《广东省特种设备安全条例》做了明确规定，解决了使用功能登记的实际操作问题。同时，该条例明确了特种设备使用登记应当在投入使用前办理及其例外情形。上述规定解决了多年来对于上位法规定的"特种设备使用单位应当在特种设备投入使用前或者投入使用后的三十日内办理使用登记"如何理解的问题，也解答了社会关于"投入使用前或者投入使用后的三十日内"都可以办理使用登记规定与"未办理使用登记的特种设备不能使用"的规定之间存在矛盾的疑惑。最后，《广东省特种设备安全条例》规定，事故原因调查由特种设备安全监督管理部门会同有关部门组织进行，根据事故影响程度，特种设备安全监督管理部门可以授权下一级特种设备安全监督管理部门组织进行事故原因调查。这一规定解决了《特种设备安全监察条例》与《生产安全事故报告和调查处理条例》关于事故调查权限规定不一致的问题。上述规定对在国家层面的立法文件中一直未能得以明确解决的上述争论给出了明确的界定。基于上述地方立法规定，在国家层面的相关立法和政策文件中一直未能得以明确解决的且对实践造成很大困扰的相关问题得以明确解决，充分表明了广东省电梯安全监管体制改革的以解决问题为导向的务实精神。

三、广东省电梯安全监管体制改革的成效①

历时三年的广东省电梯安全监管体制改革基于以使用管理者首负责任制为核心构建起来的电梯安全监管责任体系，创新性地改革了传统的电梯安全监管体制，并以地方立法形式确立了改革成果。在此期间逐步推进的改革也取得了重大成效，明显改进了广东省电梯安全监管工作、改善了广东省电梯安全形势。

（一）基于首负责任制破解"五个问题"

如前文已提及的，在改革之前，伴随着电梯保有量迅猛增长的是电梯安全风险隐患形势的日益严峻，而在电梯安全监管中存在的五个方面问题则使得电梯安全事故发生之后因安全责任链条不清而难以落实安全责任：第一，电梯运营中的所有权、使用权、物业管理权、技术管理权和具体使用者往往分别对应多个主体，造成安全责任链条不明确。第二，由于权责不清和利益驱动，导致"质次价低"的维保公司充斥市场，造成维保环节恶性竞争。第三，定期检验替代监督检验，行政监管部门既当"裁判员"又当"运动员"，造成检验环节职责混淆。第四，未在电梯领域建立事故责任险制度，未形成保险特有的风险防范监督和社会救助的杠杆作用，造成社会救助和制约机制缺失。第五，在电梯维修更新资金如何提取使用上缺乏制度和程序上的设

---

① 本部分（一）、（二）、（三）主体内容源自：沈洪、余忠民：《从数字看变化——广东省电梯安全监管体制改革的启示》，《南粤质量》2015年第6期。（四）数据源自：广东省质监局：《"广东省电梯安全监管体制改革法治案例"成功获选为全国质检系统法治典型案例》，2017年1月3日，见 http://www.gdqts.gov.cn/zjxx/zjxw/tzsb/201701/t20170103_129558.htm；新华网报道：《明确"首负责任"索赔保险兜底——电梯伤人维权难的"广东突破"》，2017年3月14日，见 http://news.xinhuanet.com/fortune/2017—03/14/c_1120625596.htm。

计，使得这方面的资金需求难以得到保障、落实。上述五个方面问题不仅引起群众不满，也加剧了质监部门的监管困境，这突出表现在电梯安全行政监察人手不足、力量不够与在用电梯数量迅猛增长之间的矛盾上。

2012 年之后，《广东省电梯安全监管改革方案》及其后的《广东省特种设备安全条例》、《广东省电梯安全使用条例》以"使用权者"及其后确定的"使用管理者"承担首负责任制为突破口，有效地破解了上述问题：一方面，历时三年的改革从理顺电梯制造、安装、使用、管理等各环节权责关系入手，既立足于解决电梯监管存在的现实问题，又与国家未来的改革与发展方向相衔接，旨在着力解决制约电梯安全监管的深层次矛盾和问题；另一方面，以构建起权责清晰、职责明确的电梯安全运行责任链条为重点，转变以强化行政手段为主要方式的传统监管理念，既立足于国情和广东省实际，又参考吸收了国际先进管理经验，积极引入社会监管因素，扩大社会监管范围，旨在营造自我约束、优胜劣汰的市场竞争环境。上述改革措施不仅打破了以往以行政监管为主的监管模式，而且通过广泛引入政府和社会相关组织和机构、行业协会、保险公司等社会监管因素，构建了多元共治的电梯安全监管格局。

（二）逐步推进改革解决"六个矛盾"

由于国家和地方层面的立法不完善，电梯运营中的各类权利主体分离，导致电梯事故发生造成人员伤害和经济损失之后的赔偿责任难以落实。对此，如何深化行政监管体制改革、创新电梯安全监管方式、落实相关主体责任便是必须解决的重要问题。自 2012 年以来，广东省通过广州和东莞两市先试点再推广的方式逐步推进电梯安全监管体制改革，从实践中发现问题、解决问题，探索出了针对上述问题的有效解决思路。其中，广州市质监局在电梯安全监管改革试点中，通过落实企业"首负责任"，推进了电梯制造企业直接维保和责任保险制度，不仅厘清了政府与市场边界，而且也明确了政府及其监管部门与企业的关系：首先，通过明确电梯使用管理权者的首负责任，锁定电梯安全第一责任人，使政府监管部门实现从管电梯到管电梯使用管理权者的转变；其次，通过开展在用电梯的监督检验，用不合格"发现率"围堵有安全隐患的在用电梯，推动电梯制造单位直接维保，建立以制造单位为主的电梯维保体系；最后，通过引入电梯责任保险制度，逐步构建社会救助和保险制约机制，实现社会管理的突破。东莞市质监局在试点改革中根据货梯和客梯各占 50% 且品牌多、维保单位多等特点，按照落实使用管理权者第一责任人的要求，发挥电梯维保公司的作用，推动使用管理权者落实首负责任，并发挥物管行业协会作用，有效减少工作阻力，形成清晰、可追溯的责任链条。经由试点改革的不断推进，逐步转变对由政府部门负责电梯安全的社会期待，强化企业自主负责电梯安全的认知，明确使用管理权者作为电梯安全管理责任主体有义务积极履行各项责任、义务并承担相应的法律责任。

广州和东莞的试点逐步建立、完善的使用管理权者首负责任制建立了清晰的、可追溯的电梯安全责任链条，使企业主体责任得到了层层落实。两市试点改革经验得到了广东省委省政府领导的高度重视以及其他地市的广泛学习。通过在全省电梯安全监管中确定使用管理权者的首负责任制，解决了长期以来在电梯安全监管中存在的六个矛盾：电梯所有权者在电梯安全保障上过度依赖政府与放弃权利主张之间的矛盾；电梯使用管理权者在电梯安全管理上盲目追逐利益与履行责任缺失之间的矛盾；电梯维护保养单位在电梯维保中牺牲维保质量与履责不到位之间的矛盾；政府监管部门在电梯安全监管上的全能主义思想与依法行政要求之间的矛盾；现行电梯安全监管方式中"裁判员"与"运动员"角色间的矛盾；政府的简政放权与社会活化度不足之间的矛盾。随着上述六个矛盾的破解，政府监管部门将其工作重心转向监管物业和维保单位。这种变化打破了以往以行政监管为主的传统监管模式，将不该由政府管理的事项转移出去，不仅解决了因电梯运营中多个主体责任不清、维保环节混乱等困扰质监部门的难题，也带来了电梯安全监管方式的转变，有效地改进了电梯安全监管效果。

（三）以监管模式的改变促成"四个变化"

历时三年的电梯安全监管体制改革通过逐步明确电梯使用管理权者的首负责任，使政府监管部门的工作中心向监管物业和维保公司转移，带来了以落实企业主体责任为核心、行业组织和保险公司等多方参与共管的"四个变化"：首先，通过确立使用管理权者的首负责任，带来企业主体责任意识的变化。明确企业的使用管理权者责任明显增强了电梯使用管理单位的主体责任意识和风险防范意识，促使其加强了对电梯的日常维保质量以及对维保单位工作的主动监督，推动其积极投保所管辖电梯的责任保险，提高了应对电梯故障等突发事件的反应和处理能力。其次，通过引入电梯责任保险机制带来电梯安全的社会管理的变化。以使用管理权者为参保主体，推动生产企业、检验机构和维保单位参与，使保险业参与到电梯安全的社会管理中来，形成了以保险公司为主体的电梯事故社会救助体系，提高了救助赔付能力，分担了政府责任，提高了质监部门处理电梯事故的工作效率，实现了社会管理的突破，藉此解决了使用管理权者无力承担赔付问题，保障了电梯安全事故受害者的合法权益，有效预防和化解了相关社会矛盾。再次，通过开展监管检验带来电梯维保行业变化。为创新监管方式，广东省质监局在电梯监督抽查中着重从查找和发现问题入手，推进落实电梯制造、安装、维修及使用、维护、保养各环节的工作责任，压实电梯维保单位的责任，促使其逐步构建起以制造单位为主的维保体系，并建立电梯制造企业从设计、制造、改造、维修和维护保养全过程的终身服务责任制。经由以上改革，将电梯维保工作纳入了电梯制造单位售后服务范畴，使更多的电梯制造企业直接参与维保服务，规范了市场秩序，从根本上提高了维保服务质量。最后，通过落实首负责任制带来监管部门监管理念的深刻变化。广东省各级质监部门围绕对电梯使用管理权者的责任落实，将不该由政府管理的事项转移出去，解决了因电梯运营中多个主体责任不清、维保环节混乱等困扰质监部门多年的难题，构建起了权责清晰、职责明确的电梯安全运行责任链条，打破了以往以行政监管为主的监管模式，实现了从管设备到管单位的转变。一方面，广东省电梯安全监管体制改革明确提出下放行政审批权力，还权于企业、还权于市场主体，获得电梯制造单位认可的维保企业将不再需由政府许可便可直接进入市场提供维保服务，使得电梯制造单位对设计、制造、安装、改造、维保承担一体化责任。另一方面，改革明确指出政府监督抽查结果不作为产品安全与否的依据，而只作为政府监管的依据，弱化了以行政手段为主的传统监管理念，引入社会监管力量后扩大了社会监管覆盖范围，使有限的政府资源在宏观调控、社会管理及公共服务上发挥最大的效能，逐步营造自我约束、优胜劣汰的市场竞争环境。

（四）电梯安全监管体制改革的成效小结

上述"五个问题"的破解、"六个矛盾"的解决以及"四个变化"的发生充分说明了历时三年的广东省电梯安全监管体制改革所取得的重大成效。这些改革成效从相关数据中可以得到更明显、具体的表现。

截至 2016 年上半年，广东全省在用电梯达 61.6 万多台，数量位居全国首位，在用电梯确权率为 96.9%；电梯责任险投保率从改革前不足 5% 上升至 75.8%，赔付案件总数 255 件，金额达 282 万元；由电梯制造单位直接维保或其委托、授权的单位进行维保的电梯从改革前不足 20% 上升到 47.5%。广东万台电梯事故数和死亡人数从 2012 年的 0.17 和 0.14，下降到 2016 年0.08 和 0.048，与欧美发达国家平均水平相当。广东省电梯监管体制改革取得的显著成效得到社会普遍认可，并得到了中共中央政治局委员、广东省委书记胡春华和国务委员王勇等领导以及国家质检总局和广东省委、省政府的充分肯定，国家质检总局还在东莞召开现场会专门推广广东省的经验。在2017 年 1 月国家质检总局召开的全国质检系统法治典型案例发布会上，广东省质监局推荐的"广东省电梯安全监管体制改革法治案例"（广州某商场电梯事故处理案例）获选为全国质检系统法治典型案例。总结起来，广东省电梯安全监管体制改革通过构建以使用管理权者的首负责任制落实企业主体责任为核心、以权益保护为基础、以质量监管和风险评估为技术支撑、重视引入社会监管的新型电梯安全监管体制不仅打破了长期以来的旧体制，解决了本属于企业的权责关系，而且扭转了行政监管为主要方式的监管理念和模式，变政府监管为一般强制的现代市场主体治理体系，实现了重大的改革成效，有力地改善了广东省电梯安全形势和电梯安全监管工作效果。

四、广东省电梯安全监管体制改革的总结与展望

广东省电梯安全监管体制改革是广东省推进行政监管体制改革、行政审批制度改革乃至全面深化改革的一个重要探索。形成了具有广东地方创新特色的新型电梯安全监管体制，改革取得的成效和经验被社会、其他省区市和国家广泛认可。广东省电梯安全监管体制改革的成功源于对现代治理理念与

规律的深刻、准确把握，而要将经改革形成的新型监管体制落到实处，则要求在电梯安全监管中继续严格遵循这些规律、实践这些理念。

首先，必须要充分发挥市场机制在资源配置中的决定性作用，充分发挥各类社会主体的功能，充分履行政府的制度设计与监管职责，合理整合"有形的手"和"无形的手"以及其他社会监管机制的功能。广东省电梯监管体制改革的一个基本内容便是通过地方立法明确了电梯生产、使用、维保等单位各自与电梯安全有关的权利与责任，并为保险企业和其他市场与其他社会主体参与提供制度依据，基于此，将这些主体整合进电梯安全监管链条中。这实际上便是通过地方政府的制度设计——其中最为核心的便是电梯确权并基于此明确责任——为市场机制这只"无形的手"以及电梯"使用管理权者"等市场和社会机制与主体发挥作用营造了空间。从而，政府及其监管部门便可通过对这些主体的监管实现对电梯安全的监管。这样一种新型监管体制与机制能够避免政府行政监管能力不足且这种不足不可能从根本上得以解决的问题。通过转变传统的行政监管思路，以政府的制度设计与执行来规范、引导市场和社会机制运作，凭借后者有效实现对电梯安全的全链条监管，这是广东省电梯安全监管体制改革形成的成功思路，落实并推进改革必须要坚持并通过相关配套制度、措施的设计与实施不断完善这一思路。

其次，电梯安全监管体制改革必然要改变既有的权力与利益分配格局，为此必然要面临各种阻力，要落实并推进改革必须能够正视并合理化解这些阻力，促成改革共识、形成改革合力。一方面，改革的核心在政府自身管理体制的改革，必须通过推进政府管理体制改革落实并推进既有改革。政府管理体制的长期运作会形成相应的权力与利益分配格局，而改革的一个直接后果便是要改变甚至打破这个既有格局，形成新的、更为有效且公正、公平的权力与利益分配格局，这就需要政府及其行政监管部能从相关领域主动退出，以确保相关市场和社会主体能实现其权利进而承担起职责，而长期以来形成的权力与利益格局会导致政府不同部门对改革有不同认识甚至对改革的不理解与不认同[①]。要有效落实改革形成的既有制度设计并深入推进改革，

---

① 黄丽娜：《电梯出事故物业先赔钱》，《羊城晚报》2015 年 1 月 10 日。

必须落实并深化政府管理体制改革，以政府及其监管部门的放权促成市场和社会监管机制的作用的发挥。另一方面，既有监管体制的长期运作同样会在社会上形成相应的利益与成本分配格局，而改革同样会改变甚至打破这些格局，这也会形成对改革的阻力。就电梯安全监管而言，对电梯制造、使用和维保等单位的责任的明确规定以及这些规定的落实对这些主体施加了先前没有的负担与成本①。虽然这些负担与成本从长远来看通过优化市场格局、完善市场机制并从整体上改善电梯安全形势能为包括这些主体在内的整个社会带来长远利益，但同样必须克服这些主体因短期利益受损可能形成的对改革的阻力。总之，虽然广东省电梯安全监管体制改革已以地方立法的形式实现了制度与机制设计上的重大突破，要将这些改革落到实处并使之得以深入推进，必须要正视并积极化解各种阻力，凝聚改革共识、形成落实并推进改革的合力。

最后，以问题为导向，将改革落到对电梯安全监管中仍然存在的具体问题的解决上去。电梯安全监管体制改革的根本目的是降低电梯安全风险，改善电梯安全形势。成功的改革固然要有系统、有效的制度机制设计，但重视对具体问题的解决同样重要，实际上这也是落实和推进既有改革的重要内容。就广东省电梯安全监管体制改革而言，如前文已经指出的，其重要特色之一便是以问题为导向的地方立法，在落实和推进改革过程中仍然要重视和发扬这一特色，要继续从对具体问题的解决以及对相关经验、教训的总结中寻求制度与机制的改进完善。如就广东省电梯安全监管体制改革的核心内容"使用管理权者"的首负责任制而言，该制度得以建立和落实的前提是存在能被界定的"使用管理权者"，但在很多大城市仍然存在不少"三无"（无业主委员会、无物业、无维保单位）老旧住宅小区，这些住宅小区中的在用电梯"带病"运行的情形极为常见；特别是其中一些经过多次产权变更的单位房中的电梯基本上处于无人监管状态，对民众生命安全构成了严重威胁。鉴于国家层面对此尚无明确的监管制度设计与安排，地方层面要积极探索相应

---

① 罗连发、张凯：《质量安全主体责任实现的政策设计——基于广东电梯安全监管体制改革的案例分析》，《宏观质量研究》2015 年第 1 期。

的监管制度设计。另外，广东省电梯安全监管体制改革所指向的一个现实背景或者说所针对的一个现实问题便是电梯维保市场的混乱，通过改革在制度设计上对此形成了有针对性的安排且取得了实效，但在现实中仍然存在一些物业管理企业为节省费用而聘请低价电梯维保单位（如每部电梯维保金额为200—300元，远远低于正常维保成本）等[①]。对于这类现象，有观点建议应建立物业管理行业"黑名单"制度，将电梯事故发生率纳入其中，以限制进入市场而非简单的罚款了事的方式来加强对物业管理企业的监管。如何通过这类更为具体的监管制度与机制设计有针对性地解决先前改革尚未解决的具体问题和随着经济社会发展而不断出现的新问题，进而以问题为导向，基于对问题解决过程中的经验与教训的总结与反思不断改进和完善新型电梯安全监管体制，同样是落实和深入推进改革必须重视的内容。

---

① 新华社"物业行业发展现状"调研小分队：《广东探索建立电梯安全可追溯责任链条》，《南粤质量》2015 年第 6 期。

案例二：从明确责任到完善治理体系的广东省气瓶安全监管模式改革

气瓶作为与人们生产生活息息相关的一类特种设备，如果使用管理不当极容易发生安全事故，这是关系到人民群众切身利益和生命财产安全，也关系到公共安全和社会安定的大事。但现行的气瓶安全监管制度已不适应行业实际监管模式，瓶装气体市场所暴露的安全管理问题日益严重，气瓶安全监管模式亟待改革。为贯彻落实广东省委省政府关于实施质量强省战略的决定，推动广东省气瓶安全监管模式改革，切实做好气瓶安全监管工作，保障民生用气安全，建立健全以企业落实首负责任为核心的现代化市场监管体系意义十分重大。

一、目前广东省气瓶行业总体情况

气瓶是一种特殊的压力容器，具有种类多、使用面广，危险性、流动性大，监管难的特征。其设计、制造、充装（使用）、运输储存、定期检验、报废处理等环节均纳入政府监管范畴，其中，设计、制造、充装、定期检验由质监部门监管。

广东省是全国气瓶保有量最大的省份，截至 2016 年底，共有在用气瓶 3060 万只，其中燃气气瓶约占 93%，气瓶总量约占全国四分之一，气瓶充装站 1051 家，气瓶检验站 138 个，充装站和检验站数量位居全国前列。瓶装燃气用量巨大，全省瓶装燃气经营企业约 664 家，年供气总量约达到 490.3 万吨，折合充装气瓶约有 32359.8 万瓶次，居民用户数量约达到 1627.1 万户。

气瓶种类繁多，使用越来越广泛，如目前公共交通车辆广泛使用的LNG、LPG、CNG 车用气瓶和充装站点，其分布在城市人流密集区；餐饮企业和人民群众日常生活广泛使用的液化石油气瓶；医院使用的医用氧气瓶；城市自来水处理使用的剧毒介质的液氯气瓶；工业生产、科学研究、水产养殖运输使用的高压气瓶、特种气瓶和低温绝热气瓶等，触及社会生产生活的方方面面。但若气瓶一旦发生事故，破坏范围大，伤亡人员多，社会影响恶劣，例如 2011 年 11 月 14 日，陕西省西安市嘉天国际公寓底商樊记腊汁肉夹馍店发生 3 只 50 升液化石油气钢瓶泄漏爆炸重大事故，造成 10 人死亡、36 人受伤；2012 年 11 月 23 日，山西寿阳喜羊羊火锅店瓶装液化气泄漏爆炸燃烧，造成 14 人死亡；2015 年 10 月 10 日，安徽芜湖镜湖区杨家巷一私人小餐馆发生液化气罐爆炸，瞬间引发大火，造成 17 人死亡。这些血淋淋的事实告诉我们，气瓶安全监管责任重于泰山。

二、气瓶安全监管工作的历史沿革

在计划经济时代，气瓶充装站、检验站基本由国有企业经营。因此，气瓶安全监管体制在很长的一段时间都带有较强的行政监管色彩。1982 年，国务院颁布了《锅炉压力容器安全监察暂行条例》（以下简称《暂行条例》），开始对气瓶实施安全监管。在监管方式上，特种设备监管部门只对气瓶充装单位和气瓶检验单位实行注册制，气瓶则由气瓶产权人自行管理。从 1982 年至 2003 年，主要以国有企业为主导，《暂行条例》规定的监管责任基本得以落实，发挥了应有的作用。但随着改革开放的不断深化，经济形式和经营主体也越来越多样化，特别是民营企业的迅速发展，一些监管理念和模式已经不适应市场经济发展和政府职能转变的要求。2003 年，国务院颁布了《特种设备安全监察条例》（以下简称《条例》）。国家质检总局根据《条例》制定颁布了《气瓶安全监察规定》以及相关的安全技术规范，对气瓶安全监管方式进行了调整，明确气瓶充装单位就是气瓶安全使用的责任主体，将分散在气瓶产权人手中的气瓶，集中归属到气瓶充装单位，使气瓶产权人手中的气瓶变为充装单位所有或托管，成为充装单位管理的自有气瓶。同时，明确充装单位对气瓶使用管理和指导气体消费者安全使用气瓶的 7 项责任和义

务:1.要求气瓶充装单位向气体消费者提供气瓶,并对气瓶的安全全面负责;
2.负责气瓶的维护、保养和颜色标志的涂敷工作;3.负责做好气瓶充装前的
检查和充装记录,并对气瓶的充装安全负责;4.负责对充装作业人员和充装
前检查人员进行相关知识的培训;5.负责向气瓶使用者宣传安全使用知识和
危险性警示要求,并在所充装的气瓶上粘贴符合安全技术规范及国家标准
规定的警示标签和充装标签;6.负责气瓶的送检工作,将不符合安全要求的
气瓶送交气瓶检验机构报废销毁;7.配合气瓶安全事故调查工作等。《条例》
规定,政府对气瓶充装、检验单位实施行政许可,对气瓶使用实施使用登记
许可,建立了气瓶充装单位只能充装自有气瓶的固定充装制度。2013 年颁
布的《中华人民共和国特种设备安全法》延续了《条例》的相关规定,将气
瓶安全责任主体落实到充装单位,实行固定充装制度。固定充装制度,其本
意是要求充装单位对气瓶安全负责,对气瓶进行统一管理,以达到提高气瓶
安全水平的目的。但由于广东省改革开放较早,虽然固定充装制度对充装单
位的充装行为有着十分严格的规定,但是由于广东省市场化程度高,大量的
气瓶属于老百姓个人所有,产权转移很难实施,存在大量的托管气瓶;而且
这种固定充装制度不适应自由市场竞争机制,个人产权气瓶转移产生的巨大
矛盾导致气瓶充装单位违规圈瓶充装扩大市场,虽不断加强气瓶安全监管力
度,但在巨大利润的驱使下,违规圈瓶充装,即是充装非自有产权气瓶的情
况屡禁不止,出现严重的水土不服,不仅没能达到当初制度设计的目的,而
且加重了规范市场秩序的压力。气瓶固定充装制度这种以靠强化政府监管的
手段已逐渐失去原有约束力,暴露出的气瓶安全问题日益严重。为此,广东
省质监局在目前这种形势之下,探索出了以明确气瓶使用管理者为改革核
心,以气瓶充装及检验工作为改革重点,以液化石油气瓶为切入点,转变以
强化行政手段为主的传统监管理念和方式,充分发挥市场对资源配置的决定
性作用,积极引入社会监管因素,扩大社会监管范围,努力营造出自我约
束、优胜劣汰的市场竞争环境,全面理顺气瓶充装、检验、监管等各环节的
权责关系,建立健全广东省特种设备科学发展的体制机制,切实保障人民群
众生命财产安全为总体思路的气瓶安全监管改革。

三、现行气瓶安全监管模式存在的主要问题

自国家设立气瓶监管制度以来，广东省各级特种设备监管部门高度重视气瓶安全监管工作，近年来更是不断加大力度开展气瓶专项整治。但由于气瓶量大、使用面广，使用过程具有流动性的特点，且经营主体多样安全主体责任和固定充装制度难以落实，充装超期、报废气瓶现象仍然存在，泄漏爆燃事故仍不时发生。尤其是液化石油气瓶，其安全问题尤其突出，如出现气瓶没有专瓶专用在液化气中掺混二甲醚、报废气瓶被翻新重新流入使用、气瓶使用流通溯源监管缺失等安全隐患。目前，气瓶安全主要存在以下问题：

（一）气瓶充装安全主体责任不落实

1.气瓶管理错位

现行法规要求充装单位以台账的形式将所使用的气瓶向行政机关办理使用登记；行政机关登记后向其颁发列有所有气瓶台账的使用登记证。这一制度设计的本意是由行政机关监督气瓶使用管理人管理好其应该管理的气瓶。但由于气瓶使用过程中流动性大，行政机关根本无法动态掌握气瓶的流向和使用状态，只有气瓶使用管理人才能有效控制。这种信息的不对称，导致出现"错位管理"问题。一方面，气瓶使用管理人认为气瓶已经登记，产生了依赖行政机关来管理的心态，未对配送、营销等环节采取有效的自行管理措施。另一方面，由于气瓶使用管理人对气瓶管理不善，气瓶大流转现象严重，增加了使用管理人频繁办理登记变更的麻烦，使得行政机关颁发的使用登记证与在用气瓶的现实情况存在差异。这种将本应由气瓶使用管理人管理，却要求行政机关来管理的制度设计，不仅无法落实使用管理人的主体责任，反而导致监管失灵，平添了使用管理人的麻烦。由于现行这种管理模式无法实现气瓶动态的管理，气瓶使用管理人未能落实自身的安全主体责任，导致部分气瓶的管理出现空白，反倒给不法分子留了较大的违法空间，不利于社会公共安全。

2.充装站非法充装且对瓶装气体的配送对象没有控制

突出表现在气瓶充装站非法充装，如充装非自有气瓶、过期气瓶、报废气瓶等不合格气瓶，充装的气体质量和计量不符合标准等。究其原因，固然有实施充装检查偶有疏漏的因素，但更重要的是很多充装站主观上有着"气

瓶只要一出站,就跟我无关"的"歪念"。而按照目前的情形,气瓶在充装、配送、使用等流转过程,还未能做到全过程控制,因而气瓶在配送、使用等环节出现问题确实难以追究充装站的责任。因此,只要有生意做,无论这些气瓶是谁送来的,具体的气体消费者是谁,充装站一概不管,充装活动又是动态的,因此萌发侥幸心理,只管对气瓶充装,充完即拉走。无视有关规定,不按安全技术规范严格实施充装前后检查,甚至个别充装站还配合经销商实施欠量充装或掺杂掺假等违法行为,严重损害消费者利益。一些小微充装站,甚至将燃气充装视同"油盐酱醋"的买卖。一方面充装站对不属于其管理的气瓶安全性能不了解、不可控,可能导致充装以及后续使用过程中出现安全风险;更重要的是,一旦该气瓶出现安全事故,或者瓶内气体存在质量、计量等问题,将难以倒查其充装主体,也就难以追究充装站要"向气体使用者提供符合安全技术规范要求的气瓶"的主体责任之法律规定。充装站本应对配送对象所起的制约作用完全失效,一定程度上对"黑气点"的存在起了推波助澜的作用。

(二)瓶装气体经营市场混乱,竞争无序

气瓶只是气体的包装物,气瓶的乱象,本质上是气体的经营乱象。特别是瓶装燃气经营方面,按照《广东省燃气管理条例》的规定,从事燃气经营活动须取得许可,个体工商户需要继续经营瓶装燃气供应的,应当加入已取得许可的燃气经营企业,作为该企业的瓶装燃气供应站,并纳入该企业的燃气经营和安全管理体系。但在目前的市场中,从事瓶装燃气配送的经营主体,大部分均未取得燃气经营许可,业界称之为"黑气点"。凭着熟悉当地的优势,又没有申请资质、税收等各方面的成本,与充装站和合法瓶装燃气供应点相比,"黑气点"有着更大的成本优势,因而生意越做越大,逐渐掌握了大量的终端客户。在城中村等一些局部地区,充装站和合法瓶装燃气供应点甚至必须依靠"黑气点"才能开展业务。"黑气点"携大量气瓶流动到各个充装站充气,导致充装难以溯源。有的还基于其对终端客户的控制而倒逼充装站配合实施短斤缺两或掺混二甲醚等违法行为,更有甚者,一些"黑气点"采用瓶对瓶倒气等十分危险的方式分装燃气,给公共安全带来严重威胁。这些因素都是不利于市场健康发展的,不法充装站由于"来者不拒"留住大量用户，掌握了大量气瓶，又能通过违法获取较大利润，加之现行法律法规对各环节控制不严、操作性不强、处罚力度不大，使其逐渐不怕监管不怕违法；而守法充装站虽加大气瓶投入，落实相关管理要求，但却不断流失气瓶和客户，终端客户的大量萎缩最后只能走向倒闭，使得市场出现了"优汰劣胜"的不健康现象。

（三）消费者气瓶安全意识不强

一些气体使用者的气瓶安全意识不强，他们基本不关心送来的气瓶是何种气瓶、是否合格，是哪个供应商提供的，更关心的是价格和配送是否及时，哪里气价低、能及时送气，就到哪里充，对气体质量完全没有概念，只要能点燃即可。消费者有这种心态，就难以要求他们对气瓶安全使用有多高的安全意识，更谈不上对充装站或供应商进行有效监督。

目前，广东省大量在用气瓶产权都属于瓶装气体消费者所有。根据现行气瓶固定充装制度要求，若气瓶产权不属于充装单位的，应将气瓶产权转移至充装单位，由充装单位统一向行政许可机关申请气瓶使用登记，并纳入充装单位自有气瓶的管理之内。但由于气瓶产权人对制度理解程度不高，且出于对自己气瓶的保护，担心自己买的崭新、干净的气瓶万一被充装单位换走，一般都不愿意将气瓶产权转移充装单位进行管理，加之固化的生活习惯，认为只要是气瓶充装单位就应该给予充装，若充装单位不给予充装则另觅他人，总会有充装单位愿意充装，全然不顾气瓶是否已由充装单位办理使用登记，是否在合格有效期内或者存在安全隐患。由气瓶产权转移引起的巨大矛盾，一方面给予了不法充装单位为求利润不落实气瓶固定充装制度和"黑气点"掌握此类消费者气瓶后压缩充装单位违法充装的空间；另一方面也给监管部门带来巨大的监管困难。

（四）检验质量把关不严问题突出

广东省是开放气瓶检验市场化较早的省份，气瓶检验市场化本意是发挥社会力量的资金及技术优势，通过充分的市场竞争，提高气瓶检验的能力，加强对气瓶质量安全把关。但气瓶检验市场化后，由于竞争激烈，一些瓶检站为降低成本，追逐更大利润，不按规范进行检验，安全质量把关不严，如检验项目不全　该判废不判废、出具虚假检验报告等。更有甚者，为牟取暴利，个别气瓶检验站利用检验工作的便利将报废气瓶非法改造、翻新后当作新瓶出售，使一些本该报废处理的气瓶重新流入市场使用，造成大量的安全隐患。因此，单靠市场调节，难以保证气瓶检验质量，还应加强政府监督。此外，由于监督退出机制不完善，一些违规气瓶检验站被查处后，难以退出瓶检市场。

（五）单靠政府行政手段监管的模式难以奏效

一直以来，广东省各级特种设备监管部门大力开展气瓶专项整治，近年更是加大了执法力度。据统计，2011—2016 年以来全省共查处气瓶充装、检验案件 2535 宗。其中查处充装单位未按安全技术规范的要求充装超期未检气瓶、报废气瓶、非自有产权气瓶案件 1454 宗，涉案气瓶约 16000 多个；查处充装单位销售掺杂掺假气体案件 463 宗；查处其他违法充装案件 618 宗；查处气瓶检测单位擅自改造气瓶、未按安全技术规范要求开展气瓶检测案件 83 宗；查处非法改造、翻新报废气瓶黑点 3 个。被移送司法机关追究刑事责任案件 10 宗，吊（撤）销充装许可、钢瓶检测许可资格证 9 家。五年间平均每个充装站被查处过 2 次，每个检验站被查处过 1 次。近年来，各地相关部门针对气瓶及瓶装气体不断加大联合监察、执法。2016 年，质监、住建、工商、消防等部门还针对全省瓶装燃气充装、销售单位进行联合执法，全省共执法检查瓶装燃气充装单位 563 家，立案查处单位 17 家，限期整改单位 117 家；共执法检查瓶装燃气销售单位 2145 家，立案查处单位 12 家，限期整改单位 160 家，取缔关闭企业 3 家。对充装单位是否存在未进行充装前后检查、充装超期、报废气瓶的情况，及瓶装燃气销售单位取证情况进行了重点治理，发现未进行充装前后检查的共 32 家；充装超期、报废气瓶共 13 家；未取得燃气经营许可销售瓶装燃气共 350 家；销售瓶装燃气的个体工商户未加入已取得许可的燃气经营企业继续销售瓶装燃气共 460 家，依法取缔 29 家。

但由于气瓶量大面广，经营主体多样且主体责任不落实，充装超期、报废气瓶现象仍然存在，泄漏爆燃事故多发，固定充装制度难以落实，发生事故后消费者难以获得及时有效救助。据不完全统计，2011—2013 年，全省共发生各类气瓶泄漏 53159 起，其中，使用不当引起的泄漏 11666 起，占 22%；角阀泄漏 33546 起，占 63%；其他原因引起的泄漏 7895 起，占 15%；泄漏引发火灾事故 52 起，造成 2 人死亡，27 人受伤。因责任链条不清晰，难以追溯事故相关责任，绝大多数事故受害方均难以获得赔偿。同时，气瓶安全运营中还未建立事故责任险制度，导致事故受害方也得不到有效救助。

从这些数据来看，近年来对气瓶安全监管力量不可谓不大，但也折射出一个问题：在不断强化行政执法的情况下，气瓶充装、检验两站的违法行为仍然屡禁不止，说明单靠政府行政手段监管的模式难以奏效，必须充分发挥市场对资源配置的决定性作用，引入社会保险救济，发挥行业协会作用，引导扩大社会监督，强化社会治理。

（六）无法针对气瓶不同环节形成监管合力，不利于气瓶安全监管

虽然根据《特种设备安全法》、《城镇燃气管理条例》、《危险化学品安全管理条例》的要求，已经对气瓶、燃气及危化品的监督管理作出规定，对其部门监管职责进行了明确。但对于气体盛装于气瓶这一包装物成为瓶装气体之后的安全监管却存在法律空白，所以各地区之间、各相关部门之间对气瓶安全监管标准不一、力度不一，难以形成监管合力。一是需要各部门通力配合，做好气瓶安全监管工作。气瓶安全涵盖了气瓶本体安全及瓶装气体安全两个方面。其中气瓶本体的安全监管是质监部门的职责，但瓶装气体在运输、经营、使用中的安全监管涉及诸多职能部门，因此并不存在单一的主管部门。二是需要主动作为，协同监管。气瓶监管属于多环节、多部门监管，而燃气行政、公安消防、安全监督、工商管理等部门按照现行的法律体系都是"各自为政"，且有些部门认为气瓶属于特种设备，因此无论是气瓶本体安全，还是瓶装气体安全都应由质监部门负责监管，难以做到协同监管。而且受部门职能所限，相关违法问题也得不到及时解决，造成了各部门之间监管责任的推诿，不利于对行业市场所出现的违法行为进行有效打击。三是需要区域联动，加大打击力度。由于气瓶流动性大，特别是各市交界地区，由于各地市之间对气瓶充装违法行为打击力度不均衡，"黑气点"会根据各地市对气瓶打击力度大小相互流窜，导致无法对气瓶相关违法行为形成统一的打击态势。

因此，只有通过改革厘清各部门的监管职责并赋予相应监管手段，建立各部门协同监管的长效机制，才能进一步做好气瓶安全监察工作。

（七）现行的法规、规章亟待完善

一是操作性有待加强。如《气瓶安全监察规定》规定充装单位违规充装，情节严重的，可以撤销充装资格。但对情节严重界定不清，在实践中没有量化，操作性不强，导致吊销充装、检验资格的处罚难以执行，对违法行为的震慑作用不够。二是虽不断出台规范性文件以适应广东省气瓶安全监管面临的形势及实际但无法从根本形成有效闭环管理。从 2003 年开始，国家尚未对充装许可作出规定的时候，广东省质监局就率先制定《广东省质量技术监督局气瓶充装许可管理办法》（以下简称《办法》）规定了充装许可及充装监督管理的要求，比国家出台的《气瓶充装许可规则》（TSG R24001—2006）还要早两年。到 2016 年止，为了能适应国家法律法规及广东省气瓶监管实际情况，也先后对《办法》进行了三次制修订，但由于是政府规范性文件仅能对充装许可及气瓶监察提出要求，无法以此来对充装违法行为作闭环监管，且随着市场化竞争愈演愈烈，一些新出现的问题也大量涌现，急需补充立法。如在液化气中掺混二甲醚或其他影响气瓶安全使用介质的问题，没有作出规定。三是由于现行法律法规界定不清，导致监管责任不明晰。本质上用不符合安全技术规范的气瓶盛装危化品、燃气才是造成严重事故后果的重要原因。虽然在《危险化学品安全管理条例》、《城镇燃气管理条例》等有关法律法规中对各部门在危险化学品、燃气等方面的监管职责已有规定，而流入市场的往往都是充气气瓶，但由于上述上位法中均未使用"瓶装气体"这一概念，对于已盛装危险化学品、燃气的气瓶不符合安全技术规范应当如何处理，各部门在监管实践中仍然存在到底应该是气瓶监管部门还是气体监管部门来负责监管的争议，从而很可能出现监管真空。即便是有关部门尽职去监管了，也存在着在具体法条引用上的疑惑。

四、改革过程

为解决在气瓶使用过程中出现的安全监管及目前行业内存在的问题，广东省质监局从 2014 年开始就改革气瓶安全监管模式进行调研，也通过广东省特种设备行业协会专门成立了气瓶专业委员会，来畅通与气瓶相关从业单位的沟通。

2014年底，广东省质监局针对当前监管中出现的问题，起草了《广东省气瓶安全监管改革方案》（以下简称《方案》）草案，并征求了22个地市质监局（含顺德区质监局），6个省直有关单位意见。根据收集的意见作局部修改后通过局网站公开征求公众意见。

2015年3月，广东省质监局按照广东省编办为保障改革措施于法有据，合法合规的意见，向国家质检总局请示改变气瓶登记方式，国家质检总局对此十分支持并要求总结改革经验，并于同年5月发出《质检总局办公厅关于同意广东省质监局改变气瓶使用登记方式的函》（质检办特函〔2015〕499号），同意省质监局先行先试，改变气瓶使用登记方式。这一批复也为整个改革构建以充装站为责任主体的气瓶管理制度打下了政策基础。

2015年底，按照广东省质监局重大行政决策管理规定，经内部审慎审议，广东省质监局局务会审定后在2016年3月提请广东省政府法制办审查。

2016年4月，广东省政府办公厅回复，省主要领导十分重视并根据省政府法制办审查意见作出批示，要求省质监局对《方案》组织听证、社会风险评估和专家咨询论证。

2016年6月，广东省质监局根据《广东省重大行政决策听证规定》和《关于对重大事项进行社会稳定风险评估的实施意见》规定组织召开了听证、社会风险评估会议，邀请了气瓶行业、社会组织、大专院校以及省、市监管部门多位代表共同讨论。针对《方案》对社会影响的综合分析及论证，总体而言，《方案》虽存在落实使用管理者的安全首负责任加大了气瓶充装站的责任和负担；鼓励连锁经营后导致会淘汰边远地区的小气站影响当地居民用气的风险；监督抽查制度实施会导致检验站被吊销资格造成当地没有气瓶检验机构的局面；边远地区"黑气点"打击可能会影响到当地区域居民用气的便利性；保险的具体配套措施如果不能有效落实会影响消费者的权益等风险点。但是，经过专家论证可以通过：一是引入保险机制可以有效控制落实使用管理者的安全首负责任可能引起的风险；二是通过鼓励大集团连锁经营或者直营的方式承接当地的消费市场，有效降低小气站在竞争中被淘汰或不具备经营资质的"黑气点"不能经营可能影响居民用气的风险；三是通过有序放开气瓶检验属地要求，气瓶充装站可以自由选择气瓶检验站来解决对于一些检验站被吊销资格给气瓶检验造成的不便；四是不断完善改革配套措施等四个方面措施降低社会风险，不足以影响社会稳定。

2016年8月，广东省政府全力支持省质监局提出的改革方案，并安排广东省政府发展研究中心组织专家通过前后两次论证会议对改革措施进行了严密的研究论证，专家一致认为《方案》总体思路和目标清晰明确，改革措施切实可行，对于燃气行业的规范管理更为有效规范。充分体现了从行政手段为主的气瓶安全监管，向新的安全监管模式转变，充分顺应了广东省气瓶安全监管的形势和要求，对推进气瓶充装和检测行业诚信体系建设、营造优胜劣汰的市场环境、发挥政府部门协同监管作用、保障人民群众生命财产安全具有重要意义。

2017年5月17日，《方案》通过广东省政府常务会议审议。

历时三年，《广东省人民政府关于印发广东省气瓶安全监管改革方案的通知》（粤府函〔2017〕134号）最终于2017年6月2日由省政府印发实施。

《广东省气瓶安全条例》已由广东省第十二届人民代表大会常务委员会第三十七次会议于2017年11月30日通过并公布，自2018年1月1日起施行。

此次改革的核心是明确气瓶使用管理人，重点是改革充装和检验工作，理念是尊重市场规律，营造市场公平竞争环境，目的是理顺各环节的权责关系，愿景是建立健全科学的体制机制。《方案》出台标志着由广东省政府部署，各级政府实施，质监部门牵头，相关部门配合联动的广东省气瓶安全监管改革在广东省全面启动。

五、改革措施亮点及意义

气瓶安全监管改革充分体现了从强化行政手段为主的传统监管理念和方式，向现代科学的安全监管模式转变，积极引入社会监管因素，充分顺应了广东省气瓶安全监管的形势和要求，是省政府为贯彻落实党中央、国务院关于简政放权、放管结合、优化服务的决策部署而实施的一项重要举措。是贯彻落实国务院与省政府关于建立产品质量安全追溯体系要求的重要内容，旨在进一步探索和建立现代市场治理体系，全面理顺气瓶充装、检验、监管环节的权责关系，建立健全广东省特种设备科学发展的体制机制，切实保障人民群众生命财产安全。《方案》是全国第一个由省政府印发、在省级层面专门针对气瓶安全监管实施改革的文件。体现了广东省政府对气瓶安全监管工作的重视，又体现了广东的先行先试精神，具有重要意义。

此次广东省政府正式印发的《方案》，明确提出了以"明确一个责任，实施两项改革，建立两项制度，完善治理体系"为主要内容的改革措施。

（一）明确气瓶使用安全的首负责任

通过明确气瓶使用安全的首负责任，来解决气瓶安全主体责任不落实的问题。气瓶使用管理者是指气瓶使用的管理者，也是使用气瓶充装气体并对外销售的受益者，与瓶装气体使用者构成直接利益关系，应确定为气瓶安全使用的首负责任人。依照相关法规规定，气瓶充装单位应当向气体使用者提供符合安全技术规范要求的气瓶，是法定的气瓶使用管理人。

气瓶充装单位不仅应当依法履行有关法律法规规范所规定的各项气瓶使用管理责任和义务，对充装使用的气瓶进行登记并及时申报定期检验，对瓶装气体使用者进行气瓶安全使用指导，并建立服务档案。由于气瓶泄漏或爆炸导致人身伤害或者财产损失时，瓶装气体使用者有权向气瓶使用管理人提出赔偿要求。气瓶使用管理者应当首先赔偿，不得拒绝。气瓶使用管理人赔偿后，属于其他相关方责任的，气瓶使用管理者有权向其追偿。若气瓶使用管理者经由代理商向瓶装气体使用者配送气瓶时，应当与代理商约定代理配送后的赔偿责任。

落实气瓶使用管理人的首负责任有利于倒逼充装单位自觉落实主体责任，强化充装使用管理，也进一步提升企业的社会责任感。

（二）改革气瓶的使用登记方式与检验监管方式

改革气瓶使用登记方式，构建以充装站为责任主体的气瓶管理制度，解决气瓶管理错位的问题；要改革气瓶检验监管方式，实施政府监督抽检，解决气瓶检验站不按规范检验的问题。这两项属于全国首创的改革措施，具体来说：

改革气瓶使用登记方式，就是将质监部门登记气瓶改为登记单位，具体的气瓶台账由气瓶使用管理人自主登记、自主管理。气瓶使用管理人要在每只气瓶上标识气瓶的唯一识别编号，在瓶体的显著位置清晰涂敷可以识别的使用管理人的名称（字号或商号）或注册商标以及应急救援电话和下次检验日期等，保障用气者明明白白消费的权益。登记方式的改革一方面可缓解充装单位需要不断向行政机关进行登记的烦琐；另一方面也倒逼气瓶使用管理人对自行登记的气瓶进行有效管理，严格控制，严格把关。

同时，也鼓励气瓶使用管理人在气瓶制造厂定制已在气瓶瓶体(或护罩)压制使用管理者标志凸码的专用气瓶，申请商标注册，开展基于商标专用权的连锁经营。不仅有利于促进气瓶充装单位的集约化管理，也有利于企业品牌的建设。

改革气瓶检验监管方式，就是在瓶检站检验的基础上，对尚未重新投入使用的气瓶实施政府监督抽检。由政府委托第三方机构对气瓶检验质量进行技术性检查，监督抽检的结果作为行政管理的依据。按照《中华人民共和国特种设备安全法》和国务院《特种设备安全监察条例》规定，对特种设备使用单位和检验检测单位的安全监察实施监督检查制度。由于气瓶具有流动性的特点，同时广东省气瓶检验单位在全国率先实行市场化运作，原有的监管手段不利于及时发现和处理气瓶安全隐患。这一措施既强化政府监督手段，推动行业诚信体系的落实，提高气瓶安全监管的操作性、及时性和有效性，也倒逼充装、检验单位守法经营，加强其内部管理制度及相关安全技术规范的有效落实。

（三）建立气瓶充装质量安全溯源制度与气瓶安全责任保险制度

建立气瓶充装质量安全溯源制度，解决瓶装气体市场混乱问题；要建立气瓶安全责任保险制度，解决有效保护消费者权益的问题。具体来说：

建立气瓶充装质量安全溯源制度，就是要全面推行气瓶信息化管理。由广东省质监局牵头建立全省统一的在用气瓶信息数据库，气瓶使用管理人应当按规定对气瓶采用信息化管理，并定期将登记、检验及变更信息汇总到气瓶信息数据库。在经营、配送环节，气瓶使用管理人应当建立瓶装气体销售档案，并向瓶装气体使用者提供销售凭证，以确保充装质量安全可追溯。经由代理商销售时，应当核实代理商的经营许可资格，并要求代理商建立销售档案、提供销售凭据。同时鼓励气瓶使用管理人采用二维码、射频识别技术等方式对气瓶设置电子标签，对瓶装气体销售实行电子档案管理。建立气瓶销售档案制度，实现气瓶充装质量溯源。并且运用"互联网+"思维，依托气瓶信息数据库对充装使用管理人使用登记气瓶的数据进行管理，实现对全省气瓶状态的动态监管，奠定建立气瓶安全溯源体系的技术基础。

建立气瓶安全责任保险制度，就是要引导气瓶使用管理人通过购买保险来提高赔付能力。同时推动开展对投保人的安全风险评估，通过保费费率的调整，来促进气瓶使用管理人加强内部管理。从另一方面来说也提高了社会大众气瓶使用安全意识，发挥了对市场机制的监督作用。

（四）完善治理体系

发挥政府部门综合监管作用，就是要组织特种设备安全监管、燃气主管、交通、公安等部门对气瓶充装、经营、运输、配送的经营链条开展全链条多环节的对接执法。严格市场准入、退出和从业禁止性等规定。

发挥社会组织监督作用，就是要引导相关行业协会制定行业自律公约，开展行业自律监督。支持行业协会开展基于提高安全、质量和服务水平的行业企业品牌建设，发动行业企业向安全可靠、群众信赖的气瓶充装品牌聚集。

发挥群众监督作用，就是要建立并落实举报奖励制度。通过向消费者提供气瓶信息查询，促进气瓶使用管理人强化气瓶信息化管理；支持气瓶使用管理人发布气瓶流转过程和安全责任保险等更多信息，扩大消费者的知情权。引入行业协会和消费者评价排名以及监督执法信息发布机制，引导消费者选择安全质量可靠的瓶装气体品牌。一方面有利于充装单位构建品牌意识，提高服务质量，规范其充装行为；另一方面进而构造社会监督的良性循环机制。保证充装单位主体责任落实，实现社会监督的良好氛围。

总之，通过有效的制度设定，转变以强化行政手段为主的传统监管理念和方式，积极引入社会监管因素，建立起使用管理责任明确、质量安全可追溯、消费者权益受保护、监管职责清晰的气瓶安全责任体系，推动基于提高安全、质量和服务水平的瓶装气体品牌建设，充分发挥市场对资源配置的决定性作用，努力营造出自我约束、优胜劣汰的市场竞争环境，从根本上建立健全气瓶安全运行机制。

根据广东省政府的部署，《方案》将先行在深圳、佛山、东莞以及顺德区实施改革试点，试点成功后在全省全面实施。力争到 2020 年基本建立以气瓶使用管理人安全主体责任落实为核心，气体消费者权益保护为基础，保险救济和社会求助为保障，质量检测和风险评估为技术支撑，行业自律和社会监督为重要补充，政府依法监管的气瓶安全监管体系，形成气瓶使用管理人安全责任和守法经营意识到位、社会求助、各方监督有力的气瓶安全运行机制，推动广东省气瓶安全监察工作取得明显成效。

案例三：基于"三位一体"的广东省特种设备检验检测机构整合改革

　　随着经济社会的发展，特种设备在生产生活中的重要性日益增大，如电梯、大型游乐设施、压力容器等各类特种设备越来越成为现代生产和社会生活得以顺利开展、进行所不可或缺的要素。作为改革开放的排头兵和经济社会发展的先行省份，广东省对各类特种设备的使用历史相对较长，在用特种设备数量较大，且由于经济社会发展速度仍然处于相对较高水平，各类特种设备的使用量的增长仍然居高不下（见图1）。特种设备使用量相对较大及其增速相对较高从客观上决定了与特种设备有关的各类安全风险也就相对较大。为有效防范和化解特种设备相关的安全风险，就必须加强特种设备检验检测工作。多年来，广东省各级政府及其质监部门高度重视并不断加强这方面的工作，实现了广东省特种设备安全事故始终处于全国相对较低水平以及各类事故发生频率（万台设备事故数）连续下降（见图2）。

　　虽然广东省特种设备安全状况在全国持续处于领先水平，但由于特种设备基数大，安全形势仍然严峻。也正是为了通过更好地开展特种设备检验检测工作来更好地确保特种设备的使用安全，广东省从2005年开始探索实行特种设备检验检测机构整合改革，这一改革持续至2016年，前后历时10年。实际上，广东省特种设备安全状况之所以能够在全国持续处于领先水平，在很大程度上也得益于广东省各级政府及其质监部门持续深入推进的特种设备检验检测机构改革。换句话说，在过去十多年时间里，广东省特种设备检验检测工作及其保障的特种设备安全状况与特种设备检验检测机构整合改革是相互促进的关系；特种设备检验检测与安全监管工作及其中暴露出来的问题为特种设备检验检测机构整合改革的开展与推进提供了持续的驱动力，而持续推进并不断深化的特种设备检验检测机构整合改革则确保了广东省特种设备安全工作在全国持续处于领先位置且安全形势得以持续改善。本章将回顾并分析此次改革历程及其成效，并指出进一步推进改革的思路。

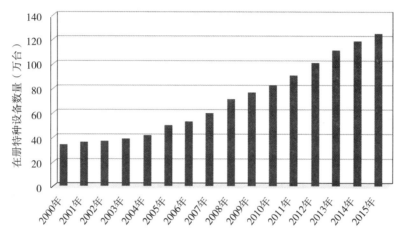

图 1　广东省全省在册特种设备数量变化（2000—2015 年）

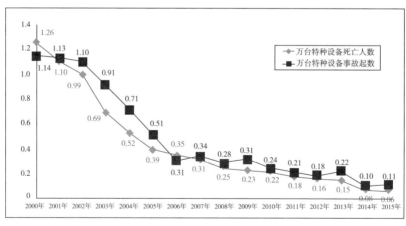

图 2　广东省万台特种设备事故情况趋势图（2000—2015 年）

一、广东省特种设备检验检测机构整合改革的基本理念与思路

广东省特种设备检验检测机构整合改革持续了 10 年时间。整个整合改

革过程逐步探索、推进，形成了体现改革内涵并指导着改革推进的一系列基本理念。概括来讲，这些基本理念反映了对特种设备检验检测机构的历史发展背景及其相比其他政府或公共部门的特殊性的认识。一方面，特种设备检验检测机构在国内历史上一直属于事业单位，而事业单位则是中国特有的一类承担公益职责的公共组织，一直被作为政府及其部门的下／附属组织或与之在事实上保持着人事、财政乃至日常管理等各方面的密切联系，因而特种设备检验检测机构改革可被归入公共部门改革范畴，对这类机构的改革思路可从国内外既有公共部门改革理论与实践中寻求具有一般性的借鉴。另一方面，在一般性之下，特种设备检验检测机构也必然有其不同于其他类型公共部门的特殊之处，对与之有关的改革实践的认识与评估也必须注意到这些特殊性，并充分吸收和借鉴其他国家同类机构的管理体制、机制与运作方面的成功经验。广东省特种设备检验检测机构整合改革的推进正是在上述理念及在此基础上形成的"完善机构定位、优化运作机制、创新治理结构"这个"三位一体"的改革思路指导下逐步推进的。

（一）兼顾效率与责任目标

在公共部门改革的既有理论与实践中，曾针对政府（行政部门）规模庞大、效率低下等弊端形成了"有限政府"理念，即强调限定政府职能边界，将原本由政府（部门）承担的职责交由效率更高的市场等其他主体承担。但"有限政府"理念在一定程度上克服"政府失灵"问题的同时，也不可避免地面临着"市场失灵"等问题。特别是在一些公共物品和服务的供给中，过分地强调市场机制往往伴随着不应有的政府缺位，难以有效回应民众和经济、社会的运行与发展需求。在此情况下，"责任政府"理念日益回归。后者并非一概否定"有限政府"理念的合理性，但更为强调政府或更广义的公共部门在应由其发挥作用领域——"市场失灵"领域——的功能的发挥。"有限政府"强调的是公共部门的运作效率，"责任政府"强调的是公共部门在供给市场和社会所不能供给的物品与服务方面的责任。概言之，理论与实践表明，公共部门改革应准确把握上述二者间的辩证关系，特种设备检验检测机构的改革同样如此。

由于特种设备检验检测机构（及其各类前身机构）在历史上一直是作为

政府相关监管、执法部门的技术支撑机构，其虽并非政府部门但实则一直被统合于政府体系之中，在体制、机制等方面都表现出高度的行政化特征。技术机构长期的行政化运作，积累了一系列的问题：一方面，参照行政机关按照行政区划设立机构的做法束缚了特种设备检验检测机构的发展。麻雀虽小五脏俱全，长期以来，各个地方在特种设备检验检测机构建设方面重复投入、重复建设，不能统筹规划与整合资源投入，使得各地特种设备检验检测机构总量虽多却散而乱，机构普遍弱小。检验检测规模小、分布散、业务乱、实力弱等现实问题的存在，不仅虚耗国家财政投入，也严重束缚了机构的正常运作与发展，尤其不能适应日益加剧的市场竞争。这既不利于检测机构有效地承担技术支撑的需要，也不利于机构自身的生存与发展。另一方面，行政化的人事、财务管理制度不适应特种设备检验检测机构业务开展的实际需要。虽然作为事业单位的特种设备检验检测机构有别于政府部门，但其长期以来均采用高度行政化的人员编制管理及基于编制的财务管理。随着经济社会的发展，特种设备数量不断增多，相应地，检验检测业务量及对业务人员的需求量不断增大，但特种设备检验检测机构被核准的人员编制数相对有限且增长缓慢，这便在实际中造成了机构实际人数长期远远超过编制数的状况。由于基于编制拨付的经费仅能覆盖在编人员，机构运行中便会存在经费不足问题。另外，在行政化的管理机制下所能用以吸引和留住人才的唯有编制与行政级别。在编制紧张、行政级别整体吸引力较低而又无法实施具有激励性的薪酬制度的现实情况下，特种设备检验检测机构在吸引和留住人才，尤其是高素质人才方面面临着很大的挑战。

对特种设备检验检测机构所面临的上述体制、机制束缚问题，一个基本的改革思路就是摒弃行政化的管理体制与机制，这实际上对应了有限政府的效率理念与思路。但在讲求效率的同时，还必须秉持责任政府的责任理念。

特种设备检验检测机构的业务与职能包括如下内容：一是在国际市场中维护本国技术主权与权益。随着全球自由贸易的迅猛发展，各国关税壁垒不断减少、各国市场日益开放，但在此背景下技术壁垒越来越多地被加以使用。为此，国家必须掌握能够服务于本国利益的专业技术机构和力量，才能够有效规避和应对其他国家通过质量、技术标准等对国际竞争设置的"玻璃门"，能够通过实施质量和技术标准来维护本国企业及消费者的合法权益，维护国家的技术主权与权益。二是作为政府监管与执法的技术支撑。政府监管与执法的科学化、规范化对专业技术手段与检验检测数据需求越来越多，但政府部门自身的机构性质与人员、装/设备配备决定了其不可能自主满足这些需求，为此必须依赖于自身之外的专门技术机构。由于政府监管与执法中涉及的检验检测工作可能涉及与国家及公共利益有关的情报、数据，从而便要求能够为其提供技术支撑的检验检测机构自身利益与国家和公众利益必须高度一致。三是承担法定检验职责。特种设备运行安全与公众生命、财产安全息息相关，必须通过相应的法定检验手段予以保障。法定检验一方面要确保公正性，另一方面应实现对所有需检设备的全覆盖。这两个方面都要求履行法定检验职能的检验检测机构在从事检验工作中不能有逐利动机而必须以公益为取向。

因为特种设备检验检测机构业务与职能的特殊性，在机构改革中准确认识有限政府的效率理念与责任政府的责任理念二者间的辩证关系尤为重要。检测机构必须确保非营利性以实现公正性，并能有效承担其满足公益性需求的责任。对特种设备检验检测机构的改革固然可以且应当引入市场机制以改进其运作效率，但不能将改革方案简单地设定为"市场化"，必须坚持并强化其非营利性和公正性地位及服务公益需求的能力，这是特种设备检验检测机构改革应坚持的基本思路与方向。

（二）促成效率与责任相辅相成

特种设备检验检测机构改革所直接针对的是行政化的管理体制、机制的束缚及其带来的小、散、乱、弱等问题，因此在改革不能重走行政化的老路这一方面相对容易形成共识。但在积极引入市场机制克服行政化体制、机制带来的问题的同时，也必须通过改革坚持并强化特种设备检验检测机构的非营利性和公正性地位及服务公益性需求的能力。这就意味着将引入市场机制的改革简单地等同于"转企改制"等"市场化"方案的认识与观点同样存在问题。现实中存在的这些认识与观点，固然有急于突破现有体制约束的现实考虑，但也有片面追求经济效益的利益驱动，而未能正确认识到特种设备检验检测工作"保安全、促发展"，横跨经济和社会管理两个领域的基本职责要求以及特种设备检验检测机构的非营利性、公正性和公益性等属性。片面强调效率尤其是经济效率而忽视特种设备检验检测机构应承担的责任的改革将因存在方向性错误而必然无法实现甚至会背离改革的初衷。

与"市场化"方案有所不同的另一种观点主张基于对特种设备检验检测机构的既有业务与职能的区分，将其中能够通过市场机制得以实现且可能更有效率地实现的部分交给市场，将不能通过市场机制得以实现的公益性业务和职能保留下来，继续以行政化方式甚至强化行政化方式（如建立完全由国家财政负担的政府实验室等）予以实现。这种观点虽相比简单的"市场化"方案更具合理性，但在实践中同样存在问题，这些问题主要存在于被保留下来的公益性职能的有效实现方面，问题的实质仍然是行政化的管理体制、机制难以保证这部分职能的实现效率，具体表现仍然是在不断增大财政负担的同时使特种设备检验检测机构持续面临经费紧张局面，难以保障机构正常运作和发展所需，另外，由于在行政编制化管理机制下不能实行具有激励性的用人与薪酬制度，从而难以吸引和留住人才，尤其是高素质人才等，最终必然重新回到改革最初所试图改变的局面，被保留下来的服务公益性需求的职能也将难以有效实现。因此，引入市场机制并坚持、强化机构公正地位及服务公益性需求能力的改革同样不能被简单地等同于将市场的交给市场、将其余的保留给政府"剥离/精简"方案。这并非意味着不可以"剥离/精简"，只是强调不能为了"剥离/精简"而"剥离/精简"，强调改革应着眼于使特种设备检验检测机构能更有效且更有效率地履行其非营利性、公正性和公益性责任，实现效率与责任二者间的相辅相成。

就如何通过改革实现效率与责任的相辅相成而言，发达国家类似机构的管理体制与机制方面的经验值得借鉴，这里仅以德国技术监督协会（TÜV）和德凯集团（DEKRA）为例做一介绍。鉴于特种设备关系公共安全，德国同样成立了专门的特种设备安全监管部门并由政府在整个监管体系中牢牢占据主导地位，主要体现在：制定法律、法规，明确监管要求，明确各方责任；许可生产单位资质、检验检测人员和作业人员资格以及特种设备使用，核准检验机构资质；对检验工作的开展实施批准授权，规范检验秩序；监督执法；事故调查处理等公共职能。在上述由政府承担的职能之外，德国主要以社会化、市场化主体来承担特种设备检验检测职责，这类社会化、市场化主体具有明确的独立性、公益性和社会第三方工作地位，其中最为典型且成功的如 TÜV 和 DEKRA。

TÜV 是属于行业自治性质的非营利第三方机构，并持续得到政府的认可和支持。在两德统一前，联邦德国每一个州设有负责本地区的检验检测工作的 TÜV，这样可以有效地保证在市场经济为主导的经济体系中，安全技术工作不受竞争压力的影响，技术监督的检验员可以在不受竞争的压力下致力于安全技术工作。两德统一后，在新管理体系下对 TÜV 进行了合并。目前全德较大的 TÜV 有 3 个，分别是莱茵 TÜV 集团、南德 TÜV 集团、北德 TÜV 集团。三大集团采用市场化运营方式，但其出资方仍然是非营利性的技术监督协会，充分保证了其公益导向，旗下的各项业务营利所得将全部用于协会的再发展。目前在德国，如电梯、起重机械、锅炉、压力容器等特种设备的绝大部分法定检验工作由 TÜV 来承担。以 2015 年的电梯检验为例，上述三家 TÜV 集团共计承担了全德份额的 78%（莱茵 TÜV 为 31%、南德 TÜV 为 30%、北德 TÜV 为 17%）。DEKRA 前身为德国机动车监督协会，是欧洲最大的检测集团，1925 年注册于柏林，现总部位于德国斯图加特，有遍布全球 50 多个国家和地区的 180 家分公司，具有 15 条战略服务线，年收入超过 25 亿欧元，全球共有员工 30000 多名，是当今毫无争议的欧洲最大、世界第三的提供安全和质量管理服务的公司。DEKRA 是协会性质的非营利机构，采用有限责任公司方式运营，与 TÜV 一样，其所得利润只能用于自身的再投资，不能分配给股东，从而能够保证自身的独立性、公益性和社会第三方公正地位。

TÜV 和 DEKRA 的管理体制与机制为探索实现效率与责任相辅相成的特种设备检验检测机构改革提供了重要借鉴。在特种设备检验检测机构的管理和运作中引入市场机制并不意味着必须以放弃其非营利性、公正性和公益性为条件，反之，确保其非营利性、公正性和公益性也并非要排斥市场机制。TÜV 和 DEKRA 的成功经验表明，上述两个方面，也即前文概括的效率与责任之间的相辅相成并非仅存在于理论上，在实践中同样可行。

（三）探索建立新型内部治理结构

能否通过推动特种设备检验检测机构管理体制、机制改革实现效率与责任间的相辅相成，关键在于能否探索建立一套能体现并贯彻改革基本思路和方向并适应现实需要的特种设备检验检测机构内部治理结构。实际上，广东省编办〔2016〕75 号文对此已提出了要求，即要求特种设备检验检测机构研究探索建立理事会领导下的法人治理结构，推进政事分开、管办分开。在此基础上，逐步实现员额管理。前文对特种设备检验检测机构改革的基本思路与方向，尤其是关于应实现效率与责任的相辅相成的思路与广东省编办文件中的上述要求是相契合的。特种设备检验检测机构改革如何兼顾效率与责任两个目标的问题，本质就是改革后的特种设备检验检测机构如何在确保非营利性、公正性的同时更有效率地履行其公益性职责的问题。既然传统上的行政化管理体制和完全市场化的治理结构都不能有效地解决上述问题，自然要考虑如何探索、建立新型治理结构的问题。

1.改变特种设备检验检测机构小、散、乱、弱局面

探索和建立新型治理结构固然是为了从根本上一揽子解决小、散、乱、弱等局面，但如果不首先在现有管理体制和机制下进行调整，实现对分布于各地、各自为战、彼此分立的特种设备检验检测机构的整合，新型治理结构只能是空中楼阁。在现行管理体制与机制下对分散布局的特种设备检验检测机构的整合虽不能从根本上解决行政化管理体制与机制对机构运作与发展的束缚及其带来的一系列现实问题，但可以作为整体改革的第一个阶段为后续改革创造条件，如：整合改革可以统一特种设备检验检测机构管理与技术标准、流程，能够增强特种设备检验检测机构整体实力，从而为新型治理结构的建立准备管理、技术和物质基础；整合改革可以打破过去各地特种设备检验检测机构画地为牢、各自受制于所在地方的局面，提前解决建立新型治理结构过程中可能面临的各种利益与立场不一致形成的交易成本；通过整合改革实现特种设备检验检测系统内部的资源互补，增强整体实力和市场竞争力，为在新型治理结构下推进市场化运作准备基础和条件。

2.将特种设备检验检测机构定位于理事会领导下的法人

在行政化体制与机制下，政府从人事和财务等方面对特种设备检验检测

机构管得过死，损害了机构运作效率；若完全"市场化"，则以逐利为目标的企业性质又与非营利性、公正性和公益性相悖；理事会领导下的法人这一机构定位则能够解决上述两难问题。理事会即由包括本机构代表、服务对象群体(即各类特种设备使用单位)代表、政府监管和执法部门以及人大代表、政协委员和其他社会组织代表、社会人士等共同参与组成的特种设备检验检测机构领导、监督主体，其负责制定理事会章程、机构重大发展规划、人力资源(薪酬)制度等关系特种设备检验检测机构生存与发展的重大战略规划。

作为理事会领导下的独立法人，特种设备检验检测机构可在向理事会负责的前提下独立、自主运作并参与市场竞争。其从市场竞争中的获利将主要用于人员（尤其是业务人员）的薪酬和机构自身的发展积累而不用于分红，由此便可以在为开展公益性业务提供经费和资源从而实现自给自足、减轻财政负担的同时，确保自身的非营利性、公正性和公益性。通过理事会的领导实现政府从法律和政策上对特种设备检验检测机构运作的宏观管理，同时将内设机构设置、人员编制、财政经费等方面的管理权限交由理事会行使，放松对机构微观管理与控制，能够增强机构运作与发展活力，坚持并强化机构的公正性和公益性，实现前文主张的效率与责任的相辅相成。

（四）"三位一体"的改革思路

如前文已提及的，上述改革理念是在历时 10 年的改革过程中逐步探索、形成的，并指导了后续改革的推进，基于上述理念逐步形成了指导改革的"三位一体"的思路，即"完善机构定位、优化运作机制、创新治理结构"，其内容具体如下：首先，在打破"行政化"束缚的同时应避免简单的"市场化"及其导致的责任缺失，在充分引入市场化机制的同时必须坚持并强化机构公正地位和公益属性；即改革应兼顾效率与责任。其次，不能采用"将市场的交给市场、将其余的保留给政府"这类简单的"剥离／精简"方案，应以市场化运作保障并促进公正性和公益性职能的有效承担，并通过营造公正性地位和公益性形象不断增强市场竞争力；即改革必须坚持实现效率与责任的相辅相成。最后，要兼顾效率与责任并实现二者的相辅相成，就必须致力于探索、建立既不同于既有行政化体制、机制又有别于市场化企业治理结构的新型治理结构，即理事会领导下的法人治理结构。以上关于特种设备检验检测机构改革的基本思路契合或遵循了《中共中央关于全面深化改革若干重大问题的决定》以及《中共中央国务院关于分类推进事业单位改革的指导意见》（中发〔2011〕5 号）、《国务院关于促进市场公平竞争　维护市场正常秩序的若干意见》（国发〔2014〕20 号）、《国务院关于广东省系统推进全面创新改革实验方案的批复》（国函〔2016〕110 号）和《中共广东省委广东省人民政府关于实施质量强省战略的决定》（粤发〔2016〕9 号）、《广东省人民政府办公厅关于印发广东省质量强省战略 2016—2017 年行动计划的通知》等中央和广东省委省政府一系列文件中确立的改革方向，也符合广东省委主要领导和国务院有关领导同志有关广东省特种设备检验检测机构改革的讲话精神，即在致力于改革既有行政化管理体制、机制的同时，从特种设备检验检测机构实际出发，在"转为企业或社会组织"这两个改革道路中选择后者，并积极探索以新型治理结构承载特种设备检验检测机构的公正性地位与公益性职能、实现其充分运用市场机制的高效运作，最终将其建成"具有公益性和第三方公正地位、市场化运作的公共检测服务平台"。

二、广东省特种设备检验检测机构整合改革的历程回顾

作为经济发达省份，广东省特种设备使用量在全国处于领先水平。在2005 年以前，广东省特种设备检验检测机构主要由省锅炉压力容器监测所和省特种设备检测中心以及各地市的特种设备检测所等构成。这些机构无论是在检验能力、规模，还是在服务能力和水平上，都难以适应广东经济社会快速发展的需要，也难以满足人民群众对特种设备安全的需求。特别是在广东省委省政府提出大力发展石化、电力等支柱产业战略的新背景下，广东省各级各类特检机构因无力独立承担大型项目和复杂设备的检验工作，难以适应、满足战略实施需要。同时，机构分散布局还使得特种设备检验工作面临着"横向不能覆盖、纵向不够专业"的局面，难以为地方特种设备安全监察机构提供良好的技术支撑，更难以满足特种设备安全隐患排查体系和系统风险防范体系建设的技术保障要求。在此背景下，广东省委省政府以及省质量监管部门在全国率先提出了先易后难、分步实施的特种设备检验检测机构整合方案，自 2005 年 7 月至今先后实施了三轮机构整合改革。

第一轮整合改革于 2005 年开始启动。2005 年 7 月，在合并原广东省锅炉压力容器监测所和广东省特种设备监测中心的基础上组建广东省特种设备检测院（加挂广东省特种设备检测研究中心，以下简称广东特检院），为广东省质监局直属正处级事业单位。2006 年 4 月，广东省编委批复同意在不增加人员编制和不改变经费来源渠道、主要任务的基础上，撤销佛山（及佛山南海、顺德）、东莞、茂名、惠州等地特种设备检验所，组建广东特检院佛山、东莞、茂名、惠州及顺德等 5 个分院，均为广东特检院直属正科级事业单位。至第一轮整合结束，广东特检院及其 5 个分院共有员工 592 人。

在第一轮整合基础上，第二轮整合改革于 2010 年开始。根据广东省编办 2012 年 11 月印发的《广东省质量技术监督局所属事业单位分类改革方案》规定，广东特检院更名为广东省特种设备检验检测研究院（以下简称"广东省特检院"）（加挂广东省特种设备事故调查中心），为正处级公益二类事业单位；同时，原珠海、汕头、中山、江门、湛江、揭阳市锅炉压力容器与特种设备检验所划归广东省特检院管理，并与原广东特检院所属的佛山、东莞、茂名、惠州、顺德分院统一更名为广东省特种设备检测研究院 ×× 检测院，均为正科级公益二类事业单位。第二轮整合完成之际，广东省特检院的专业团队已逐渐形成规模，下辖的地方检测院的数量扩展至 11 个，拥有国家电梯质量监督检验中心（广东）、国家低温压力容器质量监督检验中心（广州）2 个国家级中心，广东省质量监督特种设备节能产品检验站、广东省技术监督电梯产品质量监督检验站 2 个省站，南海、惠州 2 个检测基地，拥有实验室和办公场所 50000 多平方米，各类高专业技术和管理人员 1100 多名，先进检测设备逾 6000 台（套），负责检验的特种设备总数约为 41 万多台，约占全省设备数量的 53%。成为具有国内领先水平的专业检测机构。

2016 年 6 月，第三轮整合改革提上日程，广东省编办批复同意将韶关、河源、梅州、汕尾、阳江、肇庆、清远、潮州、云浮市特种设备检验所划归广东省特检院管理，更为现名，为正科级公益二类独立法人事业单位设置。广东省质监局随后下发《关于调整部分地市特种设备检验检测机构管理体制的通知》，正式启动第三轮整合改革。直至第三轮整合完成，广东省特种设备检验检测机构的整合改革已基本覆盖全省，形成了由广东省特检院及其20个直属院构成的特种设备检验检测机构格局（广州特种机电设备检测研究院和特种承压设备检测研究院、深圳市特种设备安全检验研究院单列），共有编制数823名，干部职工共2007人，承担全省88万台（套）特种设备和1.6万公里的压力管道检验任务，每年出具检验报告将超过93万份，业务范围覆盖广东省全境，并扩展到国内全部省份、港澳台地区和欧美、巴西、日本、韩国、菲律宾等十几个国家。

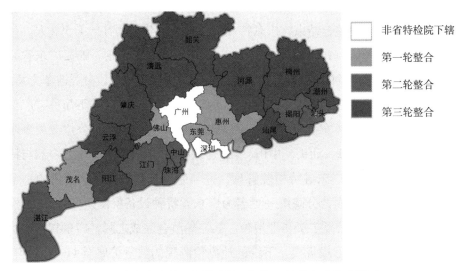

图3　广东省特种设备检验检测机构三轮整合改革阶段图

三、广东省特种设备检验检测机构整合改革的成效分析

前文关于改革思路的介绍中已指出，对在传统的行政化管理体制、机制下形成的分散布局的特种设备检验检测机构的整合是整体改革的第一步。通过整合改革解决特种设备检验检测机构长期存在的小、散、乱、弱问题为进一步改革创造了条件。过去11年的广东省特种设备检验检测机构整合改革至今已基本上实现了这一步的改革目标，在整合资源从而增强特种设备检验检测机构整体实力以及提升机构整体专业化水平从而增强市场竞争力并打造品牌等方面取得了明显成效，此外在改革管理体制和机制方面也进行了有益的探索和实践。

（一）检验检测和服务地方能力提升显著

广东省特种设备检验检测机构整合改革实现了对广东省特检院及其各直属院人、财、物和业务的统筹管理、调配与零障碍共享，优化了内部资源配置，形成了规模效应与战略优势，检验能力与服务地方经济社会发展需要能力得到大幅提升。

在法定检验方面，整合改革改变了之前各地方特检所局限于所在行政区域内日常检验任务、缺乏统一的检验质量管理和监督、缺乏有效的信息化管理手段及对安全隐患的深入评估分析能力，从而面临着难以为地方设备安全监察机构提供良好技术支撑的困境。整合之后，广东省特检院建立、执行并持续完善质量管理体系，从宏观质量转向微观质量，统一质量管理要求、明确质量目标和任务，夯实检验检测质量保障的制度基础，分工更为细致精确，要求也相对提高。通过定期开展内部质量审核、质量目标统计分析以及检验质量监督抽查，确保了全院检验工作的有序、有效开展。近 5 年来，广东省特检院每年组织 3000—5000 次质量监督活动，对检验质量进行严格把关。通过全面加强信息化建设，实现对检验的动态监管，及时督促检验进度、不断完善检验质量。目前已开发并启用了特种设备检验信息系统（MIS）、地理信息系统（GIS）及综合信息管理平台等三大信息化管理系统。2012 年以来，广东省特检院以系统性风险理论为指导，基于多年积累的检验数据，在全国同类检验机构中率先系统、全面地开展了检验质量分析与风险评估工作，得到广东省质监局领导多次肯定，相关分析报告也多次被广东省质监局作为安全预警的发布依据。

另外，根据国家质检总局、广东省委省政府关于深化电梯安全监管工作改革的指示精神和《广东省电梯安全监管改革方案》的要求，广东省特检院充分调动各直属院技术力量，承担了广东省在用电梯监督抽查的主要任务。2012 年以来，广东省特检院每年承担超过 20000 台的在用电梯监督抽查任务，占全省抽查总量的 2/3 以上，为全省电梯安全监管提供了有力的技术支持。通过几年的监督抽查和政策宣导，全省电梯监督抽查不符合发现率由2012 年末的 39.6% 下降至 2016 年 10 月的 0.7%，工作成效明显。

整合以来，广东省特检院及其直属院特种设备总体检验覆盖率稳步提升，"十二五"期间总体检验覆盖率均保持在97%以上，未发生一起因检验质量引发的特种设备事故，有力保障了特种设备安全，为广东省特种设备安全形势的持续稳定作出了积极贡献。

在服务广东经济、社会运行与发展方面，整合改革改变了整合前各特检所规模小、设备缺、人员少，无力承担石化、电力等企业的短期停机大修强检任务等局面。通过整合，"五指"的分散力量变成"拳头"的集中力量，广东省特检院近年来先后组织多个分院承担了总投资达43亿多美元的"中海壳牌80万吨乙烯"、总投资200多亿元的"中海油惠州1200万吨炼油"以及总投资80多亿元的"茂名石化100万吨乙烯改扩建"等大项目的检验检测任务，排除一大批安全隐患，还为企业累计减少停机损失30多亿元。广东省特检院也成为全国唯一具备独立开展大型石化项目大修检验能力的省级特种设备检验机构。此外，广东省特检院还承担了全省除广州、深圳外的全部电站锅炉安装监检任务和127台电站锅炉的定期检验任务，并为港珠澳大桥、珠海横琴新区"长隆海洋世界"、广州东塔、穗莞深城际轨道交通线工程等重大工程项目提供了贴身检验服务，有力保障了广东省重点工程的高质量完工，取得了良好的经济效益和社会效益。

另外，广东省特检院围绕广东省委省政府关于发展节能环保产业、发展循环经济和清洁生产的工作部署，统筹各直属院的技术特色，以顺德检测院为基地，带动珠海、东莞、中山、惠州、河源、肇庆等直属院联合开展了锅炉能效提升、锅炉能效普查、企业用能系统节能诊断以及余热锅炉资源综合利用等节能服务，形成了各直属院之间技术互助、资源共享，共同拓展节能业务的局面。截至2016年10月底，广东省特检院共完成各类锅炉能效测试7618台。2016年，广东省特检院利用整合形成的人员、技术、设备和实验场地等方面优势，取得了广东省发改委主导的"广东省重点企（事）业单位碳排放核查、盘查服务资格"，同时还获得首批广东省政府购买环境监测服务的机构资质。另外，广东省特检院通过与北京理工大学珠海分校签订产学研合作协议，合作共建实验室，充分利用高校在环境监测、碳排放检查方面的技术优势，极大提升了碳排放检查能力。目前已完成广州、佛山、梅州等地的涉及电力、建材行业共8家重点企事业单位的碳排放核查、盘查工作。

（二）机构专业化水平与行业地位明显提高

广东省特检机构整合改革实现了对各直属院特色技术的整合，并利用广东省特检院平台为各直属院发挥自身优势、补齐各自短板提供了机会，自身资源整合优势日益彰显，市场开拓能力得到提升。各分院也在把握特检机构职能定位、落实检验责任的基础上，依托地方资源，主动跟踪地方产业转型升级和产业布局动态，实行特色化发展，打造出一个个各具特色的特检品牌，市场竞争能力得到明显提升。

第一，人才队伍素质不断提升。整合以来，广东省特检院大力实施"人才强检"战略，通过派驻国内知名研究机构、大型重点企业跟班学习，组织全院检验人员参加与高校联合举办的研究生班等方式，成体系、多层次、大规模地培养人才，打造了一支高素质的人才队伍。目前广东省特检院人员中大学（含专科）学历以上的占比 81.6%，硕士研究生以上占比 10.9%；广东省特检院获得各类职称人数占比 66.5%，其中高级职称占比 14.2%，中级职称占比 51.1%。广东省特检院共有 1523 人持有各类检验检测资格证 4840 项，人均 3 项、一专多能。获得 ASME 授权检验师 7 人，美国 ASNT 高级无损检测师 8 人，德国 TÜV 中级无损检测师 11 人。广东省特检院受聘为国家质检总局特种设备安全技术委员会委员 4 人，进入省市安全生产、应急预案评审、突发事件应急管理、事故调查等专家库 46 人。

第二，科研标准化创新取得丰硕成果。整合以来，广东省特检院逐步确立了"以检验支撑科研、以科研带动检验"的科研工作目标，从整合初期的积极鼓励、大力扶持，到逐步明确科研发展思路，广东省特检院科研工作逐步形成了以特种设备检验检测技术研究、特种设备节能检测技术研究、特种设备失效分析与安全评估研究为主打的科研方向和布局，凸显了专业特色。经过整合，广东省特检院的人才结构更趋合理，在检验业务开拓和研究新技术方面保证了足够的专业技术人才资源。广东省特检院本部也强化了对各级科研部门的延伸管理职能，纵向建立了跨层级联动机制，横向采用了"分院结对子"模式，打造重点科研项目立体推进、地方性课题协作攻关的"大科研"格局，为科研事业注入了新的活力。

整合以来，广东省特检院（及其直属院）共主持各级科研项目 88 项，还参与"十二五"国家科技支撑计划项目和国家重大科学仪器开发专项等19个科研项目。通过验收和鉴定的科研项目55个，成果均达到国内领先水平，其中9个达到国际先进水平。共获得国家专利授权31件，其中发明专利10件。共获得各级科研成果奖励18项，其中省部级一等奖1项，二等奖4项，三等奖7项；地市级二等奖1项，三等奖5项。在2011年获得广东省科技厅首批"广东省科技服务企业百强企业"称号，广东省特检院下属国家电梯中心也被列入广东省重点实验室培育基地。整合以来，广东省特检院主持、参与制定修订国家、地方及行业等各类标准共81项，另有40项标准尚未正式颁布或正在制定中。整合以来，广东省特检院在国内外专业刊物发表论文500余篇，其中国际刊物发表3篇，SCI/EI收录15篇；编写出版专著5部，其中《电梯检验检测技术》作为国内本专业第一套大学本科教材，已被苏州大学采用，《游乐设施使用与安全管理》作为国内少有的行业领域教材，已被列入广东省特种设备安全监察人员学习考核资料之一。整合以来，广东省特检院共有11项科技成果实现转化并被推广，9项科技成果拟进行转化。目前广东省特检院的研究成果，已被全国24个省份近百家检验机构应用。

第三，广东省特检院及各直属院行业地位明显提升。广东省特检院经国家质检总局核准的检验项目已有60个，在全国特检机构中名列第一。另外，广东省特检院在特种设备检验的大部分领域中都位于全国领先的位置：是全国唯一具备独立开展大型石油炼化企业大修检验技术和综合服务能力、唯一取得碳排放核查资格、唯一具备电站锅炉能效测试能力和业绩的特检机构；是全国第一家取得超临界电站锅炉检验资格以及第一家开展移动式压力容器（罐车）检验且综合能力最强的特检结构；是全国通过国家质检总局可及成果转化推广基地专家现场评审的三家特检机构之一、全国具备基于风险的检验（RBI）资格能力的五家技术机构之一；在电梯检验、风险评估和科研综合能力、低温压力容器检验和科研综合能力以及游乐设施检验能力方面全国领先。

（三）管理体系与机制得到较大改进

广东省特检院与各直属院的纵向整合也在一定程度上实现了对整个特检院系统内部的管理体系与机制的改进。

第一，广东省特检院与各直属院的纵向整合，推进了检测院的扁平化建设。各直属院与所在地方政府在财政、人事等方面脱钩，减少了横向政府部门对其运作的干扰。机构核准简化，机构自主权增大。

第二，广东省特检院及各直属院内部技术交流加强，在整合形成的纵向体制下作为一个整体专业性较强的单位，对专业人才的培养进一步重视，人才培训的机会和资源增加，对于新的安全技术法规、方案等，由广东省特检院组织学习，人员培训成本下降，效果提升，推进了整个特检系统的整体技术进步，技术队伍能力提升，事故处理能力增强，出具的报告的权威性更强。

第三，整个改革还推动了特检系统内部管理体系、仪器标准、行政体系、财务体系等多方面资源的整合共享，既克服了部分直属院项目承接能力不足的问题，实现了广东省特检院检验核准项目对各直属院业务资源的全面覆盖，又整合各直属院资源形成技术合力，拥有更大的资源、能力和力量以服务大型项目。同时，通过对全省检测检验数据整合，便于数据之间的调取与利用，利用大数据优势，及时进行风险排查与排除。

第四，整合过程中由广东省特检院与各直属院共同研究讨论制定了统一的质量管理体系，并统一了全省检验检测标准和术语，从而能以相对先进的管理理念来提升各直属院的业务水平，促进了各直属院的技术进步、运作体系规范与管理理念更新，促进业务操作流程细化，减少了跨地区技术检测检验的障碍。在统一管理体系下，广东省特检院与各直属院以及各直属院之间能有效实现相互检查与监督，便于问题发现。

四、广东省特种设备检验检测机构整合改革面对的问题与挑战

广东省特种设备检验检测机构整合改革虽取得明显成效，但也面临一些需要进一步解决的问题，其中有些源于改革过程本身，即因改革的设计与实施不可避免地存在不完全理性引发的一些问题，有些则是改革所处的外部环境的变化带来的新问题，最后也是最为根本性的问题则源于整合改革对于整体改革所具有的阶段性特征决定的需要进一步解决的问题。

（一）整合形成的机构日常运转问题

任何改革的设计与实施都不可能做到完全理性，必然会存在这样那样的问题。就广东省特种设备检验检测机构整合改革而言，这些问题主要表现为整合改革对特种设备检验检测机构日常运作的影响与扰动，其具体内容如下：

首先，整合改革形成的广东省特检院及其直属院系统规模庞大，日常管理和协调难度加大，但管理制度与措施未能实现同步跟进，行政与后勤不足凸显，整合后技术机构整体的管理效率有待提高。如广东省特检院统一推进的信息系统建设工作与各个直属院原有工作不兼容，降低直属院工作效率、增大其工作成本。

其次，广东省特检院统筹资源实现"做大做强"，在实际工作开展中与分院自主、有效开展工作之间存在不协调。广东省特检院因承担大项目检验检测工作从各直属院抽调人员、设备时，由于临时性、机动性、不可预见性等问题，往往会打乱直属院的工作计划与安排，使后者难以把控自己的资源从而面临较大压力。

最后，各直属院在被整合之前隶属所在地方质监局，在整合之后与地方质监局脱钩，但是日常检验检测工作尤其是法定检验检测工作仍然要落实到地方，仍然需要与地方质监部门乃至地方政府接触与协作。因此，如何有效处理各直属院与所在地方政府及其质监部门关系，也是需要系统谋划的重要问题。

上述问题对特种设备检验检测机构的日常运作的影响与扰动虽相对有限，但若不能及时、有效地予以解决，不仅妨碍日常管理与业务的正常开展，也不利于改革的平稳推进。

（二）机构运作与改革面临的新问题

在进行改革的同时，特种设备检验检测机构所处的外部环境也在持续发生变化，由此形成了进一步改革所面临的新形势及需加以解决的新问题。

一是社会对特种设备安全的要求越来越高。随着经济社会的不断发展和人们生活水平的不断提高，特种设备对经济建设和生产生活的覆盖面和影响力将越来越大，社会关注程度将越来越高，社会普遍可接受的特种设备安全可置信度要求也将越来越高。特种设备检验检测机构承担着对特种设备技术把关的重要职责，在确保特种设备安全可靠运行方面肩负着仅次于企业主体责任的第二位责任。全社会对特种设备安全的要求越高，也就意味着对特种设备检验检测机构的技术把关能力要求越来越高，标准越来越严。

二是国内外特种设备检验检测机构竞争检验资源的问题已经显现。在无损检测、安全阀校验、气瓶和两工地起重机械检验乃至在民营检验机构电梯检验等领域已经开始了特检机构对检验资源的竞争。即便在法定检验领域也发生过国内其他地区特种设备检验检测机构（如江西特检院、西安热工院、湖南电研院等综合检验机构）进入广东检验的案例。与此同时，国外检验集团也一直觊觎着中国的检验市场。如法国 BV（必维）集团已先后与中国特检院、福建特检院、上海特检院、宁波特检院、南京锅检所等机构签署战略合作协议。对特检机构这类社会第三方机构来说，参与市场竞争既要内练素质，也要外树形象。社会第三方机构的主要功能定位，就是在政府、企业之间传递信用，而这种信用传递主要基于品牌认同和品牌价值。虽然广东省特检院的检验资格项目数量居全国第一，检验业务量也在不断增长，但仍缺少绝对的比较优势，以及足以支撑"广东特检"品牌的核心竞争力。

三是经济社会发展新常态对省特检院的内生活力和能力水平提出了新的更高要求。面对新的发展形势要求，广东省特检院能力不足、本领不强、活力不够的问题已十分突出，这些问题虽正在逐步调整完善，但距离适应经济社会发展新常态的要求还差很远，加快调整完善的任务非常紧迫。一方面，在经济发展新常态下，为缓解经济下行压力，广东省委省政府出台了涉企行政事业性收费免征政策，不仅改变了广东省特检院的收支模式，也带来了一定程度的企业行为异化。新预算法框架下的零基预算政策又对工作的计划性提出了新要求。在这种外部政策环境下，如何尽快调整适应，激发广东省特检院的内生活力，实现可持续发展，还需要积极探索、大胆实践。另一方面，虽然广东省特检院在纵向整合各分院的过程中统一了质量管理，实现了垂直一体化的统筹业务管理，但仍不够完善，各种管理也未完全到位。特别是随着新一轮纵向整合的完成，从机构规模和检验资源总量来看，广东省特检院是全国名列前茅的大院，但仍不是强院。因此，如何解决由大院向强院转变的问题就显得更为迫切，任务更为艰巨。此外，随着国家政策从注重发展速度向更加注重发展质量的转变，一系列产业政策也在发生变化，在国家层面提出了创新驱动、供给侧结构性改革、绿色发展等大政方针，广东省委省政府出台了实施质量强省战略的决定，提出了促进珠江西岸先进装备制造业发展政策。围绕中央和广东省委省政府的这一系列中心工作，如何进一步提高省特检院服务经济社会发展的意识和水平，从而发掘出广东省特检院发展的新的增长点，也是需要深入研究的问题。

（三）探索、建立新型治理结构方面存在的现实压力

2011 年，中共中央、国务院下发《关于分类推进事业单位改革的指导意见》（中发〔2011〕5 号），吹响了事业单位改革的号角。2014 年，国务院办公厅下发了《转发中央编办质检总局关于整合检验检测认证机构实施意见的通知》（国办发〔2014〕8 号），明确了包括特检机构在内的检验检测认证机构整合改革要求。2016 年年初，国家质检总局印发了《特种设备安全监管改革顶层设计方案》（国质检特〔2016〕91 号），进一步提出了深化特检工作改革的思路。可以说全国特种设备检验检测机构改革已经迈入了实质性阶段。广东省特种设备检验检测机构改革原来起步较早，但由于改革涉及利益调整，艰难复杂，导致改革举步维艰、进展缓慢，明显落后于其他省市，这尤其体现在探索、建立新型特种设备检验检测机构内部治理结构方面。虽然整合改革在一定程度上实现了对既有管理体制、机制的优化、改进，但由于行政化的管理体制、机制并未被彻底打破，这方面的优化与改进及其实效相对有限。

具体讲，截至 2016 年年底，广东省特检院及其直属院实有干部员工2007 人，但核定编制仅为 823 人（广东省特检院及其各直属院数据如表 1），且每年随着设备量的增加还将继续增加，编外人员远远超过在编人员，目前的编制难以满足人员增长的需求。而政府财政预算对广东省特检院及其直属院不在编人员不予保障，并以人员编制为技术核定检验工作车辆、技术职称数量等，严重限制了检验检测工作的开展与发展。在财务管理方面，由于广东省特检院的工作性质机动性较高，新预算法框架下的零基预算政策对广东省特检院各项财政支出的计划性提出了更高的要求，束缚了其自我积累、自主适时确定新的拓展方向和项目的主观能动性，难以形成自我培育、主动发展的良性机制。在人事管理方面，现行的人事管理制度"评"、"聘"分开，影响长远发展。一些技术水平高的职员，即使评上了较高的职称，但是也有可能未被聘用，未能发挥高水平技术职员最大的价值。在用人机制方面，受事业单位编制、人才引进和岗位设置、职称聘用等政策所限，一些关乎资源配置的内设机构设置、管理岗位、职称岗位设置以部门来划分指标，与实际情况不匹配，人才引进机制不灵活，难以及时吸收补充急需紧缺人才，难以及时选拔、提升人才。在收入分配方面，现行薪酬体系仍未能体现高技术现代服务业的人才价值，难以吸引和留住高层次人才。

表1　广东省特检院与各直属院核定编制数及实有人数一览表

单位名称	核定编制数	实有人数
广东省特检院	80	220
佛山检测院	89	185
东莞检测院	65	287
茂名检测院	38	101
惠州检测院	58	154
顺德检测院	43	116
珠海检测院	41	111
汕头检测院	50	86
中山检测院	39	142
江门检测院	41	95
湛江检测院	33	72
揭阳检测院	26	49
韶关检测院	30	60
河源检测院	18	45
梅州检测院	19	35
汕尾检测院	15	35

续表

单位名称	核定编制数	实有人数
阳江检测院	14	28
肇庆检测院	42	56
清远检测院	37	56
潮州检测院	25	36
云浮检测院	20	38
合计	823	2007

如前文分析总结的特种设备检验检测机构改革的基本思路中表述的，改革应着力探索、建立理事会领导下的法人治理结构，唯有如此才可能从根本上解决特种设备检验检测机构管理与运作中存在的上述问题。在当前全国范围内改革形势迅猛发展背景下，如何具体推进、落实新型治理结构改革成为亟待解决的重大现实问题。

五、广东省特种设备检验检测机构整合改革的深化与推进

基于对广东省特种设备检验检测机构整合改革成效及其面临问题的分析，就进一步深化改革可提出如下政策建议。

（一）巩固、完善整合跨区域检验检测机构格局

历时 10 年的广东省特种设备检验检测机构整合改革实现了对省级和各地市特种设备检验检测机构的整合，初步形成了跨区域检验检测机构格局，增强了特种设备检验检测机构的整体实力和市场竞争力。但如前文指出的，整合改革本身也带来了机构日常运作中的一些现实问题。因此首先需要着眼于现实问题，进一步巩固和完善已取得的整合改革成果，为进一步改革的顺利推进创造条件。具体讲：在质量管理方面，要统筹开展信息化建设，以信息化手段促进广东省特检院质量管理的落实；要明确将各直属院作为检验质量的责任主体，层层落实检验质量控制；要做好检验资源的优化配置和检验资质授权的合理布局，做到既能保证各单位、部门现有的检验格局持续稳定，又能统筹解决各单位、各部门在法定检验职责履行和技术服务开拓过程

中遇到的资源困难。在财务管理方面，要加强对各级领导和财务人员的培训教育，确保广东省特检院预决算的规范性和资金使用的有效性；要加强资金的统筹使用，制定明确的帮扶措施，加大资金投入的倾斜力度，重点帮扶底子薄、发展慢的直属院，促进广东省特检院共同发展；预算方面给予直属院必要的自主权，缩短设备申报的时间和层级，提高预算审批的效率，使检验检测设备能更好地满足检验机构工作的开展。在上述工作的开展过程中，广东省特检院要充分考虑各直属院的实际，充分吸收各直属院的意见，在解决问题的同时尽可能避免或减少引发新问题的情形，真正实现机构体系内部的有序协作与有效一体化，进一步增强整体实力与市场竞争力，实现并巩固在跨区域格局基础上的做大做强。

（二）坚持公正性、公益性和市场化运作的机构改革方向

特种设备检验检测机构实际承担的职能决定了其机构属性必须坚持公正性和公益性的定位。同时，为改进特种设备检验检测机构运作效率从而能更好地实现其公正性和公益性职能，必须充分引入市场化运作方式。相应地，特种设备检验检测机构改革必须以坚持和强化其公正性和公益性并积极面向市场为基本方向，这也正是广东省委省政府《关于实施质量强省战略的决定》中对检验检测机构改革的要求所在，即将特种设备检验检测机构组建为"具有公益性和社会第三方公正地位、市场化运作的公共检测平台"。进一步改革必须牢牢坚持上述改革方向，为此必须加强宣传与教育，统一认识、凝聚共识，并将之落实到处于改革过程中的特种设备检验检测机构运作之中，以行动诠释并巩固对上述改革方向的认识与认同。首先，广东省特检院及其直属院要牢固树立底线思维，坚守法定检验的职能定位，以"保安全"为广东省特检院工作的根本出发点，全面履行检验职责、全力发挥政府监管的技术支撑和管理支撑作用。其次，广东省特检院要在广东省特检院培养并强化大局意识，不断凝聚共识，全力配合省内重点工程、重点企业的大型检验项目实施，服务地方经济发展提质增效。最后，广东省特检院要进一步找准技术服务定位，培育品牌意识，提升技术服务质量，积极开拓省内、省外两个市场，努力树立广东特检的品牌。广东省特检院各直属院要充分利用整合带来的技术优势，找准体现自身特色的优势检验业务，增强自身检验能力，提升

服务水平，打造拳头产品，把握机遇、赢得先机。

（三）加快探索、建立特种设备检验检测机构新型内部治理结构

在整合改革的基础上，要积极研究、探索理事会领导下的法人治理结构。在通过法律、政策等对特种设备检验检测机构进行宏观管理的同时，将机构、人事、财务、薪酬等制度制定权限交由理事会行使，使特种设备检验检测机构能够实现在向理事会负责的前提下独立、自主运作并参与市场竞争。以新型治理结构为载体实现公正性和公益性的机构定位与市场化的运作方式的结合。为此，要敢于先行先试，着重从如下几个方面推进改革工作：首先，积极探索、建立有关理事会的产生、运作、监督等方面的制度与实施细则，从制度上明确广东省特检院及其直属院与作为其直接领导和监督主体的理事会之间的权利、责任关系及理事会与政府监管部门、行业协会等社会主体间关系，尽快从制度上确立广东省特检院及其直属院作为在理事会领导下的独立法人地位，推进、实现政事分开、管办分开。其次，要积极创新人力资源管理制度，争取广东省编委的支持与指导，改革原有的行政编制管理做法，探索建立员额管理。为此要探索适应特种设备检验检测机构实际的员额管理办法，围绕逐步取消行政级别以及根据业务和管理需要自主设立内设机构、自主设置职位、自主确定人才结构、自主引进人才等探索、制定并逐步试行实施细则。最后，积极探索、建立与理事会领导的法人治理结构相适应的党群工作及人员薪酬管理、机构预算与财务管理、市场与客户事务管理、机构发展战略管理等内部管理制度与机制，实现专业化、高效化的内部管理体系。

参考文献

A．安德烈·施莱弗：《监管型政府的崛起》，中信出版社 2002 年版。

W．吉帕·维斯库斯、约翰·M．弗农、小约瑟夫·E．哈林顿：《反垄断与管制经济学》，机械出版社 2004 年版。

程虹、李元平：《中国质检体制机制的历史沿革及内在规律》，《中国质量报》2016年 5 月 12 日。

《2017 年全国认证认可检验检测服务业统计信息发布》，《质量与认证》2018 年第8 期。

《国家质量技术监督局局长李传卿就新修改的〈产品质量法〉答记者问》，《大众标准化》2000 年第 4 期。

蔡峡成、王嘉：《质检总局将加快推进〈质量促进法〉立法》，《中国质量报》2016年 6 月 28 日。

曾国安：《管制、政府管制与经济管制》，《经济评论》2004 年第 1 期。

陈江城、何劲松：《县级检验检测机构的发展与思考》，《食品安全导刊》2016 年第3 期。

陈金先：《消费者协会组织变革路径探析——基于转型背景下的非营利视角》，《商业时代》2014 年第 14 期。

陈锡文：《适应经济发展新常态 加快转变农业发展方式——学习贯彻习近平总书记在中央经济工作会议上的重要讲话精神》，《求是》2015 年第 6 期。

陈彦彦：《论政府在农产品质量安全监管中的职能定位》，《中国行政管理》2008 年第 6 期。

程虹、陈川：《2013 年我国质量学术研究的现状与发展——宏观试验、共同治理与数据积累》，武汉大学出版社 2014 年版。

程虹:《宏观质量管理》,湖北人民出版社 2009 年版。

崔卓兰、宋慧宇:《论我国食品安全监管方式的多元化》,《华南师范大学学报(社会科学版)》2010 年第 3 期。

杜文曲:《〈侵权责任法〉第 41 条适用问题研究:以被侵权人的权利救济为视角》,硕士学位论文,天津商业大学民商法学专业,2015 年。

范锐敏:《中国消费者组织质量社会监督职能的消费者评价——基于我国宏观质量观测数据的实证分析》,《宏观质量研究》2013 年第 2 期。

广东省特协(广东省特种设备协会):《广东省电梯维护保养调研报告》(上),《特种设备》2010 年第 1 期。

郭鹏菲、朱立龙:《政府、企业与消费者三方质量监管影响因素及对策分析》,《价值工程》2016 年第 14 期。

郝丽娟:《检验检测认证整合蓄势待发》,《质量与认证》2014 年第 3 期。

何华:《知识产权与消费者权益保护:新〈消费者权益保护法〉的进步与遗憾》,《宏观质量研究》2014 年第 3 期。

何家旭:《产品质量监管体制:问题与对策》,硕士学位论文,复旦大学 MPA,2009 年。

何文景:《我国消费者公益诉讼制度研究》,硕士学位论文,重庆大学经济法学专业,2010 年。

贺建:《论我国产品质量监管法律制度的完善》,硕士学位论文,湖南大学经济法学系,2010 年。

胡桥:《中国〈食品安全法〉的监管权限漏洞研究》,《浙江大学学报(人文社会科学版)》2013 年第 6 期。

黄春艳:《论我国产品责任纠纷中的举证责任问题》,《天津经济》2008 年第 2 期。

黄丽娜:《电梯出事故物业先赔钱》,《羊城晚报》2015 年 1 月 10 日。

蒋抒博:《美国社会性管制的经济学分析》,博士学位论文,吉林大学世界经济专业,2009 年。

解志勇、李培磊:《我国食品安全法律责任体系的重构》,《国家行政学院学报》2011 年第 4 期。

金玲、李慧:《创建一流的农产品质量安全监管体系——沈阳市苏家屯区的相关工作实践》,《农业经济》2008 年第 6 期。

赖先进:《论政府跨部门协同治理》,北京大学出版社 2015 年版。

赖永波、徐学荣：《农产品质量安全监管协同治理路径研究——基于协同政府理论视角》，《中共福建省委党校学报》2014 年第 3 期。

蓝志勇、魏明：《现代国家治理体系：顶层设计、实践经验与复杂性》，《公共管理学报》2014 年第 1 期。

李广培、杨林、吴金华：《技术创新社会成本的治理制度研究》，《中国科技论坛》2014 年第 8 期。

李酣、程虹：《质量责任论》，中国社会科学出版社 2014 年版。

李洪峰：《试论我国食品安全治理的社会共治原则》，《食品工业科技》2016 年第 7 期。

李慧凤：《制度结构、行为主体与基层政府治理》，《南京社会科学》2014 年第 2 期。

李继武：《中国产品质量政府管制初探》，硕士学位论文，吉林大学国民经济学专业，2004 年。

李泉：《治理理论的谱系与转型中国》，《复旦学报（社会科学版）》2012 年第 6 期。

李省龙：《论西方主流法经济学构造范式的一般内容》，《重庆工商大学学报（社会科学版）》2006 年第 6 期。

李长健、干静：《完善我国农产品质量安全政府监管的对策——以服务型政府理念为理论基础》，《青岛农业大学学报（社会科学版）》2011 年第 1 期。

李长健、罗洁、梁菊：《关于完善我国农产品质量安全监管体系的思考》，《西华大学学报（哲学社会科学版）》2009 年第 5 期。

廖丽：《中国消费者权利保护现状研究——以联合国〈保护消费者准则〉为基准》，《宏观质量研究》2013 年第 1 期。

林建勇：《行业协会（温州）在政府转型中定位和角色》，硕士学位论文，复旦大学 MPA，2009 年。

刘刚：《建立政府质量监管体系的思考》，《质量与标准化》2014 年第 5、6 期。

刘凌志：《我国产品质量监管体制的现状、问题及对策》，《湖南行政学院学报》2012 年第 5 期。

刘战豫：《产品质量安全风险预警与应急处置研究》，博士学位论文，中国矿业大学（北京）管理科学与工程专业，2011 年。

罗连发、张凯：《质量安全主体责任实现的政策设计——基于广东电梯安全监管体制改革的案例分析》，《宏观质量研究》2015 年第 1 期。

皮特·纽曼：《新帕尔格雷夫法经济学大辞典》（第二卷），法律出版社 2003 年版。

齐旭俊、赵毅、李香：《我国动物初级产品质量安全监管机构亟待完善》，《中国牧业通讯》2011 年第 12 期。

前瞻产业研究院:《2017—2022 年中国检测行业发展前景预测与投资战略规划分析报告》,2017 年。

乔东:《中国检验检测体系发展思考》,《中国科技投资》2012 年第 19 期。

沈国桢:《浅析责任的涵义、特点和分类》,《江西社会科学》2001 年第 1 期。

斯蒂文·萨维尔:《事故法的经济分析(中译本)》,北京大学出版社 2004 年版。

宋明顺、朱婷婷:《从质量管理到质量治理:基于中国的实证》,《标准科学》2016 年第 1 期。

宋之杰、郭燕平、崔冬初:《地方政府监管与稀土上游企业的演化博弈分析》,《科研管理》2014 年第 8 期。

孙志国:《我国产品质量监管问题研究——一个法经济学的视角》,博士学位论文,吉林大学政治经济学专业,2006 年。

谭德凡:《论经济法责任的独立》,《武汉大学学报(哲学社会科学版)》2012 年第 1 期。

汤万金、杨跃翔:《关于建设我国国家质量监管体系的思考》,《世界标准化与质量管理》2008 年第 6 期。

田凯、黄金:《国外治理理论研究:进程与争鸣》,《政治学研究》2015 年第 6 期。

万融:《商品学概论》,中国人民大学出版社 2013 年版。

王彩霞:《政府监管失灵、公众预期调整与低信任陷阱——基于乳品行业质量监管的实证分析》,《宏观经济研究》2011 年第 2 期。

王殿华、苏毅清:《食品安全市场监管效果的检验及分析》,《软科学》2013 年第 3 期。

王魁:《我国旅游景区门票价格的政府规制研究》,硕士学位论文,河南大学人力资源开发与管理专业,2013 年。

王满仓、苏子微:《政府与行业协会关系的错位与纠正》,《生产力研究》2005 年第 1 期。

王鹏祥、王笑亮:《完善农产品质量安全监管制度研究》,《安徽农业科学》2012 年第 4 期。

王文婧、杜惠英、吕廷杰:《基于第三方认证的云服务信任模型》,《系统工程理论与实践》2012 年第 12 期。

王小龙:《论我国食品安全法中风险管理制度的完善》,《暨南学报(哲学社会科学版)》2013 年第 2 期。

王颖、杜湖湘:《浅析市场质量与政府角色定位》,《云南行政学院学报》2002 年第

1 期。

　　威廉·A.哈维兰：《当代人类学》，王铭铭译，上海人民出版社 1987 年版。

　　吴东海：《市场条件下我国政府质量监管体系改革研究》，《质量技术监督研究》2016年第 5 期。

　　吴卫军、王建萍：《纠纷解决视域中的消费者协会——基于实证视角的分析》，《云南大学学报（法学版）》2008 年第 4 期。

　　武小川：《论公众参与社会治理的法治化》，博士学位论文，武汉大学法学理论专业，2014 年。

　　西塞罗：《论老年　论友谊　论责任》，徐奕春译，商务印书馆 2003 年版。

　　肖峰：《我国公共治理视野下"公众"的法律定位评析》，《中国行政管理》2016 年第 10 期。

　　肖海龙：《行政问责程序的作用及其设计》，《法制与社会》2012 年第 14 期。

　　小贾尔斯·伯吉斯：《管制和反垄断经济学》，冯金华译，上海财经大学出版社 2003年版。

　　小约瑟夫·哈林顿：《博弈论》，韩玲、李强译，中国人民大学出版社 2012 年版。

　　新华社：《八成电梯事故发生在维保环节》，《新华日报》2012 年 9 月 25 日。

　　新华社"物业行业发展现状"调研小分队：《广东探索建立电梯安全可追溯责任链条》，《南粤质量》2015 年第 6 期。

　　许澍：《基于社会管制视角的云南能源计量管理研究》，硕士学位论文，云南大学公共管理 MPA，2014 年。

　　许耀桐：《应提国家治理现代化》，《北京日报》2014 年 6 月 30 日。

　　亚里士多德：《尼各马可伦理学》，廖申白译，商务印书馆 2003 年版。

　　颜波、王欣妮：《基于物联网的农产品质量安全监管体系研究》，《中国科技论坛》2016 年第 8 期。

　　姚建军：《产品质量检验合格并不等于产品无缺陷》，《人民司法》2014 年第 1 期。

　　叶浩生：《责任内涵的跨文化比较及其整合》，《南京师大学报（社会科学版）》2009年第 6 期。

　　于涛、刘长玉：《政府与第三方在产品质量监管中的演化博弈分析及仿真研究》，《中国管理科学》2016 年第 6 期。

　　于涛、刘长玉：《政府与生产企业间产品质量问题博弈分析》，《山东大学学报（哲学社会科学版）》2014 年第 2 期。

俞可平:《治理与善治》,社会科学文献出版社 2000 年版。

岳志轩:《打破传统监管模式　建立科学发展体制——解读〈广东省电梯安全监管改革方案〉》,《广东经济》2012 年第 8 期。

张朝华:《市场失灵、政府失灵下的食品质量安全监管体系重构——以"三鹿奶粉事件"为例》,《甘肃社会科学》2009 年第 2 期。

张迪:《电梯突发故障 20 人被困 90 分钟》,《南方日报》2008 年 3 月 26 日。

张晋光、窦志铭:《深圳行业组织参与全社会质量共治的实践探索》,《特区经济》2016 年第 5 期。

张康之:《论主体多元化条件下的社会治理》,《中国人民大学学报》2014 年第 2 期。

张文显:《法理学》,高等教育出版社 1999 年版。

张喜元:《把质量安全监管建成重要的社会治理体系》,《中国质量技术监督》2014 年第 8 期。

张晓刚等:《我国质量强国战略的制造企业质量主体责任研究》,载制造强国战略研究课题组著、国家质检总局质量管理司组编:《制造质量强国战略研究·支撑卷》,中国标准出版社 2016 年版。

张兴华:《当代中国国家治理——现实困境与治理取向》,博士学位论文,华东师范大学马克思主义基本原理专业,2014 年。

郑向平、游佳:《浅谈我国产品质量监管制度的完善与发展》,《现代商业》2013 年第 29 期。

中华人民共和国国家质量监督检验检疫总局、中国国家标准化管理委员会:《中华人民共和国国家标准质量管理体系基础和术语》,中国标准出版社 2015 年版。

钟文斌:《组织机构代码在政府质量监管中的应用研究》,《质量技术监督研究》2015 年第 5 期。

周国勤、李文杰:《南京水产品质量监管及安全生产现状研究》,《江苏农业科学》2011 年第 3 期。

Cadman，Tim，"Evaluating the Quality and Legitimacy of Global Governance: A heoretical and Analytical Approach"，*International Journal of Social Quality*, Vol.2, No.1, (June 2012) .

Djelic M.L. and Quack S., "Governance Without Government", Cambridge: Cambridge University Press, 2001.

Grossman, and J. Sanford, "The Informational Role of Warranties and Private Disclosure about Product Quality", *The Journal of Law and Economics*, Vol. 24, No.3, (February 1981).

Maeyer, Peter De , and H. Estelami, "Consumer Perceptions of Third Party Product Quality Ratings", *Journal of Business Research*, Vol.64, No.10, (October 2011).

后 记

本书是在广东省质量技术监督局委托华南理工大学课题组完成的"现代质量监管体系研究"的基础上完成的,从项目立项至书稿完成校对、修改,历时两年多时间。本书是广东省质量技术监督局和华南理工大学课题组集体努力的结晶。

本书编委会主任、广东省质量技术监督局原局长任小铁同志对课题的完成和书稿的编写工作给予了高度的重视和宝贵的指导。广东省质量技术监督局相关处室、下属单位领导、干部对课题的完成和书稿的编写工作给予了大量支持,提供了大量资料。

课题组负责人、华南理工大学公共管理学院院长王郅强设计了本书的整体思路与框架,统筹了本书的编写与校对、修改工作,李贺楼和张晓君协助主编完成了大量统稿和修改工作。

本书编写工作分工如下:张晓君负责第一章、第二章和第七章的撰稿工作;张惠负责第三章、第五章的撰稿工作;郭艳平负责第四章的撰稿工作;黄文义负责第六章的撰稿工作;杨玥辉、罗亚萍负责第八章的撰稿工作;王郅强负责第九章的撰稿工作。典型案例一、三由李贺楼根据广东省质监局、省特检院提供的材料整理、编撰;典型案例二由管键晖编撰。另外,彭睿、明锐、朱昌文等人参与了书稿的校对、修改工作。

由于编撰者水平有限,疏漏、错误之处在所难免,敬请读者批评指正。

编者

2019 年 12 月

责任编辑：毕于慧

封面设计：姚　菲

版式设计：吴　桐

图书在版编目（CIP）数据

现代质量治理体系的构建研究／王郅强主编 . —北京：人民出版社，2020.7

ISBN 978－7－01－022087－1

I.①现… II.①王… III.①质量管理体系－研究－中国 IV.① F273.2

中国版本图书馆 CIP 数据核字（2020）第 079537 号

现代质量治理体系的构建研究

XIANDAI ZHILIANG ZHILI TIXI DE GOUJIAN YANJIU

王郅强　主编

人民出版社 出版发行

（100706　北京市东城区隆福寺街 99 号）

天津文林印务有限公司印刷　新华书店经销

2020 年 7 月第 1 版　2020 年 7 月第 1 次印刷

开本：710 毫米 × 1000 毫米 1/16　印张：17

字数：262 千字

ISBN 978－7－01－022087－1　定价：52.00 元

邮购地址 100706　北京市东城区隆福寺街 99 号

人民东方图书销售中心　电话（010）65250042　65289539